"十四五"时期国家重点出版物出版专项规划项目

★ 转型时代的中国财经战略论丛 ◢

融资约束及其破解机制的企业价值效应研究

Study on Effects of Financing Constraints
and Its Cracking Mechanism on Corporate Value

汪冬梅　臧金辉　曹艺馨　徐琛瑜　著

中国财经出版传媒集团

经济科学出版社
Economic Science Press

图书在版编目（CIP）数据

融资约束及其破解机制的企业价值效应研究/汪冬梅等著. -- 北京：经济科学出版社，2023.7
（转型时代的中国财经战略论丛）
ISBN 978 - 7 - 5218 - 4956 - 1

Ⅰ.①融… Ⅱ.①汪… Ⅲ.①企业融资 – 影响 – 企业 – 价值论 – 研究 – 中国 Ⅳ.①F279.23

中国国家版本馆 CIP 数据核字（2023）第 132785 号

责任编辑：于　源　刘　悦
责任校对：易　超
责任印制：范　艳

融资约束及其破解机制的企业价值效应研究
汪冬梅　臧金辉　曹艺馨　徐琛瑜　著

经济科学出版社出版、发行　新华书店经销
社址：北京市海淀区阜成路甲 28 号　邮编：100142
总编部电话：010 - 88191217　发行部电话：010 - 88191522
网址：www. esp. com. cn
电子邮箱：esp@ esp. com. cn
天猫网店：经济科学出版社旗舰店
网址：http：//jjkxcbs. tmall. com
北京季蜂印刷有限公司印装
710 × 1000　16 开　18.75 印张　300000 字
2023 年 8 月第 1 版　2023 年 8 月第 1 次印刷
ISBN 978 - 7 - 5218 - 4956 - 1　定价：82.00 元
（图书出现印装问题，本社负责调换。电话：010 - 88191545）
（版权所有　侵权必究　打击盗版　举报热线：010 - 88191661
QQ：2242791300　营销中心电话：010 - 88191537
电子邮箱：dbts@ esp. com. cn）

总　序

转型时代的中国财经战略论丛

　　"转型时代的中国财经战略论丛"是山东财经大学与经济科学出版社在合作推出"十三五"系列学术著作基础上继续在"十四五"期间深化合作推出的系列学术著作，属于"'十四五'时期国家重点出版物出版专项规划项目"。自2016年起，山东财经大学就开始资助该系列学术著作的出版，至今已走过7个春秋，其间共资助出版了152部学术著作。这些著作的选题绝大部分隶属于经济学和管理学范畴，同时也涉及法学、艺术学、文学、教育学和理学等领域，有力地推动了我校经济学、管理学和其他学科门类的发展，促进了我校科学研究事业的进一步繁荣发展。

　　山东财经大学是财政部、教育部和山东省人民政府共同建设的高校，2011年由原山东经济学院和原山东财政学院合并筹建，2012年正式揭牌成立。学校现有专任教师1730人，其中教授378人、副教授692人，具有博士学位的有1034人。入选国家级人才项目（工程）16人，全国五一劳动奖章获得者1人，入选"泰山学者"工程等省级人才项目（工程）67人，入选教育部教学指导委员会委员8人，全国优秀教师16人，省级教学名师20人。近年来，学校紧紧围绕建设全国一流财经特色名校的战略目标，以稳规模、优结构、提质量、强特色为主线，不断深化改革创新，整体学科实力跻身全国财经高校前列，经管类学科竞争力居省属高校首位。学校现拥有一级学科博士点4个，一级学科硕士点11个，硕士专业学位类别20个，博士后科研流动站1个。应用经济学、工商管理和管理科学与工程3个学科入选山东省高水平学科建设名单，其中，应用经济学为"高峰学科"建设学科。应用经济学进入软科"中国最好学科"排名前10%，工程学和计算机科学进入 ESI 全球排名前 1%。2022 年软科中国大学专业排名，A 以上专业数 18 个，位居省属高校第 2 位，全国财经类高校第 9 位，是山东省唯一一所有专业全部上榜的高校。2023 年软科世界大学学科排名，我校首次进入世界前 1000 名，位列 910 名，中国第 175 名，财经类高校第 4 名。

2016 年以来，学校聚焦内涵式发展，全面实施了科研强校战略，取得了可喜成绩。仅以最近三年为例，学校承担省部级以上科研课题 502 项，其中国家社会科学基金重大项目 3 项、年度项目 74 项；获国家级、省部级科研奖励 83 项，1 项成果入选《国家哲学社会科学成果文库》；被 CSSCI、SCI、SSCI 和 EI 等索引收录论文 1449 篇。同时，新增了山东省重点实验室、山东省重点新转智库、山东省社科理论重点研究基地、山东省协同创新中心、山东省工程技术研究中心、山东省两化融合促进中心等科研平台。学校的发展为教师从事科学研究提供了广阔的平台，创造了更加良好的学术生态。

"十四五"时期是我国由全面建成小康社会向基本实现社会主义现代化迈进的关键时期，也是我校合并建校以来第二个十年的跃升发展期。2022 年党的二十大的胜利召开为学校高质量发展指明了新的方向，建校 70 周年暨合并建校 10 周年校庆也为学校内涵式发展注入了新的活力。作为"十四五"时期国家重点出版物出版专项规划项目，"转型时代的中国财经战略论丛"将继续坚持以马克思列宁主义、毛泽东思想、邓小平理论、"三个代表"重要思想、科学发展观、习近平新时代中国特色社会主义思想为指导，结合《中共中央关于制定国民经济和社会发展第十四个五年规划和二〇三五年远景目标的建议》以及党的二十大精神，将国家"十四五"时期重大财经战略作为重点选题，积极开展基础研究和应用研究。

"十四五"时期的"转型时代的中国财经战略论丛"将进一步体现鲜明的时代特征、问题导向和创新意识，着力推出反映我校学术前沿水平、体现相关领域高水准的创新性成果，更好地服务我校一流学科和高水平大学建设，展现我校财经特色名校工程建设成效。我们也希望通过向广大教师提供进一步的出版资助，鼓励我校广大教师潜心治学，扎实研究，在基础研究上密切跟踪国内外学术发展和学科建设的前沿与动态，着力推进中国特色哲学社科科学学科体系、学术体系和话语体系建设与创新；在应用研究上立足党和国家事业发展需要，聚焦经济社会发展中的全局性、战略性和前瞻性的重大理论与实践问题，力求提出一些具有现实性、针对性和较强参考价值的思路和对策。

山东财经大学党委书记　王邵军

2023 年 8 月 16 日

前　言

转型时代的中国财经战略论丛

　　身处信息不对称现象普遍存在的市场环境中，企业难免受到其所导致的融资约束的影响。融资约束先直接影响企业获取资金的能力，进而引发一系列的不良经济后果，最终作用于企业价值这一企业运营的终极目标。为了破解融资约束给企业发展带来的难题，长久以来，对于融资约束破解机制的探讨都是市场各方、社会各界广为关注的热门话题。从直接破解机制到间接破解机制，历年来政府有关部门、行业有关协会都十分重视融资约束不同角度的破解方法。就直接破解机制而言，我国 1995 年颁布的《中华人民共和国担保法》首次提到有关股权质押的相关规定，而 2013 年《股票质押式回购交易及登记结算业务办法（试行）》的发布使我国股权质押开始由混乱低效的场外交易向规范高效的场内交易发展，并作为一种日渐成熟的融资约束直接破解机制逐渐为市场所知。2014~2018 年，我国 A 股上市公司中存在股权质押的公司数量逐年增加，在 A 股所有公司中占比超过 75%。就间接破解机制而言，2003 年发布的《中央企业负责人经营业绩考核暂行办法》、2009 年发布的《关于进一步规范中央企业负责人薪酬管理的指导意见》、2014 年通过的《中央管理企业负责人薪酬制度改革方案》等系列文件逐步规范了国有企业高管薪酬水平与薪酬差距；在中国企业以"引进来"和"走出去"的模式迅猛发展的时代背景下，董事会国际化趋势也愈加明显。从政策出台的时间跨度之大可以看出，融资约束及其破解机制的研究与探索对企业价值和经济发展的意义重大，受到关注之持久。

　　目前，关于融资约束本身及其各种破解机制对企业价值影响的研究都已十分丰富。一方面，从莫迪利安尼—米勒定理（MM 定理）的提出开始，对企业融资约束存在、影响的研究与探索层出不穷；另一方面，融资约束的不良经济影响促使学者们不断从直接和间接两种方式入手，通过不同的视角探讨其破解机制，即如何能够缓解融资约束给企业所带来的困扰。就融资约束本身与企业价值的关系而言，虽然多数研究认为融资约束抑制了企业价值的提升，并从外部因素的角度对缓解融资约束的方法进行了探讨，但鲜有研究能从内部视角探究融资约束与企业价值的关系。就融资约束破解机制与企业价值的关系而言，虽然已有的研究从多个视角出发，对直接破解机制和间接破解机制都进行了广泛的探索，但仍然缺乏系统化的研究与两种类型破解机制之间的相互协调与印证。

因此，本书立足于我国经济发展状况和市场特点，采用实证、案例等多种研究相结合的方法，将企业价值作为所有研究统一的落脚点，系统性地探讨了融资约束本身及其两种破解机制的企业价值效应。其中，对于融资约束本身的研究，笔者从董事会国际化这一内部因素探讨了其对融资约束与企业价值负向关系的缓解作用；对于融资约束直接、间接两种破解机制的研究，笔者分别选取具有代表性的一种或两种视角，以期能在不失一般性的基础上具有良好的切入点，同时开创性地通过这些视角将直接与间接破解机制的研究相互印证，从而形成了全面、完善、严密的逻辑体系。本书的研究一是在企业价值方面丰富完善了融资约束及其破解机制的经济后果研究，为融资约束问题的进一步探索提供了理论与思路；二是为企业通过不同方式应对融资约束问题、获得进一步发展急需的资金提供了切合实际、可操作性强的实践指引。

本书分为 7 章。首先，第 1 章梳理了本书所研究问题的背景，明确了本书研究的必要性和重要性，指明了系统进行融资约束及其破解机制的企业价值效应研究的理论与实践意义，介绍了采用的研究方法与主要研究内容，突出了研究存在的创新之处；第 2 章则围绕本书的研究内容，分门别类地介绍了有关领域、有关问题的既有研究文献，包括企业价值、融资约束、控股股东股权质押、高管薪酬及差距、董事会国际化、股权集中度等问题的概念、成因、衡量方式、经济后果、彼此之间的关联与影响关系等，并对这些文献进行系统的总结与评述；第 3 章明确了本书的研究与分析所依据的有关理论，对这些理论的基本内涵进行了必要而简洁的介绍。其次，基于本书的逻辑结构与研究框架，展开第

4～第6章的研究：第4章研究了融资约束对企业价值的影响，并分析了董事会国际化的调节作用；第5章研究了控股股东股权质押视角下基于融资约束直接破解机制的企业价值效应，包括控股股东股权质押对企业价值影响、高管薪酬调节作用、产权异质性的实证分析，以及基于生物医药企业的控股股东股权质押企业价值评估案例研究；第6章研究了基于融资约束间接破解机制的企业价值效应，包括高管薪酬差距视角下高管内部薪酬差距、高管—员工薪酬差距和高管行业薪酬差距的企业价值效应，以及董事会国际化视角下的企业价值效应，同时分析了股权集中度的调节作用。最后，第7章为全书的研究结论。

　　本书系统全面地研究了融资约束及其直接、间接破解机制对企业价值的影响，为缓解融资约束问题提供了理论与实践兼备的建议。其中，汪冬梅总负责本书的破题立目、思路框架、结构内容、篇章衔接、部分文字撰写和报告总纂；臧金辉主要负责融资约束的间接破解机制之一——高管薪酬差距的企业价值效应部分的数据收集、分析并形成文字初稿；曹艺馨主要负责融资约束对企业价值影响分析部分的数据收集分析并形成文字初稿；徐琛瑜主要负责融资约束的间接破解机制之二——董事会国际化的企业价值效应部分的数据收集、分析并形成文字初稿。在本书每一个具体研究内容的最后，笔者都力图为经济学、管理学研究人员或研究生提供研究与学习理论的参考，同时为政策制定有关部门、广大饱受融资约束困扰的各类企业利益相关方提供切实可行的意见。

　　任何作者都希望自己的作品尽善尽美，奈何甘瓜苦蒂，书中难免存在一些疏漏，不能做到白玉无瑕。欢迎各位读者批评指正、不吝赐教！

汪冬梅

2023 年 4 月

目　录

第1章 导　论

1.1　研究背景

融资作为企业筹集资金用于偿还债务、扩大再生产、进行生产经营活动的行为与过程，贯穿企业生存周期的始终，对企业的生存和发展具有至关重要的作用。如若将资金比作企业赖以生存的"血液"，融资则是担负企业部分"造血"功能的血脉之源。尽管融资是企业不可或缺的因素，但是企业的融资需求却不能时时得到满足。由于信息不对称现象的客观存在，完美市场假说不能适用于纷繁复杂的资本市场，外部资金供给者出于对信息不对称与代理冲突的合理预见，一方面可能通过提高资金供给利率的方式弥补自身遭受的风险，使外部融资成本上升，企业内部融资与外部融资之间的成本差异显露无遗；另一方面也可能通过实行信贷配给的方式筛选投资风险相对更低的企业，同样限制了企业的融资需求得到满足。可见，上述两种情况都会限制企业在融资过程中能够以可接受的成本获得资金，融资约束现象在现实中普遍存在。

融资约束的存在直接导致部分企业无法获得预期所需的充足资金，继而引发诸多经济反应，这些经济反应最终会作用于企业的终极目标——企业价值。这些经济反应表现在：融资约束导致投资效率下降，其中，由于国有企业对非国有企业的挤出效应以及货币政策的调控，非国有企业投资效率受到融资约束影响更为严重；融资约束从降低企业研究与开发支出、限制高新技术企业创新活动等多种角度阻碍企业创新；融资约束会抑制企业进行成本较高的盈余管理活动，降低企业的成本黏性，促使企业为保有更多资金进行避税、减少现金股利等，进而影响企业的多种管理决策。另外，随着智能化的发展与普及，融资约束对企业智能化生产水平的影响也日渐显现。

融资约束的现实存在引发了诸多的不良经济后果，讨论如何破解融资约束给企业带来的种种限制兼具理论与实践意义，变得十分必要。从破解机制来看，目前主要存在直接与间接两种方式。

通过直接方式破解融资约束，指通过发源于传统融资方式的衍生和创新融资方式，为企业直接解决外部融资需求，进而缓解其面临的融资约束情况。股权质押融资作为衍生融资方式中的一种，其产生的重要动机之一即是缓解融资约束的需要。企业股东通过将部分股权作为质押担保，向质权人获取流动资金，这种融资方式能够产生包括企业价值在内多个方面的经济后果。1995 年的《担保法》是国内首部提到有关股权质押相关规定的法律，自此至 2013 年，多由银行等金融机构操办这类业务，全部为场外交易模式，但由于手续繁杂、配发资金效率低下，股权质押的使用并不普遍。随着 2013 年《股票质押式回购交易及登记结算业务办法（试行）》的发布，股权质押开始发展规则明确的场内交易。由于具有信息匹配功能的证券公司参与此类业务，提高了该业务办理效率、降低了融资成本，这种融资方式此后逐渐被大众所熟知。中国证券登记结算有限责任公司（以下简称"中证登"）公布的股权质押数据显示，2014 ~ 2020 年 A 股存在股权质押的上市公司各有 2545 家、2774 家、2997 家、3433 家、3434 家、3081 家和 2632 家，2018 年之前 A 股股权质押公司的数量逐年增加，占 A 股所有公司数量的比率均大于 75%，而 2019 年和 2020 年的比率约为 70% 和 55%，相比前五年比率显著降低。这是因为股权质押规模和数量的快速扩张也带来了市场风险，同时股市不景气导致违约事件频发，于是中证登在 2018 年发布了《股票质押式回购交易及登记结算业务办法（2018 年修订）》，严格规范了股权质押行为。截至 2020 年底，待回购股数为 4865 亿余股，占质押公司总股本比例大约 15.07%，虽有缩减，但规模依旧可观。

通过间接方式破解融资约束，是指通过优化公司治理的方式提高融资效率、降低融资成本，进而为企业间接解决外部融资需求，缓解其融资约束情况。高管薪酬及其差距问题作为公司治理的热门话题，上游受到地区、行业、产权性质与个人特点等因素的影响；下游则影响高管的行为与公司治理效率，最终作用于融资约束情况。关于高管薪酬问题，国家一直在进行国有企业薪酬制度探索和改革，国有企业也在不断地摸索和完善公司治理模式，使自身更加适应竞争激烈的市场环境。2003年，国有资产监督管理委员会发布的《中央企业负责人经营业绩考核暂行办法》把年度考核和任期考核结合起来确定高管的薪酬；2009年，中央六部委联合下发的《关于进一步规范中央企业负责人薪酬管理的指导意见》强调，国有企业高管薪酬要做到结构合理、水平适当，中央政府企业高管人员的年薪不得超过在岗员工平均工资水平的30倍，提出了限制薪酬差距的要求；2014年8月，中共中央政治局会议通过的《中央管理企业负责人薪酬制度改革方案》指出，要逐步对国有企业中不合理的偏高、过高收入进行调整，形成企业负责人与职工之间合理的工资收入分配关系，限制高管总收入不得超过在职员工平均薪酬的8倍，并且还对不同行业企业负责人的薪酬差距进行合理调节，该项法规于2015年正式施行。这些政策法规都在传递一种信号，即政府部门一直在兼顾效率和公平，为缩小薪酬差距而努力。而作为激励机制的高管薪酬及其差距会影响高管行为继而影响资金使用效率，成为破解融资约束的间接方式之一。

作为公司的核心决策机构，董事会的能力和水平对公司经营决策和长期发展至关重要，董事会特征和更新机制影响着包括投融资决策在内的董事会决策的科学性，因此，董事会的优化也会影响企业资金的来源和使用效率，进而也成为破解企业融资约束的间接机制之一。近年来，在经济全球化和人力资本国际化的背景下，中国企业正在以"走出去"和"引进来"的模式迅猛发展，并且不断拓展其国际化的管理结构，通过聘用外国专家担任公司董事来增加国际化管理。因此，在董事会的优化和更新机制中，董事会特征逐渐表现出国际化的趋势。董事会国际化可以为企业提供更多的资源和机遇，从而极大地促进企业的发展和价值提高。有些外国董事比国内董事具备更强的独立性和客观性，能够更好地发挥监督职能，其拥有丰富的管理实践和全球视野，能够提供高质量的信息及咨询服务。董事会国际化使董事会成员拥有不同的制度背景和文化底蕴，丰富了企业的人才储备，有利于企业经营决策中的头脑风暴和战略碰撞，形成竞争优势。并且许多上市公司选择聘请外国专家来扩大其海外业务或吸引外国投资者，这样可以显著提高其海外收购的成功率，从而为企业带来更高的价值。

　　综上所述，融资约束及其对企业价值的抑制作用倒逼出融资约束的种种破解机制，但是这些破解机制的效果如何？是否能产生最终提升企业价值的效应？破解机制提升企业价值的渠道机制是什么？同时，企业作为一个复杂运行的经济体，在"机制"和"机制"之间、"渠道"和"渠道"之间是否会相互影响？是否会交叉发挥作用？这些都是理论与现实中亟待解决和回答的问题。基于此，本书主要利用实证研究方法，以融资约束对企业价值的影响作为切入点，以融资约束的直接破解机制和间接破解机制作为延伸研究路径，分别研究它们的企业价值提升效应和渠道机制，并在研究中试图全面考虑这些要素之间的交互影响，以此创新性地形成一系列依托于融资约束的企业价值提升效应和过程研究，以期为企业价值提升和财务管理目标的实现提供一组可能性之解。

1.2　研究意义

4

1.2.1　理论意义

　　总体而言，无论是关于融资约束本身还是其破解机制，一代又一代的学者继往开来，已就其动机、路径和经济后果进行了较为丰富的研究。但是，就融资约束及其破解机制造成的企业价值方面的经济后果而言，先前的研究大多聚焦于其中的某一部分。本书则从融资约束本身对企业价值的影响研究出发，进而将控股股东股权质押作为融资约束直接破解机制的代表、将高管薪酬差距和董事会国际化作为融资约束间接破解机制的代表，全面系统地研究融资约束破解机制对企业价值的效应，丰富了融资约束及其破解机制在企业价值方面的经济后果研究，为进一步研究融资约束问题提供了基础。

　　具体而言，本书的研究从以下四个方面丰富了先前研究，为未来研究提供了理论支撑。

　　（1）丰富了融资约束条件下提升企业价值的理论研究。

　　（2）通过研究控股股东股权质押后股东动机发展变化以及其影响企业价值的路径，为股权质押引发企业价值方面经济后果的机制研究提供思路。

（3）将高管薪酬分别作为解释变量与调节变量，多角度研究其对企业价值的作用，丰富了其研究视角。

（4）将董事会国际化分别作为解释变量与调节变量，不仅拓展了董事会国际化的相关理论研究，也为企业外籍董事的引入提供了理论支撑。

1.2.2 实践意义

在重视理论意义的同时，本书的研究还重视理论联系实际，能够在企业获得融资、提升公司治理水平和效率等方面提供实践指引。

（1）通过探索融资约束及其破解机制，为企业通过直接或间接方式应对融资困境提供新思路。

（2）针对控股股东股权质押的研究为企业控制其负面影响提供突破口，为政府了解其现状、管控规范其发展提供数据支持，为广大投资者识别企业风险提供有效信息帮助。

（3）对高管薪酬差距的研究有助于企业制定合理的高管及员工薪酬，从而提高企业治理水平，同时针对国有企业的研究还能为政府推行薪酬制度改革提供参考意见。

（4）对董事会国际化的研究则有助于推动企业实现董事会结构多元化并规范引入外籍董事的后续管理，帮助政府制定人才引进多元化、结构化、国际化的有关方案并提供其必要性和重要性的数据支持。

1.3 研究方法和研究内容

本书主要采用实证研究法、案例研究法和比较研究法，系统研究了融资约束及其破解机制的企业价值效应，对融资约束及其破解机制的归因、路径和企业价值角度的经济后果均进行了探索，在明确本书研究分析所依托的理论基础之后，本书具体包含以下主要内容。

（1）融资约束对企业价值的影响。本书第4章用实证研究法在剖析明确融资约束对企业价值具有负面影响的基础上，探索了董事会国际化对这种影响的缓解作用，并进行了分组比较研究。

（2）作为融资约束直接破解机制代表的控股股东股权质押对企业价值的影响。本书第5章首先采用实证方法，在验证了控股股东股权质押对企业价值的负面影响的基础上研究了高管薪酬水平对这种影响的促进作用；其次采用案例研究法，以生物医药行业为例，分析明确了股权质押影响企业价值的两条路径，构建了一个股权质押下生物医药企业价值评估模型；最后以上海莱士作为案例检验了该模型的适用性。

（3）作为融资约束间接破解机制的代表，实证分析了高管薪酬差距和董事会国际化对企业价值的影响。本书第6章首先明确国有企业高管内部薪酬差距和高管—员工薪酬差距各自对企业价值的影响；其次探索高管行业薪酬差距对企业价值的激励作用；最后从董事会国际化对企业价值的影响着手，进一步探讨股权集中度对上述影响的抑制作用，并分别基于产权和两职合一进行了比较研究。

为便于理解，本书的主要研究内容如图1-1所示。

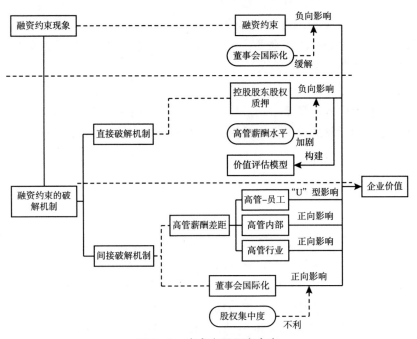

图1-1　本书主要研究内容

1.4　研究创新点

就总体内容而言，本书创新性地将关于融资约束及其破解机制在企业价值方面经济后果相对分散的研究系统地进行了全面的探讨，通过以点代面的实证分析和模型建设与案例研究兼取其长，形成了融资约束本身与其破解机制前后呼应、直接破解机制与间接破解机制有机结合、因果影响关系与调节影响因素相互印证的严整研究体系，丰富并深化了融资约束及其破解机制在作为经济后果中的企业价值效应领域的理论探索和实践参考。

就具体细节而言，本书也具有如下创新之处。

（1）在研究融资约束对企业价值的影响时，采用董事会国际化作为调节影响因素，不同于以往将董事会国际化作为解释变量的做法，拓展了其研究角度，也使该研究与本书后续破解机制研究能够相互印证。

（2）在研究控股股东股权质押作为融资约束直接破解机制对企业价值的影响时，一方面引入人力资源管理方面的高管薪酬作为调节变量，试图与间接破解机制相互印证，并且在分析股权质押动机时将其动态化，重点关注其发展过程；另一方面以生物医药企业作为研究的行业切入点，创新性地研究了股权质押对企业价值的影响路径，并在企业价值构成、参数处理等价值评估方面有所创新。

（3）在分别研究高管薪酬差距和董事会国际化作为融资约束间接机制对企业价值的影响时，对前者的研究采用了具有中国特色产权性质的国有企业作为研究对象，创新了研究视角，还将高管薪酬差距问题细化为高管—员工薪酬差距、高管内部薪酬差距和高管行业薪酬差距三个方面。对后者的研究则不仅将股权集中度作为调节影响因素纳入研究架构中，还进一步研究了产权结构和领导权结构对这一架构内部作用机制的影响。

第2章 文献综述

2.1 企业价值的相关研究

2.1.1 企业价值的概念

企业价值理论不断成熟，学者们也从不同方面对企业价值概念进行了探讨。企业价值的概念是于 1958 年由莫迪利安尼和米勒（Modigliani & Miller，1958）首次提出的，其认为企业价值由股票市场价值和债务市场价值构成，且以资本结构为基础。比尔曼和韦斯特（Bierman & West，1966）则认为，企业价值是现有股东具有的收益经折现得到的现值，然而这种定义具有片面性，没有考虑到债权人在企业中的作用。迈尔斯（Myers，1977）在企业价值的概念中加入了对未来收益的考量，认为企业价值是由现在企业拥有的资产和未来可收获的投资收益的现值组成，后来，我国学者左庆乐（2004）也提出了类似的观点。对于企业价值，我国学者也有独到的看法。陆正飞和施瑜（2002）指出，企业价值是一个综合概念，它不仅包括企业的获利能力，还应当包括企业对市场的适应能力以及拥有可持续的竞争力等。张晓昊（2002）以持续经营为前提，提出企业价值不仅是其市场价值和竞争力的反映，还要体现出社会市场中的供需关系。刘淑莲（2004）认为，企业价值是一个增加值的概念，应当是减去资本成本后进行折现的一个现值。孙艳霞（2012）提出，以价值链为背景的企业价值概念，是由整个价值链的各个结点，如生产、销售、物流等的价值总和构成的。孙笑和沈旺（2013）又在未来折现收益的基础上引入市场份额，丰富了企业价值的概念。

2.1.2　企业价值的影响因素

影响企业价值的因素众多，国内外现有文献的研究视角丰富，主要可以分为企业内部管理因素和外部环境因素。企业内部因素又可分为财务因素和非财务因素。

影响企业价值的财务因素主要有资本结构、财务能力和财务信息披露等方面。MM 理论的首创者莫迪利安尼和米勒（Modigliani & Miller，1958）指出，基于税盾效应，债务利息可以税前抵扣从而减少税收缴纳，故公司的资本结构会对企业价值产生影响。乔丹等（Jordan et al.，1998）通过对英国上市公司的实证研究，发现企业债务比例与其价值正相关。拉妮等（Rani et al.，2019）研究发现，债务与企业价值之间存在长期关联，债务、企业规模和增长率具有长期价值提升特征。奥曼等（Öhman et al.，2017）和刘佳（2016）的研究却指出企业价值与其负债比例呈显著负相关。朱艳丽等（2019）研究发现，资本结构与企业价值之间存在着复杂的倒 "U" 型关联，而不仅仅是一种线性的相关；莱文等（Levin et al.，1986）认为，资本成本、毛利率等财务指标会影响企业的价值增长。王晓武等（2012）以纺织加工企业为研究对象，发现总资产报酬率和周转率正向影响企业价值，但是资产负债率、权益乘数等指标，与其价值呈现负相关的趋势。阿卜杜拉等（Abdallah et al.，2020）通过研究发现，自由现金流对企业价值提升有重要作用。但周兵等（2016）认为，企业自由现金流不仅对企业价值没有提升作用，反而不利于企业价值的增加。

布什曼和史密斯（Bushman & Smith，2001）认为，财务会计信息的披露可以形成对公司的监督，影响着企业价值。霍普和托梅（Hope & Thoma，2008）则从减轻信息不对称的角度出发，认为财务信息的高质量披露有助于缓解负面影响企业价值的代理问题。

关于影响企业价值的非财务因素，国内外学者主要从公司治理、科技创新、社会责任履行等方面进行研究分析。

公司治理因素主要包括股权结构、管理层特征等，其本质是为了提升企业价值。股权结构方面，麦克考内尔和瑟维斯（Mcconnell & Servaes，1990）研究得到企业价值与股东的股权比例关系为曲线。之后又有学者进行了更加具体的研究，余明桂（2004）认为，控股股东的比例会对企业价值产生负面影响。曾颖和叶康涛（2005）考察了第一大股东持股比例的影响，发现第一大股东持股比例与企业价值之间呈"U"型关系。吴红军和吴世农（2009）从其他大股东对第一大股东的制衡的角度出发，也可以得到类似的结果。管理层特征方面，代彬等（2016）认为，管理层能力与企业价值显著相关，优秀的管理团队可以增加公司价值。另外，当管理层的持股比例提升时，高管与股东产生利益趋同，这有助于缓解代理冲突、降低代理成本（刘国亮等，2000），同时产生激励相容效应（Sing & Davidson，2003），进一步增加公司的价值。金尼（Kinney，2000）、艾格瓦等（Aggarwal et al.，1999）以及大多数学者研究发现内部控制有效性与公司价值正相关，高质量的内部控制可以提高公司风险管理和抑制能力、约束管理者的自利行为、完善企业治理结构，进而有利于企业价值的增加。

科技是第一生产力，科技创新是企业实现价值创造的重要途径。博尔廷克和萨卡（Booltink & Saka – Helmhout，2018）认为，利用技术创新为中小企业提供了竞争优势，对中小企业的研发投资可以导致企业价值的增加和快速发展。彭（Peng，2013）通过对中国企业进行实证研究，发现增加研发投入会促进公司价值的提升。李丹蒙和夏立军（2008）指出，研发投入的提高会推动企业价值的增加，且此正向关系在"僵尸"企业中更显著。罗婷和朱青等（2009）同样得出两者之间的正向关系，只是研发投入的价值提升作用存在明显的滞后性。崔也光等（2019）也持有类似观点。但其他学者持有不同的观点，陆玉梅和王春梅（2011）、武咸云和陈艳等（2017）研究发现，研发投入反而不利于企业价值的增加。张和拉贾戈帕兰（Zhang & Rajagopalan，2010）还有部分学者发现两者是一种倒"U"型关系。此外，研发投入也会对企业价值有影响。也有学者从数字化产品与服务的角度阐述科技创新与企业价值的关系。孙洁等（2020）发现，数字技术投资报告正向作用于企业价值。李小忠（2021）发现，数字经济引导企业高质量发展。徐远彬和卢福财（2021）也发现，企业价值在互联网中得以创造。

也有部分学者针对社会责任如何影响企业价值进行研究。迈克尔和格里宁（Michaels & Gruning，2018）认为，企业积极履行社会责任，有利于企业长期稳定发展，企业兼顾社会责任可以从多方面间接推动企业价值增加；温素彬和方苑（2008）研究指出，企业践行社会责任会有利于其竞争力的提升；王晓巍和陈慧（2011）以企业利益相关者为切入点得到社会责任对企业价值为显著正向影响，只是对企业价值的影响程度有差异。龙文滨和宋献中（2013）则具体研究了企业履行社会责任使企业价值增加的路径，从向利益相关者传递信号到名誉资本形成和贸易实现，并最终为企业创造效益。但也有学者认为两者为负相关关系，李正（2006）研究发现，企业践行社会责任活动在短期内可导致企业价值下降。邵君利（2009）指出，如果企业践行社会责任活动在不完善的市场上无法得到重视，企业价值反而下降。郑湨（2016）则认为，企业践行社会责任所付出的成本增加，企业价值提高会受限。普里斯和孙（Price & Sun，2018）及孔东民和林之阳（2018）等也认为社会责任与企业价值的增加是负相关关系。

影响企业价值的外部环境因素主要包括宏观经济政策、媒体关注等。汪利锬和谭云清（2016）研究发现，企业价值会随着财政补贴增加越发趋于平缓增长。李秉成和粟烨（2016）将 2001～2012 年划分为四个货币政策交替时期，发现一个企业如果在货币政策宽松期的投资水平较高，会引发货币政策紧缩期经营状况剧烈下降，企业价值也受到影响而更低。在我国制度背景下，吕敏康（2017）发现，企业价值在扩张性财政政策的影响下会显著增加，能直接拉动国有企业的价值增长。媒体关注度对企业价值的影响通常是间接的。周开国（2016）等认为，高度的媒体关注可以形成很强的外部监督力，管理层为了自身声誉和公司形象，往往会抑制自利或违规行为，推动公司治理水平的提高，进而影响企业价值。

2.1.3　企业价值的度量

对于企业价值的度量，目前没有固定的度量指标，根据研究需要可以进行选择，常见的可以衡量企业价值的财务指标包括总资产收益率 ROA（辛琳等，2018；刘孟晖等，2020）、净资产收益率 ROE（廖小菲和谭杰，2021；翠博西等，Tripathy et al.，2022）和每股收益 EPS（胡雪艳等，2014；刘聪，2018）。阿尔塔夫（Altaf，2016）认为，与其他衡量企业价值的模型和指标相比，EVA 能够更准确、更有效地反映企业的价值创造的相关信息。朱磊、唐子琰、王春燕等（2021）在研究国有企业混改对企业价值的影响时，选用了 EVA 值来衡量公司的价值。

国内外学者们在研究有关企业价值的课题时，普遍选择的度量指标是 Tobin Q 值。Tobin Q 的概念最初是由托宾（Tobin，1969）提出，后续经过萨默斯（Summers，1981）等学者的补充和发展，最终形成了成熟的理论模型并被广泛应用至今。崔等（Choi et al.，2012）以韩国公司为样本对象，研究外国董事会成员和企业价值时采用 Tobin Q 值来衡量。宋晓华等（2019）采用了 Tobin Q 来研究公司碳信息披露产生的价值效应。拉赫曼和豪拉达尔（Rahman & Howlader，2022）在分析南亚新兴经济体的研发支出与企业价值的关系时，用 Tobin Q 值衡量公司市场价值。邓新明等（2014）从市场价值指标和会计指标分别使用 Tobin Q 和 ROA 反映企业价值。由于非流通股不利于企业的市场价值的度量，王京等（2017）采用去掉非流通股市值的 Tobin Q 进行稳健性检验。其他学者如莫克等（Morck et al.，1988）、亚莫克（Yermack，1996）、钟等（Chung et al.，2003）、佟岩等（2010）、戚聿东等（2018）也采用了此方法。

学术界也有学者认为在特定情形下，Tobin Q 不适合用于企业价值度量。吴联生和白云霞（2004）认为，我国资本市场在企业度量价值时，因非流通股无法准确度量不宜使用 Tobin Q，更适合用反映盈利能力的 ROA 搭建成度量指标；根据所选研究对象为创业型企业，马宁等（2019）企业价值的度量选取了 ROA 和营业收入增长率。孙艳阳（2019）采用市净率替代 Tobin Q 进行企业价值度量。根据历史数据和研究需要，王燕妮等（2020）采用年末股票价格衡量企业价值。赵昕等（2019）为避免文章中的歧义产生，采用企业市值（MV）作为度量指标。

2.1.4 企业价值评估方法

全球经济快速迅猛地发展，大规模的并购行为在欧美国家盛行，基于上述背景使人们逐渐认识到企业价值评估的重要性，使企业价值逐渐从经济学中分离出来，独立成一门学科。多年来许多学者一直在不断完善评估理论和方法的道路上贡献自己的力量。目前，认可度较高的大类企业价值评估方法主要有市场法、收益法、成本法。后来伴随着金融市场的不断发展，实物期权法也跻身企业价值评估方法的行列，目前实物期权法已在评估方法体系占有重要地位。

1. 一般评估方法

（1）市场法。

市场法的基本原理：首先选取可比公司；其次利用与可比公司存在差异的某项或某几项指标的比例系数进行调整；最后得出评估值。胡晓明（2013）从行业角度创新性地研究了价值乘数的选择问题，并且从上市公司的行业特征出发，研究了行业差异，提出了"行业乘数"概念，为市场法的应用开辟了新角度；潘晶和沈林涛（2008）通过对市场法的内在机理进行分析，与当前市场环境相结合，提出了该方法的技术思路；李朝晖（2012）提出，我国市场是十分活跃的，已具备市场法所要求的公开市场条件，可较容易找到可比公司，并且随着我国金融市场与国际金融市场的进一步融合，我国将形成大范围使用市场法进行评估的局面；张鼎祖（2006）通过对应用市场法评估企业价值的前提条件以及可比公司的选择，评估比例的选择等关键环节进行探讨分析提出了相应的处理对策。

（2）收益法。

收益法的原理是预测资产未来预期收益的现值。收益法又根据适用背景的不同分为较多种具体评估模型。目前，在评估中对企业自由现金流量模型、经济利润折现模型以及剩余收益模型的使用较为频繁。

①企业自由现金流量模型。拉巴波特（Rappaport，1986）通过《创新公司股东利益》一书明确提出自由现金流量（FCFF）的定义。罗斯（Ross，1976）通过《资本负债价格套利理论研究》明确提出了CAPM模式下的套利定价理论，主要内涵是当金融市场环境处在不平衡状况时，该金融市场会出现大量无风险套利机会，也能够提供高收益率，只要符合某个条件即可，该条件为：风险投资人期望积累更多的财富。资本资产定价理论和套利定价理论都说明了风险和收入之间的关联，可以

支持公司价值评估中资本资产成本的判断，使现金流折现方法也是可以运用的，在理论上支持了公司价值评估。

高洁（2008）通过引入线性相关分析和灰色关联度分析方法，得出了利用自由现金流量折现法计算的评估结果与市场价值几乎一致的结论，认为该评估方法是最具有理论基础、最科学、最成熟的一种方法。王富兰（2013）也提出了与高洁一致的观点，认为自由现金流量折现法的使用蔚然成风，该方法不仅反映了企业未来的盈利能力符合企业长期发展战略的需要，还准确评估出企业价值。

也有些学者将一些数学分析方法，如 AHP——模糊综合评价法应用于上述模型中。王晶晶（2019）运用 AHP——模糊综合评价法有效量化了企业社会责任对企业价值带来的影响；陈拓（2019）运用 AHP——模糊综合评价法反映社会效益对评估模型进行修正，为基于社会效益视角下影视文化企业价值评估提供新方法、新思路。

②经济利润折现模型（EVA）。近年来 EVA 模型也不断完善，国内外诸多学者对 EVA 模型进行深入研究：谢诗芬和彭玉龙（2004）从 EVA 原理和剩余收益理论着手，提出企业管理层在制定发展战略时，会充分、有效地考虑业绩评估、价值评估和 EVA 模型；赵超和韦明通过对经济增加值在企业价值评估中的应用以及可能存在的问题进行分析讨论，提出了应改进 EVA 价值评估的思路的观点；赵昕毅和刘春学（2020）运用灰色系统理论的相关模型以及 BSC、ARIMA 等方法结合客观情况对 EVA 评估模型进行改进，并将改进的模型在在线教育企业价值的评估中应用，丰富了企业价值评估的模型。

③剩余收益模型。剩余收益由德国学者普瑞里奇（Preinreich，1938）提出，并且指出企业价值由两方面组成：所有者权益的账面价值与企业未来获取的超额收益；爱德华兹等（Edwards et al.，1961）提出净盈余假设，得出企业的财务信息、会计数据影响企业价值，使企业价值与剩余收益之间建立起桥梁，日臻完善了企业价值的研究；张人骥、刘浩、胡晓斌（2002）将杜邦分析体系的应用原理加入 Ohlson 估值模型中，利用财务指标与剩余收益预测的关联性，构建出剩余收益比率模型，在价值评估计算的同时，对企业财务管理也具有一定的指导作用；邓垚垚（2020）为了反映商业模式对互联网企业价值的独特影响，先运用剩余收益模型计算企业实际价值，再利用 AHP——模糊综合评价法从结

构、功能两大指标层面量化商业模式的影响，最终对企业实际价值进行修正。

（3）资产基础法。

成本法与资产基础法具有相似之处，美国评估协会提出的在进行企业价值评估时可以将资产基础法看作成本法。国际评估准则也对资产基础法的应用做了规定：要通过评估财务报表列出的全部资产和负债的市场价值或账面价值加和计算企业价值。同时，我国资产评估协会所制定的《资产评估执业准则——企业价值》也同样将成本法视为资产基础法。陈国（2017）意识到，资产基础法中使用各项资产、债务价值加和的评估思想，与成本法中根据资产的重置成本与资产的各项贬值额作差的原理有所不同，并尝试在公司价值评定中使用成本思路，他相信如果准确使用收益法、市场法就能够评定出公司价值，即使使用成本法也一样能够评定公司价值。

（4）实物期权法。

迈尔斯（Myers，1997）是第一个将实物资产定价和金融期权联系起来的研究者，他提出可把企业价值分为两个部分，即企业当前的资本创造的价值与根据企业未来存在的发展机遇创造的价值。同时，可以将发展机遇作为看涨期权，投资决策者也可以通过考察实际资本项目的发展状况，选择对该项目继续投资或者放弃投资；帕多克等（Paddock et al.，1988）提出，在一定条件下可以将期权定价模型运用到对实物资产的评估中，他认为当实物资产与具有不同交易特征的证券存在相同的不确定性时，那么在健全的市场环境中就可以解决实物期权法估值的问题；特里杰奥吉斯（Trigeorgis，1991）指出，在公司的融资环境越来越复杂之际，对公司融资项目的潜在不确定价值利用传统的企业自由现金流折现模型计算将更加困难，而实物期权理论则能够克服这一问题，这一发现进一步促使了实物期权理论在公司价值评估中的重要地位的增强；而班纳吉（Banerjee，2003）对印度生物医药公司进行调研表明，这类公司的整体价值大部分都是由公司未来增长期权的价值所形成，这一发现进一步促进了实物期权法在生物医药公司价值评估中的运用；贾汉沙希等（Jahanshahi et al.，2018）借助实物期权理论的假设观点，认为企业价值由企业目前具有的资产带来的价值和未来期权带来的价值组成。基于这种观点，他认为研发活动产生实物期权的可能性最高，那么可以通过实物期权法计算研发活动带来的价值，为高研发投入的企业进行企业价值评估提供了新的方法。

在国内，实物期权法也得到了认可。管云松和戴大双（2004）在高新技术企业价值的评估中应用实物期权法，并发现了创新项目的期权价值；方峻（2005）认为，生物制药公司价值的特点与该方法能很好地相互融合，应该尽快把实物期权价格法运用到生物制药公司的价值评估；汪冬梅、张志红、高飞（2018）基于新三板企业具有高不确定性、高收益、高风险、高成长性的特点，将实物期权模型引入新三板生物医药企业价值评估中；宋叶微、郭志广、何林霖（2019）将 AHP——模糊综合评价法和实物期权相结合，构建了在 AHP 背景下的模糊实物期权法模型，从而科学地评估互联网初创企业价值；王倩（2020）将专利权和实物期权思想结合起来，挖掘出专利权中隐含着期权性质，可给企业带来潜在价值，并将期权模型运用到专利资产价值评估。

上述方法作为资产评估领域的基本方法，为资产评估学术及实务领域的发展提供了方法支撑。

2. 生物医药企业价值评估的方法

生物医药类企业的资产结构与传统企业有所不同，该类企业通常包含大量的无形资产和专利技术，那么，生物医药企业价值评估方法的应用也会有所不同。

白丽丽（2014）在评估生物医药上市公司企业价值时选用了自由现金流量模型，并利用实证分析了内在价值与股价有着高度相关性，验证了这种模型应用在生物医药企业是非常合适的；马俊捷（2022）运用案例分析法证明了实物期权法在生物医药企业价值评估中的优越性。

赵振洋和张渼（2019）通过引用收入和成本预测等5P因素对 FCFF 模型进行修正，然后运用到在科创板上市的研发性强的生物医药中，得出评估的企业价值的结果更加合理的结论；王志芳（2018）通过对现金红利的假设条件进行修正，得到了改进的 B－S 模型，该种模型对在创业板上市的生物医药企业的价值确定有较高的适用性；王福英、赵卫卫、龙飞扬（2014）认为，实物期权法可以评估生物制药企业未来成长机会所创造价值。

还有一些学者从不同视角对生物医药企业价值评估进行了深入分

析，崔亚坤（2021）运用生命周期理论，将生物医药企业生命划分为四个阶段，再根据每一阶段不同的经营状况和财务状况分析运用不同的企业价值评估方法；孟威（2017）研究了并购视角下生物医药企业价值构成，认为并购中，企业价值由被并购企业的自身的价值，并购过程产生的增值构成，其中并购过程产生的增值包括协同效应价值和期权价值。

由此可见，不管采用何种方法、如何评估生物医药企业的价值，都需要结合企业或行业的具体特征，选择一种或多种评估方法以及考虑如何对其进行修正，使评估结果更加合理化、精细化、准确化。

2.2　融资约束的相关研究

2.2.1　融资约束的定义

莫迪利安尼和米勒（Modigliani & Miller，1958）所提出的 MM 理论是关于融资约束最经典的理论，也是现代融资理论的起点，该理论认为，在资本市场没有任何摩擦和损耗的假设下，企业投资与资本结构和融资方式无关，外源性融资和内源性融资是可以互相等价替代的。但资本市场并不是完美的，詹森和麦克林（Jensen & Meckling，1976）指出，外部投资者信息不对称无法确切知晓公司真实情况，所要求的资金价格高于内源融资。伯南克和格特勒（Bernanke & Gertler，1995）指出，股东和管理层之间的代理冲突会损耗企业从外部得到的融资。企业也就无法为更多具有投资价值的项目筹集到资金，从而错失许多投资机会，表明企业面临着融资约束。

法扎里、皮特森、哈伯德（Fazzari，Peterson & Hubbard，1988）首先提出了融资约束的概念。他们将融资约束的情况与投资—现金流敏感度相联系，即企业投资支出随现金流变化的敏感程度，融资约束更强的企业敏感度更强。黄等（Huang et al.，2020）和梅冬州等（2022）认为，企业所面临的融资约束与产权性质歧视等问题相关联。

用企业的资本供给曲线衡量融资约束是公司金融领域的一种观点。

基于这种观点，斯蒂格利茨和韦斯（Stiglitz & Weiss，1981）、怀特和吴（Whited & Wu，2006）对于融资约束的界定是公司内部资金不足，外部资本筹集的边际费用会随总量增高。当融资约束达到理论最高值时，曲线变成一条直线，垂直于 X 轴，此时意味着公司会被资本市场排除在外，无法融到资金。

2.2.2　融资约束的度量

融资约束无法通过数据直接观测，但一般可以通过代理的财务指标来衡量，而且可以进一步分为单一指标和综合指标。

单一指标，包括利息保障倍数、股息支付率和公司规模等。综合指标目前有投资——现金流敏感系数、KZ 指数、WW 指数与 SA 指数四类。法扎里、哈伯德、皮特森（Fazzari，Hubbard & Peterson，1988）构造的以 Tobin Q 和现金流为自变量，固定资产的投资为因变量的投资—现金流敏感系数模型，但是卡普兰和津盖尔斯（Kaplan & Zingales，1997）研究认为，现金流与企业投资在企业成长机会一定时关系并不确定，并之后构造了自己的 KZ 指数，综合考虑企业经营性净现金流、股利支付水平、现金持有量、成长性以及负债水平五个指标。我国学者魏志华等（2014）利用沪深两市 A 股上市公司（去除金融类企业）的数据，构建了基于中国国情的 KZ 指数。阿尔梅达等（Almeida et al.，2004）还提出了现金—现金流敏感性模型，其逻辑在于企业往往会因为资金获取难度加大进而增加现金的持有数量。后续研究中怀特和吴（Whited & Wu，2006）又指出 KZ 指数得出的结果并不准确，他们所构造的 WW 指数，相比 KZ 指数引入企业行业这一外生变量并考虑了企业的财务状况；哈德洛克和皮尔斯（Hadlock & Pierce，2010）构造的 SA 指数仅使用了企业年龄、企业规模外生性较强的变量。霍贝格和马克西姆莫维奇（Hoberg & Maksimovic，2015）还提出了文本分析方法构建的融资约束指标。

2.2.3　融资约束的经济后果

目前关于融资约束的经济后果研究主要集中在投资效率、企业创新和企业管理决策三个方面。

一是投资效率。学者们在早期主要是对融资约束与投资效率两者之间的关系进行研究。张功富和宋献（2009）得到实证结果表明，受到融资约束的影响，几乎所有的上市公司都存在非效率投资的情况。吕劲松（2015）具体指出高融资约束会造成低投资效率。在对两者关系的认识逐渐深刻的基础上，有的学者将研究细化，集中在融资约束与投资效率两者间的作用机制，考虑了企业性质、货币政策、经济环境、社会资本、金融科技等因素。贾丽平等（2017）发现，在受到外部融资约束的行业，国有企业获得信贷扶持，从而产生挤出效应，导致非国有企业融资约束严重，投资效率低于国有企业。货币政策的调控更加大了国企与非国企融资约束的差异，企业投资效率差距进一步扩大。萨凯（Sakai，2020）认为，不同融资约束程度下企业投资受经济环境的影响也有所区别。张润宇等（2020）指出，社会资本与投资间关系与融资约束的高低相关。赵瑞瑞等（2021）研究了金融科技怎样缓解融资约束进而促进企业投资。

二是企业创新。大多数研究认为融资约束不利于企业的创新。刘胜强等（2015）运用双边随机边界法得到企业融资约束与企业的 R&D 投入呈负相关关系的结果。刘谊等（2019）发现，在高新技术企业创新活动会受到融资约束的限制，政府补贴可调节这一影响。布朗等（Brown et al.，2012）研究了不同渠道融资对企业创新影响不同。但是也有学者持相反观点。韩剑和严兵（2013）指出，往往通过减轻中小规模企业、民营企业以及高技术企业的外源融资约束，更能激励企业参与创新。马晶梅等（2022）则研究发现，《高新技术企业认定管理办法》颁布前融资约束会抑制企业创新决策，但颁布后反而会促进决策，主要是企业为了获得政策优惠，从制度迎合的角度研究了两者的关系。

三是企业管理决策。学者们的研究涉及盈余管理、避税活动、现金股利的分发、企业并购行为等具体决策。卢太平和张东旭（2014）发现，企业盈余管理活动会受到融资约束的抑制，原因在于盈余管理的成本较高。江伟等（2015）发现，融资约束高时企业成本黏性会较低。劳和米尔斯（Law & Mills，2015）、爱德华兹等（Edwards et al.，2016）研究发现，受到融资约束的企业为增加现金持有量会有更多避税行为。郭牧炫和魏诗博（2011）还发现，高融资约束会使企业减少现金股利。布劳因等（Blouin et al.，2021）指出企业的并购行为会考虑融资的情况。潘红波等（2022）还创新性地研究了竞争者之间的融资约束如何进一步促进企业并购决策的机制。随着智能制造的提出，章潇萌和刘相波（2022）研究了融资约束如何影响智能化生产水平，放松融资约束会对其起促进作用。乔鹏程和徐祥兵（2022）将融资约束作为调节变量，认为缓解融资约束可以强化管理层海外经历对短视决策的抑制作用。

2.2.4　融资约束与企业价值的关系

1. 融资约束与企业价值的相关性

对于融资约束与企业价值之间关系的研究，主要有正相关和负相关两种观点。

大多数学者认为融资约束不利于企业价值的提升。莫迪利安尼和米勒（Modigliani & Miller，1958）提出企业价值与企业交易或投资行为中存在的成本与信息不对称问题所导致的融资约束问题有关。穆索等（Musso et al.，2008）认为，融资约束使企业面临资金量断裂而破产的后果。国内学者刘素荣和刘玉洁（2014）、马红和王元月（2015）实证分析了融资约束不利于企业未来成长。邵春燕和王配配（2015）研究认为，两权分离对企业价值的正向影响会受到融资约束的抑制。董骏（2015）将融资约束、现金流波动性与企业价值纳入同一框架，同样指出融资约束不利企业价值。吴景泰和杨丽霞（2018）发现，会计稳健性能够起到调节作用，改善融资约束对企业价值的不利作用。武治勇和马永红（2019）分析得出了融资约束对企业价值的不利影响，但是创新投入一定程度上可以缓解这种反作用。张力派等（2020）研究得到融资约束的抑制作用会在企业投资效率更低时显著。

但也有学者认为一定程度的融资约束会对企业价值发挥积极作用。连玉君和程建（2007）分析认为，企业融资约束程度越低反而可能造成过度投资，与其一致，万小勇和顾乃康（2011）研究发现，融资约束程度高的企业会谨慎运用持有的现金。姜付秀和黄继承（2011）认为，外源融资可以通过提高企业的外部监督力增加企业绩效。马晶梅等（2020）则认为，融资约束能对刺激企业的创新决策起到刺激作用。

还有学者认为，融资约束与企业价值并没有关系，顾雷雷等（2018）发现，京津冀地区企业的融资约束变化并不能影响企业绩效。

2. 融资约束与企业价值关系的机制研究

政府补贴、税收优惠、产业政策以及金融发展等方面是缓解融资约束对企业价值负面影响的具体宏观措施。王克敏等（2015）指出，财政补贴、税收优惠等的政府政策执行会提供间接的融资支持，从而有助于提高企业投资水平与短期业绩水平；耿成轩等（2019）研究得出，政府直接补贴有助于缓解融资约束所带来效率问题；韩亚峰等（2022）研究认为，政府补贴会改善企业的融资渠道，进而企业的经营管理也会得到提升，最终带来全要素生产率的提高。张瑞琛（2022）指出，税收优惠是从扩大内部融资来源的角度降低对外部融资的依赖，这种影响在财报上即为企业盈利能力的提高，而且还会进一步缓解企业的融资约束。翟华云和刘易斯（2021）指出，数字金融的发展可以缓解融资困境，进而对企业绿色创新水平起到促进作用，在中西部地区更甚。刘莉等（2022）则具体指出，数字金融的发展意味着更多元化的融资选择和更加完善的信用评价体系，会激励中小企业的科技创新发展。

缓解融资约束对企业价值影响的微观措施包括信息披露、资本运营管理、机构投资者持股、高管特质和分析师预测方面。普拉姆利等（Plumlee et al.，2015）认为，企业良好的环境信息公布可以降低股权融资成本进而正向影响企业价值。鞠晓生等（2013）指出，企业资本运营管理的加强也对企业价值有重要影响。杨海燕和韦德洪等（2012）研究发现，机构投资者持股可以通过提高财务信息披露的透明度来缓解造成融资约束的企业内外部信息不对称问题，有利于公司治理和运营。李四海和陈旋（2014）针对高新技术企业进行研究认为，管理者技术出身的背景会支持融资约束下的创新投入。王宏涛等（2022）认为，分析师预测可以缓解融资约束进而影响企业创新绩效。

2.3 控股股东股权质押的相关研究

2.3.1 股权质押的相关研究

1995 年我国出台的《担保法》界定股权质押为将股权作为质押物进行质押的方式。2007 年的《物权法》再次重申对股权质押的规定，以及 2018 年出台的《股票质押式回购交易及登记结算业务办法（2018 年修订)》，反映出国家对股权质押关注度较高，同时股权质押的动机、股权质押的风险、股权质押后果等具体问题也成为目前学术界研究的热点。

股权质押的概念至今争议较少，简要概括为股权质押是一种担保方式，但学者们在解释时的侧重点有所不同。20 世纪末我国学者龚英姿 (1997) 阐释股权质押是一种权利质押；而吴吉芳（2009）更侧重于股权质押的担保实现的形式——债权人具有利用质押股权行使优先受偿的权利；王其生和张娇东（2010）则侧重于股权质押的流程，即在有关机关登记质押情况并予以公示。股份有限公司、有限责任公司质押的分别为股份、出资份额。为了方便实证研究和数据获取，大部分文章将研究对象缩小到上市公司。

1. 股权质押的动机

沈萍和景瑞（2020）提出了股权质押的善意、恶意动机。善意动机指股权质押既可以给控股股东带来融资，又可以维持对公司的控制权；而恶意动机指侵占公司、中小股东利益。

大部分学者认为股权质押的动机是恶意的，张陶勇和陈焰华（2014）通过研究控股股东股权质押资金的去向，发现当质押资金投向控股股东时，增加了侵占上市公司和中小股东利益的动机；徐寿福等（2016）通过分析股票或信贷市场的选择动机，发现当股权价值高、信贷成本低时，控股股东会自发地选择股权质押筹集资金，将自己从困境中救出。同时也存在股权质押后股东的控制权与现金流权分离情况，此时大股东会更多地采取手段，转移公司资产，使中小股东利益遭受严重损害；汪军（2019）也持有同样的观点，认为股权质押是恶意动机，他提出控股股东进行股权质押还有可能是为了快速变现，提前收回投资。

也有少部分学者认为股权质押的动机是善意的，詹森和麦克林（Jensen & Mecking，1976）认为，大股东为避免自身利益受到损害，维持和增加自身控制权地位，更会积极参与公司管理指导公司经营发展；艾大力和王斌（2012）指出，控股股东通过股权质押可以激活账面的"静态"股权变为"动态"可用资本，缓解公司融资难题，也认为这种行为是善意动机。

2. 股权质押的风险

股权质押后会带来股价崩盘风险、控制权转移风险、财务风险和道德风险上，目前对股权质押风险的研究也主要集中于以下四类风险。

（1）股价崩盘风险。学术界对股价崩盘风险有不同的观点。

有学者认为，股权质押后，控股股东隐秘性地实施了市值管理，目的是去降低股价崩盘的风险。谢德仁、郑登津、崔宸瑜（2016）研究发现，控股股东为降低股价崩盘的风险采用了盈余管理和其他信息披露操纵，与不进行股权质押的公司相比较，进行股权质押的公司有略低的股价崩盘风险；卜华、杨宇晴、张银杰（2020）研究发现，公司的股权集中度对股价崩盘风险的发生具有缓和作用，并且经过区分不同产权进行实证分析，得出这种现象在非国有企业中更为明显。

也有一些学者认为，股权质押对股价稳定性不友好，会加剧股价崩盘的风险。郑国坚、林东杰、林斌（2014）发现，基于股权质押可快速融集资金的特点，促成控股股东陷入财务困境就会采用股权质押的局面，不过这种情况下控股股东若不能如期偿债，发生的违约金也会更高，会增加股价崩盘风险；何斌和刘雯（2019）研究发现，当经济政策不确定性较高时，股价崩盘风险明显加剧。

（2）财务风险。张原和宋丙沙（2020）运用实证方法研究发现，进行股权质押的上市公司财务风险更高，且质押规模越大，带来的风险预警等级就越高；党宏欣（2022）认为，控股股东采取股权质押反映其陷入财务约束的困境，加之股权质押之后，控制权与现金流权的不匹配，加大了控股股东套取企业资金的动机，进而给企业带来严重财务危机；王新红和曹帆（2021）以民营企业作为样本分析发现，企业的财务风险会随着股权质押比例的增高而增强，但是股权制衡可以有效弱化这种现象。

（3）道德风险。储溢泉和刘飞（2020）认为，股权质押会对控股股东的信用产生影响，加大信用风险，并且根据风险传递性也会增加上市公司的信用风险，并且影响公司债券信用利差。质押比例高、采用关联交易等都会加大债券的信用利差；陈佳（2015）得出股权质押后，控股股东为了防止控制权转移，稳定股价，会调整费用和销售，降低企业信息的真实性，增加道德风险。

（4）控制权转移风险。方杰、杨超颖、方重（2016）指出，高比例股权质押若被强行平仓，将使公司控股权发生转移。同时还指出当股价下降幅度太大时，为了不发生股权被强制平仓的情况，控股股东、上市公司会选择性地进行信息披露、与市场机构联手等方式，违规操纵股价的方式也会进一步加大；王斌、蔡安辉、冯洋（2013）研究发现，进行股权质押对公司价值有利，因为股价一旦触及警告线就会被平仓，所以控股股东必须完善公司的经营现状，稳定股价，保持良好的生产状态，进而对企业价值是有利的。

3. 股权质押的经济后果

股权质押后会对企业价值、公司决策以及其他利益相关者产生影响，甚至可能造成严重的后果。

（1）股权质押对企业价值的影响。股权质押对企业价值的影响有人认为是消极的，也有人认为是积极的。郑国坚、林东杰、林斌（2014）运用实证研究的方法发现，股权质押后控股股东可能侵吞公司利益，使公司价值下降。夏婷、闻岳春、袁鹏（2018）利用股权质押比例、质押规模作为直接作用途径、研发投资作为间接作用途径，发现通过直接作用途径会正向影响企业价值，通过研发投资的间接作用途径对企业价值的影响也是正向的，只是间接作用途径相对于直接作用途径对企业价值的正向作用弱，总之股权质押对企业价值的影响是正向的。

学术界还存在另一种声音，认为股权质押与企业价值的关系呈现倒"U"型。陈丹、王珊珊、刘畅（2020）研究发现，上市公司股权质押比例低，企业价值则高，公司股权质押比例较高时，股权质押对上市公司价值的影响是负向的，上市公司股权质押比例与公司价值呈倒"U"型的非线性关系；高燕燕和毕云霞（2021）也同样支持了控股股东股权质押与企业价值呈倒"U"型的关系的观点。

与此同时，还有一部分学者从各种不同的角度分析了这种影响。比如李晓东等（2020）通过研究大股东的盈余管理，得出股权质押后，企业对真实盈余管理趋之若鹜。但长此以往，真实盈余管理会降低现金流，不顺应企业战略发展方向，对企业长期价值造成损害；该观点与李增福、郑友环、连玉君（2011）盈余管理会改变其现金流量，对公司的长期业绩产生影响的观点一致。

王化成、王欣、高升好（2019）通过实证的方法分析得出股权质押会使大股东产生掏空公司财产的行为，还发现控制权转移风险越高公司的权益资本成本越大；靳昊、林必越、钟玉萍（2020）经分析得出公司进行股权质押越多，给公司带来的债务资本成本也高。综上可知，股权质押会增加资本成本，进而可增加企业风险，对企业价值造成影响。

（2）股权质押对公司决策的影响。由于公司高股价可向市场传递良好信息，方便企业融集资金，而一旦股价下降，控股股东将面临补充质押物或补缴保证金的危机，使控股股东的融资成本增加，因此进行股权质押的企业都在积极寻找稳定股价的方法。谢德仁、廖珂、郑登津（2017）通过实证研究发现，调控研发支出成为股权质押公司熟练操纵的手段，在公司实施股权质押时和股权质押解除时分别采取研发支出资本化、研发支出费用化，在股权质押的不同阶段对会计政策有动态的选择；王斌和宋春霞（2015）认为，发生股权质押后，为避免股价下跌引起控制权转移，上市公司会选择真实性盈余管理方式；张雪梅和陈娇娇（2018）开创性地提出了不同于真实盈余管理和计盈余管理的第三种盈余管理的方式——分类转移盈余管理与股权质押的关系。

（3）股权质押对其他利益相关者的影响。田和刘（Tian & Liu，2012）研究发现，当股权质押比例超过50%时，会引起严重的大股东侵占利益的现象，严重影响了中小股东和债权人的利益；当质权人是银行时，向群（2007）提醒银行要重视股权质押的风险，通过对案例研究告诉我们上市公司股权质押的担保对银行来说不是价值"保险箱"，股权质押存在的风险不容小觑；闵志慧和何艳敏（2019）以三圣股份公司为例站在中小股东的位置进行分析，发现股权质押会阻碍公司发展战略的运行，影响企业的财务状况，对公司业绩的提升也带来负面影响，对中小股东的长远利益带来损害。

2.3.2 控股股东股权质押的相关研究

控股股东股权质押是股权质押的一种具体类别，它既具有股权质押的共性特征，又具有自己独立的表现。

1. 控股股东股权质押的概念和特点

控股股东的产生源于股权制度的演变和社会经济的增长，学术界认为控股股东产生的客观原因是企业的股权结构由股权分散伯利和米恩斯（Berle & Means，1932）发展到股权集中拉波尔塔等（Laporta et al.，1999）。控股股东股权质押的概念虽然在众多文献中并没有明确给出它的定义，但根据廖凯敏等（2014）的观点，控股股东是原本股权质押发起人群体中的一部分，即由拥有"可转让股权"的群体转为控股股东这一群体，并且它的本质由担保方式逐渐向财务运作手段靠近。谢德仁等（2016）、王雄元等（2017）选择将控股股东等同于第一大股东。迄今为止，学术界关于控股股东股权质押没有具体明确的概念，但根据大多数学者的研究可以将其概述为：控股股东通过质押股权给质权人，获取所需流动资金的一种融资方式。

阎天怀（1999）提出，控股股东股权质押的特点包括不稳定性和预期性。不稳定性是因为市场的供需、利率都会影响股票的价格，同时质押的时间长短也会影响质押的交换价值；预期性源于质押的交换价值来自协商双方对质押股权未来价值的一个预测。随后，官本仁（2003）指出，控股股东股权质押还具有权利性、表征性和便利性等特点。股权属于股东权利的一种，可以进行转让、质押，体现了它的权利性；进行质押时转让的是凭证，而这种凭证只是抽象权益的附着物，即不是实际意义上的财产转移，体现了它的表征性；债权人在必要情况下行使优先受偿权时，股权变现方便，体现了它的便利性。

2. 控股股东股权质押的动机

高兰芬（2002）提出三种动机：获取资金达到缓解融资压力的目

的、利用质押资金企业股票达到扩大控制权的目的、用于炒作股票达到稳定或抬高股价的目的；龚俊琼（2015）将其细分为四种动机：需要流动性资金、维持或增加控制权、风险转移、利益侵占。上面两位学者对动机进行了综合研究，但大部分学者以是否会损害中小股东利益或不利于企业长期发展作为依据，把控股股东的股权质押动机分为善意动机和恶意动机。

有李永伟等（2017）对明星电力"隧道挖掘"案件的研究在前，学者们大多从恶意动机出发，直接反映了利益侵占的动机。郝项超和梁琪（2009）认为，股权质押能控股股东快速变现手中限售股票，而控制权保持不变，侵占成本降低，且中小股东大多无行使控制权的意识，增加了控股股东做出仅增加自身收益决策的可能性，窦等（Dou et al.，2019）的研究也发现了此类代理问题会引发侵占效应；尤其在控股股东可融得资金远不够解决财务困难时，郑国坚等（2013）认为此时其侵占行为更加明显。艾大力等（2012）根据前人研究指出，控股股东利用股权质押循环投资，在这个过度杠杆化的过程中，很可能发生了非正当利益输送。滕晓梅等（2016）、赵瑞雪（2017）分别从房地产行业和创业板证实了控股股东股权质押的侵占效应。李益娟和张英丽（2020）发现，在股权结构分散的公司，控股股东侵占成本过低，引起强烈的侵占效应。即使控股股东对企业有支持行为，可能也是短期的，最终还是为了自身获取更多的利益。得出类似结论的还有弗里德曼、约翰逊、米顿（Friedman，Johnson & Mitton，2003）及姜、李、岳（Jiang，Lee & Yue，2010）。郑舒宁（2020）在誉衡药业利用股权质押频繁并购案中指出，以股东自身利益为动机进行频繁的资产并购，短时间内股价形势乐观，但不能保证对企业未来发展有利，只要出现一点问题，企业的资金链就可能断裂，会急剧增加企业风险。有关风险转移动机的文章，比如张亚晴和支春红（2020）分析暴风集团案例时指出它的质押动机之一就是将风险转移给质权人。

张陶勇等（2014）指出，一些控股股东会为了供给公司短缺的运营资金进行股权质押。吴静（2016）通过收集并统计上市公司股权质押公告，同样支持了这一想法，发现控股股东利用质押获取的资金投入上市公司，支持了上市公司的经营业务发展。郝、邱、陈（Kao，Chiou & Chen，2004）的研究显示，中国台湾地区的多数控股股东出于稳定企业经营战略的动机，会将股权质押获得的资金进一轮购买公司股票。赵天月（2017）指出，贾跃亭想要把乐视公司做大做强，当乐视出现资金链紧张时贾跃亭作为控股股东进行了股权质押，获取公司急需的运营资金。王雄元、欧阳才越、史震阳（2018）分析认为，上市公司的壳资源珍贵，控股股东为继续让公司处于上市状态，有动机在股权质押时期积极参与公司事务，保证上市公司的利益，维持上市公司日常运营。

3. 控股股东股权质押的经济后果

有关经济后果的文献较为丰富，研究内容包括对企业价值、市值管理、企业创新、审计等方面的影响。

市值管理是控股股东在股权质押后，上市公司的运营中较大可能出现的经济后果之一，主要包括盈余管理、股票回购、"高送转"分配股利、企业并购及签订业绩承诺等。盈余管理为市值管理的主要研究部分。王斌和宋春霞（2015）指出，虽然质权人接受的是控股股东的质押，但质权人的利益实际受上市公司影响，因此会格外关注上市公司的经营信息，企业的应计盈余管理行为仅调整某些固定科目，而真实盈余管理参与到实际经营活动中，两者中后者较难被发现，所以控股股东会倾向于采用真实盈余管理操作；里歌等（Raegan et al.，2016）以印度范围内的股权质押为研究对象，黄和薛（Huang & Xue，2016）对股权分置改革后的上市公司进行分析，都得出了类似结论。谢德仁等（2017）研究发现，存在质押的企业为了进行正向的盈余管理，会具体采用开发支出资本化的方式。谢德仁和廖珂（2018）指出，在非国有企业和控股股东控制权较高的企业，向上盈余操纵的程度比其他存在股权质押的企业更加明显。徐会超、潘临、张熙萌（2019）认为在控股股东股权质押的民营企业里，如果没有选择德勤和其余三个知名度较高的会计师事务所进行审计，其盈余管理行为会较为普遍。当然，还有其他的市值管理方式存在。湛等（Chan et al.，2018）研究发现，股票回购方式的市值管理也有发生控股股东股权质押的公司使用；廖珂等（2018）发现，控股股东会采用"高送转"，即分红送股或者转增股票的方式进行市值管理；廖珂等（2020）还分析得知，企业并购也是股东质押后的常用市值管理方式；徐莉萍、关月琴、辛宇（2021）另外发现，签订业绩并购承诺也是股权质押市值管理发展的一种趋势，质押比例和质押期限会增加签订该承诺的可能性。

创新也是学者们研究股权质押经济后果的重点对象之一。控股股东股权质押会负向影响创新投入，是学者们研究得出的较为统一的结论之一。张瑞君、徐鑫、王超恩（2017）发现，控制链越长，创新投入受到控股股东股权质押的负向影响越显著。赵浩亮等（2017）指出，创业板企业在面对企业研发创新的融资困境时，会采用金融发展来缓解资金约束，进而降低股权质押对研发资金投入的负面影响。常青等（2018）认为，如果控股股东持股比例较低，容易陷入与其他股东的控制权争夺战中，股权质押融资来的资金更可能用来维护控制权，而不是投入研发使用。文雯、陈胤默、黄雨婷（2018）研究发现，在需要将更多资源投入创新的高科技行业中，企业创新很难不受到控股股东股权质押的抑制，资金投向创新研发项目的可能性会降低。朱磊等（2019）通过股东异质性分析，发现企业创新投资很难在发生质押后的控股股东高持股比例企业和民营企业中有所增长。杨鸣京、程小可、钟凯（2019）指出，货币供给政策会根据市场的变动时刻调整，各企业股价也会随政策调整而波动，若政策变动频繁，企业又存在控股股东股权质押，会导致风险增加，为控制风险，控股股东会减少企业的创新活动。李姝等（2020）发现，如果董事、经理或企业其他职务人同时也是企业控股股东时，掏空行为实施方便，私人收益增多，企业创新发展也会被抑制。但是，在大数据等信息技术的发展下，李宇坤、任海云、祝丹枫（2021）发现，数字金融这种新型金融模式能够降低控股股东融资困难度，有效降低质押率，进而促进企业创新投入。此外，姜军、江轩宇、伊志宏（2020）对创新效率进行了研究，同样也与股权质押负相关，其间掏空动机和短视行为存在替代效应，即掏空动机弱时，可能存在平仓风险，导致出现利用盈余管理等方式稳定股价的短视行为。

审计方面的相关研究主要围绕审计费用。张龙平等（2016）认为，控股股东股权质押提高了企业的经营风险，增加了财务报表错报的概率，使审计师不得不提高努力程度，因而审计成本增加，审计费用也随之增加。张俊瑞、余思佳、程子健（2017）发现，审计师出具非标准意见的可能性，在非国有公司和质押比例较高的企业会明显上升。翟胜宝等（2017）也得出类似结论，提出控股股东股权质押风险在国有企业中可以被弱化，声誉越好的会计师事务所针对此事项会增加审计费用，类似的结果也存在于任莉莉和张瑞君（2018）的研究中。王靖懿、夏常源、傅代国（2019）发现，如果监管部门对做空操作稽查较为宽松，可以明显降低对发生质押企业的风险评估水平，减少审计费用。为了规避企业外部监管，徐会超、潘临、张熙萌（2019）发现，存在质押的企业会选择审计宽松的事务所，如果某地区内政府参与市场活动程度低，这种选择更加明显。吴先聪、罗鸿秀、张健（2020）发现，控股股东质押后的掏空行为受到外部审计的显著抑制。另外，曹丰和李珂（2019）发现，发生质押的企业比寻常企业倾向于购买更多的审计意见，操纵对外披露的信息，影响投资者决策，但陈泽艺、李常青、成佳璟（2021）研究结论与之相反，他们认为股权质押提高了审计风险，为保护声誉，审计师会拒绝企业的审计意见购买，尤其是控股股东股权质押比率高的企业。

2.3.3　控股股东股权质押对企业价值的影响

1. 控股股东股权质押会降低企业价值

陈和胡（Chen & Hu，2007）研究发现，受控股股东股权质押的影响，公司业绩易下滑，导致企业价值降低。郝项超和梁琪（2009）研究认为，控股股东股权质押后因现金流减少，参与公司治理的积极性降低，不仅如此还会侵害中小股东和企业利益，从而损害公司价值。滕晓梅、祝婧然和周倩倩（2016）对房地产行业控股股东股权质押的研究验证了侵占效应，随着股东质押比例增加，侵占效应也更加明显，安德森和普莱奥（Andersona & Puleo，2015）也得出相同的结论。艾大力和王斌（2012）理论分析认为，股权质押后，控股股东回购股票增加了自身财务杠杆，一旦大股东变更，会影响公司稳定经营，导致企业价值受损。郑国坚、林东杰、林斌（2014）指出，股权质押可能是控股股东没有其他融资来源，而不得不做出的融资选择，容易将企业财产占为己有，对企业价值产生负面影响。李洪涛（2017）对华映科技案例进行分析，发现控股股东质押下的企业长期股价走势低迷，存在关联交易和不良资产的收购，财务状况不佳，企业价值受到严重损害。侯婧和朱莲美认为（2018）控股股东股权质押后，两权分离导致企业过度投资行为较多，对企业价值的增长不利；柯艳蓉、李玉敏（2019）的研究中也存在类似的结论。冯梦雅（2019）根据对九鼎投资的案例分析，发现市场对股权质押在短期内为负面反应，且该企业的频繁质押导致了企业价值下降。陈丹等（2020）研究发现了在两者负相关关系中，研发投入存在中介作用，高研发投入的公司受到股东利益侵占的程度更大。

2. 控股股东股权质押会增加企业价值

王斌、蔡安辉、冯洋（2013）研究发现，民营企业控股股东避免控制权转移的动机充足，重视改善公司业绩，期望提升企业价值。谭燕和吴静（2013）认为，债权银行发挥了外部治理作用，尤其对连续质押的企业，通过甄别、筛选和有利的谈判地位，有效降低了企业的违约风险，也有利于企业价值的成长。夏婷、闻岳春、袁鹏（2018）采用结构方程分析得出大股东股权质押总体上对企业价值是有利的，因为大股东股权质押扩大企业的融资能力，质押获取的资金用于研发和投资很好地提升了盈利能力和企业价值。王和周（Wang & Chou，2018）使用中国台湾地区的公司数据，实证发现在有股权质押和无股权质押的企业对比中，前者的股票回报率更高。曹志鹏和张明娟（2021）分析认为，低质押水平的控股股东股权质押增加了股东采取冒险行为的可能，控股股东有动机监督高管实行高风险投资，提高了企业风险承担水平，企业风险承担水平的提高有利于企业价值的增长。

3. 其他观点

辛格（Singh，2017）对印度企业的质押者分类，发现控股股东分别为个人和公司时，对企业价值的影响完全不同，前者因侵占效应为负面影响；后者因融资成功为正面影响。李常青、幸伟、李茂良（2018）发现，控股股东质押比例低于55%时，资金占用等有损企业价值的行为会降低企业现金持有量；高于55%时，为了避免控制权转移会增加企业现金持有量。朱文莉、陈鑫鑫、阚立娜（2020）实证研究发现，公司大股东的质押比例达到36.53%时，股权质押对企业价值的影响会发生改变，小于该值为正面影响，反之为负面影响。李益娟和张英丽（2020）基于双边随机边界的分析，发现不同的股权结构、不同的质押比例，对企业价值的影响不同，分散股权结构、高质押比例，对企业价值有严重的负面影响，而股权结构集中、低比例质押能够提升企业价值。高燕燕和毕云霞（2021）研究认为，它们两者之间的关系呈现倒"U"型，低比例时促使企业价值增长，高比例时引起企业价值下降，而媒体的关注有助于改善两者的关系，有明显的正向调节作用。

上述控股股东股权质押与企业价值的关系研究中，郑国坚等（2014）加入了股东占款作为调节变量，类似地，凌暄等（2020）加入了成长机会、高燕燕等（2021）加入了媒体关注度，而陈丹等（2020）加入了中介变量研发投入。但在这些文献中，引入高管特征、高管行为、高管薪酬的文章较少，此处暂无列举。

2.4　高管薪酬及差距的相关研究

2.4.1　高管薪酬的相关研究

1. 高管薪酬的概念和度量

高管薪酬的内涵并没有因为国内外经济环境的不同而有较大差异，肖婷婷（2015）研究得知，国外高管薪酬研究包括工资、年终奖、福利、中长期激励等，国内的高管薪酬只是将中长期激励详细解释为股权和期权激励。

高管薪酬在不同学者的研究中有不同的度量方式。使用最广泛的度量方式是高管的货币薪酬，如沈艺峰等（2010）、蒋泽芳等（2019）、陈婧等（2020），货币薪酬大多由基础工薪和浮动绩效构成。股权激励在我国已存在一段时间，但因为可获得的数据包含了激励和个人购买，研究股权激励的学者相比货币薪酬激励的较少，如刘永丽等（2018）、罗玉群（2020）、胡柳燕等（2020）。其他度量方式还有在职消费。陈冬华等（2010）发现，某些的市场化程度中，货币薪酬与在职消费存在替代效应；赵乐和王琨（2019）指出，薪酬管制虽然从表面上降低了高管的货币薪酬，但同时增加了高管的在职消费。有学者为全面体现各种形式高管薪酬的不同作用，在一篇文献内使用了不同的度量方式，如赵颖（2016）、王新红等（2020）。

2. 高管薪酬的影响因素

高管薪酬是企业综合多方面制定的，国内外学者先后研究了高管薪酬的影响因素并得出了相应结论。墨菲（Murphy，1985）分析了1964～1981年73家企业的高管薪酬，发现与企业的营业收入呈正相关。贝克和霍尔（Baker & Hall，2004）认为，企业规模是一个重要因素，越大的企业管理越复杂，首席执行官（CEO）会获得更高的薪酬以起到激励作用。管理人员的个人能力以及社交能力也是影响高管薪酬的重要因素，法拉托等（Falato et al.，2015）和恩格尔伯格等（Engelberg et al.，2013）两组人员分别研究得出CEO的能力越强、人际关系网络覆盖面越广，他所获得的货币薪酬水平就越高。

国内学者周佰成等（2007）分析了我国上市公司年报，发现公司所处行业的薪酬水平以及公司所在地域等环境是高管薪酬的决定性因素。王北星等（2007）进一步将范围缩小至我国国有企业，同样得出了上述结论。2009年政府颁布了《关于进一步规范中央企业负责人薪酬管理的指导意见》，沈艺峰和李培功（2010）检验发现，国有企业高管的薪酬水平不降反增，说明政策并未取得预期效果。除了外部大环境的影响，企业内部的治理结构也会影响高管薪酬。杨蕾等（2009）研究了2002～2005年我国上市公司独立董事制度对高管薪酬水平的影响，结果显示独立董事比例越大高管薪酬水平就越高。张金麟等（2010）发现高管薪酬与公司规模和高管持股比例呈正相关关系，与地区和行业也有很强的相关性。

3. 高管薪酬的经济后果

目前有关高管薪酬经济后果的研究在不断发展。根据已有文献，高管薪酬会对企业绩效、盈余管理等产生影响。

对企业绩效影响的研究，国外开始得较早。麦奎尔、邱、埃尔斌

（Mcguire, Chiu & Elbeing, 1962）研究发现，高管货币性薪酬越高，主营业务收入越高，但利润总额不随高管货币性薪酬变动而变动。詹森和麦克林（Jensen & Meckling, 1976）采用美国公司的经济数据，发现高管薪酬的增加能提升股东财富水平，对高管进行股权激励和货币薪酬激励能够进一步提高企业绩效。考夫兰和施密特（Coughlan & Schmidt, 1985）同样认为高管薪酬与企业绩效正相关。国内有关研究结论大多也认为两者呈正相关关系，如周仁俊等（2010）、贺茂豹等（2018）。牛晓健和李茂（2019）研究了我国 2010～2017 年的上市公司，结果显示高管薪酬与公司业绩呈显著的正相关关系，相比于非国有企业，国有企业中高管薪酬激励效应较弱。但是，也有学者研究认为它们的关系并非一定为正相关。安杰尔科维奇等（Andjekovic et al. , 2002）对新西兰上市公司进行经验数据分析，发现两者不相关，伦纳德（Leonard, 1990）对美国范围内上市公司分析得出的结论也是如此。曲亮等（2010）通过实证分析发现，在不同的薪酬区间范围内，公司绩效受到高管薪酬的影响不同，薪酬较低时为负向作用，高时为正向作用，但两个薪酬区间并不连续。兰松敏等（2015）研究发现，在传媒业上市公司中，两者虽然相关系数为负，但并不显著。

有关高管薪酬与盈余管理的研究，希利（Healy, 1985）率先进行了理论分析，认为高管有动机为了提高与业绩相关联的薪酬水平，调整会计盈余。松永等（Matsunaga et al. , 2001）指出，实际盈余低于预测盈余或同比下降时，高管会为了维持薪酬进行盈余管理。唐洋等（2012）根据国内 21 世纪初上市公司数据，发现国有企业两者正向相关关系更加显著。罗宏等（2016）通过引入公司内部高管薪酬与外部行业均值的比值，发现高管薪酬若低于行业水平，盈余管理可能性会增加。然而，得出不同研究结论的文献也有不少。科瑞等（Core et al. , 2003）指出，对高管进行股权激励，能提升高管的参与感与主权感，能拉近与股东目标的一致性，降低盈余操作可能。严玉康（2008）分析上市公司数据后得出，如果企业选择不宜操控的指标衡量高管业绩，那么高管就没有动机进行盈余管理，即两者不相关。许丹（2016）分析认为，国有企业限制高管薪酬水平的规定发布后，高管货币薪酬与盈余管理不再存在正相关关系，而是转变为负相关关系。董丽萍等（2018）认为，控制权较大的股东，在目标为企业价值最大化阶段，会严格监督高管各项工作行为，最终使高管薪酬与盈余管理负相关。

2.4.2　高管薪酬差距的文献综述

1. 影响高管薪酬差距的因素

薪酬差距是企业薪酬设计中非常关键的部分，产权性质、行业竞争程度等因素都会影响薪酬差距的变化。在已有的学术研究中，学者们普遍将企业薪酬差距按照比较对象划分为两个方面，即企业内部薪酬差距与企业外部薪酬差距，其中，企业内部薪酬差距包括高管团队薪酬差距和高管员工薪酬差距。

有很多学者进行了管理者权力对企业薪酬影响的研究，杨蕾和卢锐（2009）基于国外的研究从管理层权力的角度切入，发现管理层权力越大会使企业核心高管与普通员工的薪酬差距变大。更深一步进行探究，高管薪酬的增加幅度大于普通员工薪酬的增加幅度，高管减薪幅度低于普通员工的减薪幅度，很可能是因为管理层权力主导下的薪酬尺蠖效应。杨小幸和王秀芬（2019）对我国研究薪酬差距的 CSSCI 来源期刊文献进行了归纳梳理，发现影响薪酬差距契约设计的因素除了有管理层权力，还有公司治理和环境政策等其他因素。步丹璐等（2014）引入政府补助要素进行研究，发现企业获得政府补助时高管—员工薪酬差距会变大，高管薪酬的增长幅度明显高于普通员工薪酬的增长幅度。夏宁等（2014）指出，在设计我国中小上市企业的薪酬制度时，要考虑到企业规模、技术复杂性、财务风险等因素对薪酬差距的影响。在国家政策背景下，国有企业高管晋升预期与薪酬差距呈显著负相关关系，高管有晋升机会则会更愿意执行相关政策，主动领取较低的薪酬来追求晋升。

2. 高管薪酬差距的经济效果

对于高管薪酬差距的经济效果，学术界结论尚不统一。国外对高管薪酬差距的研究最早开始于 1993 年，而国内的研究则起步较晚，目前仍旧处于探索阶段并且学者主要采用的是实证研究法。对研究结论的总结归纳如下：一是支持锦标赛理论，薪酬差距会对企业绩效产生正向促进作用；二是支持行为理论，较大的薪酬差距不利于企业业绩的提升；三是认为薪酬差距与企业绩效的关系并非简单的正相关或负相关。鉴于高管薪酬差距包括高管—员工薪酬差距、高管团队内部薪酬差距、高管行业薪酬差距三部分内容，每一部分的影响机理也不完全相同，所以下面分三个部分来进行综述。

（1）企业高管团队薪酬差距的经济效果。梅音等（Main et al.，1993）和温特等（Winter et al.，1999）都以美国公司为样本，研究证实高管团队内较大的薪酬差距有助于提升公司绩效。亨德森等（Henderson et al.，2001）和康奈利等（Connelly et al.，2013）也对此进行了研究，证实了高管人员内部的薪酬差距与企业绩效之间确实存在这种正向关系，锦标赛理论可以较好地解释高管团队内部的薪酬差距。

国内学者林浚清等最早在2003年研究证实高管团队成员薪酬差距和公司未来绩效之间具有正向关系，较小的薪酬差距是不利的。周权雄和朱卫（2010）以地方国有上市公司为样本，发现薪酬差距的扩大同样会提高国有企业经营者的努力水平从而促进公司绩效的提升。陆翠丽（2016）将国有企业与非国有企业进行比较，发现国有企业高管团队内部薪酬差距的激励效果更好。曹华林等（2017）利用了我国200家沪深A股制造业企业2009~2015年的数据，结果表明传统制造业和高科技制造业企业在支持锦标赛理论上具有一致性，证实了锦标赛理论的薪酬激励指导意义。

然而亨德森等（Henderson et al.，2001）研究得出，在以团队合作为主的企业中，保持较小的薪酬差距会提高高管团队的管理和决策能力，从而促进企业的价值创造。卡朋特和桑德斯（Carpenter & Sanders，2002）的研究结论同样证实了这一观点，因为加大高管团队的薪酬差距会引发成员的比较心理以及不公平感，进而影响公司业绩。国内学者张正堂等（2007）同样证实了高管团队薪酬差距与企业绩效存在负相关关系。

除了高管团队内部薪酬差距对企业绩效有正向、负向的影响外，部分国内学者还认为锦标赛理论和行为理论在解释薪酬差距与绩效之间关系时具有互补性。刘春旭等（2018）利用2008~2017年我国上市公司的数据，实证结果表明高管团队成员之间的薪酬差距对企业绩效呈倒"U"型的影响关系，过低或过高都会不利于企业的绩效。魏芳和耿修林（2018）认为，高管团队薪酬差距容易诱发高管不正当努力，导致企业出现违规行为，研究结果揭示了薪酬差距的负面效应。

（2）企业高管—员工薪酬差距的经济效果。米尔科维奇和纽曼（Milkovich & Newman，1996）发现，薪酬差距较小时会让有才能和高业绩员工的回报无法和努力相对应，成就感降低，从而不利于公司价值的创造。米尔格罗姆和罗伯特（Milgrom & Roberts，2000）同样发现，薪酬差距越大越有利于吸引和鼓舞员工，薪酬差距有积极的价值效应。国内学者刘春和孙亮（2010）研究发现，地方国有企业当中高管和职工的薪酬差距与企业业绩显著正相关，薪酬差距的扩大会提高国有企业高管的努力水平，这为我国国有上市企业的研究提供了经验证据。黎文靖和胡玉明（2012）选取了我国制造行业的国有上市公司，发现薪酬差距扩大对企业业绩同样产生正向的激励效应。创造性是企业长期发展的动力和源泉，程新生等（2012）扩大至制造业全部上市公司，发现高管和员工之间太小的薪酬差距不利于激励创造性产出。孙俊成等（2019）研究发现，高管—员工薪酬差距会对公司绩效产生正向影响，给予管理者高于普通员工的薪酬水平有利于公司价值的提升。

国外学者卡尔赫德和莱文（Cowherd & Levine，1992）认为，薪酬差距较小有助于提高企业业绩，普费弗和朗顿（Pfeffer & Langton，1993）通过研究得出类似的观点，即薪酬差距较大会破坏团队合作。国内也有学者强调团队合作的重要性，认为员工之间相互合作能够创造价值，此时离职率较低。张正堂（2008）研究发现，只有在国有企业中，高管和员工之间的薪酬差距才会降低企业的未来绩效。张蕊和管考磊（2016）借鉴舞弊的"三角理论"，研究得出高管—员工的薪酬差距越小，高管实施侵占型职务犯罪的概率就越高。翟淑萍等（2017）研究了在高新技术企业中高管—员工薪酬差距发挥作用的途径，结果表明差距的增大会降低企业的创新效率。

然而康奈利等（Connelly et al.，2013）的实证结果表明，增加高管和员工之间的薪酬差距虽然能在短期内促进公司业绩的增长，但是从长远来看则会损害公司的长期绩效。石榴红等（2013）同样发现，高管和员工的薪酬差距会对公司绩效造成呈现先增后降的倒"U"型影响，只有当薪酬差距适中时企业绩效最高，一旦超过这个值就会出现相反的作用。蒋雪凤（2018）同样发现，企业高管—员工薪酬差距与企业绩效之间的关系不能单独使用锦标赛理论或者行为理论解释，因为薪酬差距只有在合理范围内才能促进企业绩效的增长。蔡芸等（2019）研究了 2006～2017 年制造行业的国有上市公司，发现薪酬差距与企业绩效之间存在倒"U"型关系，说明两者之间的关系不能简单地用锦标赛理论或行为理论来解释。

（3）企业高管行业薪酬差距的经济效果。国内学者祁怀锦和邹燕（2014）发现，我国的高管薪酬分配总体上不公平，并且高管外部薪酬公平性会显著影响企业绩效。李竹梅等（2017）选择了 2007～2014 年沪市 A 股制造业的公司，实证分析同样得出高管薪酬的外部公平对企业绩效具有促进作用，与非国有企业相比，这种正面激励效应在国有企业中更加显著。张志宏等（2018）考察了非国有企业中高管外部薪酬差距对企业风险承担的影响，结果发现，高于和低于行业均值的外部薪酬差距均能提升企业风险承担水平和企业市场价值。程李梅等（2019）以文化企业为例，通过回归分析得出企业外部薪酬差距与企业绩效之间显著正相关，说明文化企业薪酬激励对绩效发挥了积极导向作用，证实了锦标赛理论在文化企业薪酬激励中的指导意义。然而赵健梅等（2017）从回归结果中看出高管外部薪酬差距一次方系数显著为正，而二次方系数显著为负，说明高管外部薪酬差距对于公司业绩的影响是倒"U"型关系。

2.5 董事会国际化的相关研究

2.5.1 董事会国际化的发展概况

吉利斯和狄金森（Gillies & Dickinson，1999）最先揭示了董事会国际化发展现象。海耶斯等（Heijltjes et al.，2003）注意到瑞典与荷兰两国公司高管团队的国际化趋势。斯特普尔斯（Staples，2007）通过对世界前 80 家跨国企业的跟踪调查得到 54.3% 的企业外籍董事占比都在 26% 以下，这样看来，董事会国际化程度不高；但总归随着经济全球化不断发展，外籍成员参与公司治理的情形呈现上升趋势。杜兴强和谭雪（2017）指出，有 6.5％ 的中国企业拥有外籍董事，占比较低。

2.5.2 董事会国际化的成因

首先，经济全球化的推动和跨国公司的发展。希尔曼等（Hillman et al.，2000）指出，企业为了应对外部环境变化会改变董事会组成。海耶斯等（Heijltjes et al.，2003）指出，随着全球经济一体化的加快，许多企业为了谋求更大的利益和前景开始尝试跨境合作，他们纷纷选择雇用外籍专业人士协助企业运作和管理，以便在世界各地获得成功发展。米哈尔科夫等（Miletkov et al.，2017）认为，拥有海外业务的公司和希望扩大海外业务或吸引外国投资者的公司倾向于任命外国董事。詹内蒂等（Giannetti et al.，2015）对中国上市公司进行研究后发现，中国公司为了降低海外并购的风险，提高并购绩效，更好地完成跨国并购，董事会通常会引入外籍人士参与公司治理和决策。巴里奥斯等（Barrios et al.，2022）指出，外国成员可以利用现代交通或者通信技术的发展参与跨国公司的治理，这也为企业聘请外籍董事提供了条件。

其次，全球各国保持协同合作促进并购的大背景也是外籍董事举足轻重的原因之一，持此观点的作者如海耶斯等（Heijltjes et al.，2003）。崔等（Choi et al.，2012）指出，一些引进外资的企业在发展的过程中也会接受持股比例较高的外资股东进行委派的董事参与治理，詹内蒂等（Giannetti et al.，2015）认为，这样可以规避在并购活动中因为不熟悉目标市场的法律法规、风俗习惯而错失机会的风险。斯特普尔斯（Staples，2008）发现了跨国并购和董事会国际化两者之间相互促进的关系。

最后，各国治理制度的差异性和改善治理水平的动机。约瑟夫（Youssef，2003）认为，一些发展中的新兴国家，可能出于完善公司治理机制和引进国际化管理经验的目的，聘请来自发达地区的专家、学者及企业高管等人才。米哈尔科夫等（Miletkov et al.，2017）的研究也证实了外国董事会成员如果来自发达国家，可以有效提高公司治理水平。治理制度的差异性不仅是公司引进外籍董事的动因，也是影响董事会国际化程度的因素。维恩和恩格尔伯特（Veen & Elbertsen，2008）为了研究不同国家董事会国际化程度差异性的影响因素，以德国、英国、荷兰公司董事会国际化作为样本，研究结果指出不同的治理制度可能是影响董事会国际化程度的重要因素。维恩等（Veen et al.，2014）指出，国家之间的历史联系，以及文化、机构和地理上的邻近性，都是公司引入外国董事的原因。

2.5.3　董事会国际化的经济后果

目前对董事会国际化的经济后果研究主要集中在企业价值、公司治理效率、战略决策和违规行为四个方面。

第一，董事会国际化对企业价值的影响。不同学者在董事会国际化对企业价值或公司绩效影响的研究上存在不同声音。一部分学者认为公司引进外籍董事可以有效改善公司绩效，促进公司价值的提升。米什拉（Mishra，2016）和阿尔哈尔斯（AlHares，2020）认为，董事会成员的多元化经验和文化背景会带来更广泛的认知视角和更富有创造性的讨论，促进对市场的更好理解，为解决问题提供新鲜的想法。茹贝尔（Jouber，2020）认为，聘用外籍董事可以通过吸引新的投资者和促进高质量决策来改善业绩，进而促进企业价值的提高。艾斯特依和尼萨尔（Estélyi & Nisar，2016）提出，董事会成员国家多样性对跨国公司可能是有价值的，因为外籍董事拥有本国的人脉，对市场更加了解，拥有更多关于国际市场运营和跨部门收购的知识。马萨里斯等（Masulis et al.，2012）认为也可以增强这些公司在国外市场扩张的能力，进而推动公司价值增加。刘孟晖和张多多（2020）通过对中国上市公司的实证研究发现，引入外籍董事确实对企业价值具有一定的提升作用，并且认为董事会国际化程度越高，对公司价值提升作用越强。另一部分学者研究发现董事会国际化并不能改善公司绩效，对企业价值不存在显著的正向作用。达马迪（Darmadi，2011）研究了印尼公司的董事国籍多样性对公司业绩影响作用，结果显示，外国董事与公司业绩并无统计意义上的显著关系，扎伊德等（Zaid et al.，2020）得到了类似的结论。加西亚 - 梅卡等（Garcia - Meca et al.，2015）将银行行业作为研究对象，结果发现，董事会国别多样性与银行经营业绩负相关，说明董事会引入外籍人士反而会降低银行绩效，不利于企业价值的增加。

第二，董事会国际化有助于提升公司治理效率。国内外现有文献从不同角度系统研究了董事会国际化对公司治理效率的影响。伊利耶夫和罗思（Iliev & Roth，2018）指出国际多元化的董事会被认为在跨国转移公司治理实践方面卓有成效。詹内蒂等（Giannetti et al.，2015）、奥斯海姆和兰迪（Oxelheim & Randoy，2003）认为，聘请外籍董事可以为公司带来不同的、更加先进的公司治理经验和高级管理方式，可以提高公司治理能力。里斯和维斯巴赫（Reese & Weisbach，2002）研究表明，将发达地区的外籍董事加入美国上市公司的董事团队，能够大大提升董事会的监督能力和企业的治理水平。但外国董事的这种价值功能在制度环境公平、投资者保护程度高的地区并不显著。艾斯特依和尼萨尔（Estélyi & Nisar，2016）指出，董事会中外籍董事的存在可以有效改善对管理层的监督效果。奥斯海姆和兰迪（Oxelheim & Randoy，2003）则强调了监督作用的强化源于来自发达地区的成员给所处资本市场程度较低的企业带来了更高的公司治理标准。朱俊荣和常京萍（2018）通过对我国上市公司的实证研究发现，拥有外籍董事的国际化董事会的治理水平更高，进而可以有效抑制内部控制缺陷。

第三，董事会国际化对企业战略决策的影响。马萨里斯等（Masulis et al.，2012）指出，并购活动中外籍董事可提供更多信息从而进行科学决策。米哈尔科夫等（Miletkov et al.，2017）则认为，可通过他们更为广阔的国际视野扩大公司战略选择的范围。谭雪和杜兴强（2015）研究指出董事会国际化会减少企业规避纳税行为。杜兴强和谭雪（2017）还认为能够更加促进企业现金分红决策。谭雪（2017）指出董事会国际化选择国际多元化战略的可能性更高。张琛等（2018）认为引入外籍董事可以提高决策质量。李卿云等（2018）则指出外籍董事能增加企业研发投入，并且受到廉洁程度的调节作用。

第四，董事会国际化减少公司的非合规行为。谭雪（2015）通过实证分析得到国际化的董事会可能降低企业避税程度，并减少与避税相关的高管自利行为，起到规范公司行为的作用。杜兴强和谭雪（2016）认为，公司选择会计师事务所进行审计时，外国董事更青睐来自大型事务所的审计师，较强的外部监督使公司更加注意自身行为的规范性。杜兴强和熊浩（2019）直接研究了外籍董事对公司违规行为的影响，发现当董事来自法律制度完善的国家时，其强效监督力可以有效减少公司的不合规行为。

2.6 股权集中度的相关研究

2.6.1 股权集中度的衡量方式

目前尚无统一的定义或标准来衡量股权集中度，现有文献中通常采用第一大股东持股比例、前 n 大股东持股比例之和以及赫芬达尔指数进行衡量。刘瑞阳等（2022）在研究股权结构对企业财务绩效的影响时采用了持股数最大的股东的持股比例和第一至第五名股东持股比例总和。顾雷雷等（2020）也使用第一大股东持股比例衡量股权集中程度来研究股权集中度在企业社会责任和企业金融化关系中的调节效应。瓦希德和马利克（Waheed & Malik，2019）等以 2005～2016 年上市公司为样本对象来研究股权集中度对董事会规模和公司业绩关系的调节效应，使用排名前五的股权比例总和衡量股权集中度。而阿尔塔夫和沙阿（Altaf & Shah，2018）的研究中衡量股权集中度的指标为发起人的持股比例之和。

2.6.2 股权集中度与企业价值

股权集中度与企业价值的关系探讨，基本有三种主流观点：股权集中度与企业价值显著正相关、负相关以及非线性相关。

国内外很多学者认为，股权较为集中时，股东为保证自身利益，有动力主动监督管理层，可以减少道德风险，强化内部治理，帮助企业提高价值（夏英俊等，2020；许安娜，2021）。卡博普鲁斯和拉扎蕾托（Kapopoulos & Lazaretou，2007）、佩里尼等（Perrini et al.，2010）分别以希腊和意大利不同区域的公司为研究对象，均得出相似结论：企业价值会随着公司股权集中度的增加而增加。贺炎林等（2014）认为，股权集中度与公司价值的关系因公司所处外部治理环境的不同而不同。

另一些学者持有相反的观点，认为当股权集中度增加时，大股东对公司事务的控制力也会增强，虽然可以有效缓解第一类代理问题，但出于利己心理可能对管理层过度干预或发生"掏空"行为，从而引发第二类代理问题，增加代理成本（杨德勇等，2007；谭兴民等，2010）。并且，当公司一股独大时，股东拥有足够的权力干预公司经营，很可能使决策过于主观或受限于股东个人能力，不利于企业的良好发展（周瑜胜，2013）。佩赛特萨拉瑟和古纳塞克拉之（Pisedtasalasai & Gunasekarage，2007）以中国上市公司为研究样本，经过实证分析得到股权集中度越高企业价值反而越低。

股权集中度和企业价值并非一定是线性关系，也存在曲线关系。王岸（2016）研究发现，股权集中度与企业价值的关系呈正"U"型，企业价值随着股权集中度的增加先降低后增加。向仙虹和孙慧（2017）通过实证分析得到股权集中度对企业价值的影响呈"N"型的结论。马塞达等（Maseda et al.，2019）研究中小企业的集中所有权与企业绩效的关系发现，两者呈倒"U"型关系，所有权集中仅在特定范围内具有积极影响。

2.6.3　股权集中度与内部治理

股权结构是公司治理的关键因素，其中股权集中度扮演着重要角色。李学峰等（2008）指出，通过集中的投票权，可以有效地防止股权分散导致的意见分歧和僵持，从而加快决策进程，提升董事会的运作效率。但一股独大时，可能引发决策失误（周瑜胜，2013）。阮等（Nguyen et al.，2015）提出，股权集中是公司治理机制的关键组成部分，能够缓解两权分离产生的代理问题。李云鹤（2014）研究得到类似的结论：企业股权集中的时候，大股东对管理层有更强的监督作用和制约性，可以阻止管理层的道德风险等利己行为，并降低代理成本。反之，胡泽民等（2018）在研究中得到股权分散会削弱股东的话语权和控制权，对管理层的监督力度减弱，不得不采取其他措施控制管理层的自利行为，从而增加代理成本。董丽萍和张军（2018）基于大股东治理视角研究了管理层薪酬激励对盈余管理的影响，发现股权高度集中时，大股东的监督与控制能力可以提高公司盈余管理质量。拉哈勒（Lakhal，2007）则认为，基于利益侵占效应，大股东可能为了隐藏"挖空"行为而进行盈余操纵，只披露对自身有利的信息，盈余质量将变差。

2.7 文 献 述 评

在上述全面、多元、系统的文献整理基础之上，我们可以得出以下基本结论。

第一，融资约束与企业价值的关系尚无定论，但大多数研究认为融资约束不利于企业价值的提升。相关研究也就如何缓解融资约束进而提升企业价值进行了探讨，但主要也是从政府补助、金融市场环境改善这种外部因素出发，还尚未从董事会成员的国籍背景这一角度来探讨是否能够缓解融资约束、提升企业价值。董事会国际化的相关研究普遍指出外籍董事能够产生的正向经济后果。但是这种后果的研究多体现为直接效果，对其发挥调节作用的研究较少。因此将研究融资约束、董事会国际化和企业价值纳入统一框架，从内部视角探究融资约束与企业价值之间的关系研究具有重要意义，这正是本书的重要研究内容之一，也是本书实证逻辑的起点。此外，企业的产权性质和其所处的生命周期阶段这些特性也会在一定程度上影响董事会的治理效果。正因为如此，相关实证内容会纳入是否为国企和企业生命周期这两个变量，分别考虑在不同研究子样本下，董事会国际化在其中的调节作用是否存在显著差异。

第二，国外控股股东质押的相关研究开始较早，较为成熟，为后来国内相关研究的发展提供了值得借鉴的思路。关于控股股东股权质押的研究一般认为该事件发生的前提为股东急需融资，这也正是本书逻辑体系的重要支撑，即控股股东股权质押是破解企业融资约束的直接机制。多数研究者认为控股股东股权质押的动机具有单一性即融资，但实际上控股股东股权质押发生前后的动机可能会发展变化，因此从实证的角度出发追踪控股股东股权质押最终的企业价值提升效果具有重要的意义；控股股东股权质押与企业价值关系的研究大多以控股股东与中小股东代理问题、控制权与现金流权分离为理论基础，通过不同的途径和作用机理影响各利益相关方行为，包括企业的投资决策、外部债权人监督等，从而影响企业价值。但该类研究目前对公司治理方面的人力资源管理问题关注较少，因此，把控股股东股权质押、高管薪酬和企业价值放在框架中进行研究也是本书的重点内容之一。

第三，进行企业价值评估，一般选择收益法。其中，收益法中自由现金流量具有可全面、多维度体现企业的经营活动以及可操作性强的特点，成为"高热度"的评估方法，本书在后续的企业价值评估中也将FCFF 模型作为估值方法之一。与此同时，学者们认为传统收益法视角是狭窄的，过于集中对财务信息的分析、利用，只能得到反映企业经济价值的结果，所以要对其进行修正，得到合理的企业整体价值。随着股权质押现象愈演愈烈，生物医药行业股权质押现象显著，引起广大学者研究这类行业中股权质押对企业价值的影响以及股权质押可能给企业带来的风险。而综合国内外研究现状来看，对生物医药企业价值的研究多采用实物期权法、现金流折现法，以及两者的结合。在目前生物医药企业股权质押盛行的情况下，缺乏股权质押是如何影响生物医药企业价值的呢？为解决此问题，我们有必要探讨得出生物医药企业所处股权质押环境下的企业价值评估方法，以此合理准确地反映企业的价值。这也正是本书研究的内容之一，即股权质押下生物医药企业价值评估的研究。

第四，破解融资约束不仅可以通过直接创新融资渠道的方式，也可以通过提高目前资金使用效率的间接方式实现。而资金的使用效率是高管和董事会决策和具体行为的结果，因此我们分别选择高管薪酬差距和董事会国际化特征作为影响高管和董事会行为，进而影响资金效率，继而破解企业融资约束的间接方式。

国内外学者对高管薪酬差距的研究在内容上主要集中于内部薪酬差距，即高管团队内部薪酬差距和高管—员工薪酬差距这两类，较少有学者涉及关于高管外部薪酬差距的研究，从而未能对企业薪酬差距进行全面系统的概括。而对于企业内部薪酬差距的研究由于选择的样本和期间不同，也存在仁者见仁、智者见智的情况，尚不存在统一的结论，所以对于高管薪酬差距方面的研究仍有很大的探索空间。并且从研究对象来看，此方面的既有研究主要集中于上市企业，国有企业对我国的经济建设有着非凡的意义，但较少有学者单独对国有企业进行研究。因此本书选用在沪深上市的国有企业，对我国国有企业高管—员工薪酬差距、高管团队薪酬差距和高管外部薪酬差距对企业价值的影响作用进行全面考察以此作为融资约束的间接破解机制产生企业价值效应的研究之一，运用实证模型对两者之间的关系进行检验和分析，并在此基础上进一步将国有企业划分为央企和地方国有企业，分别研究高管薪酬差距对企业价值的影响。

目前对董事会国际化的研究主要从董事会国际化的成因和董事会国际化的经济后果等进行研究。关于董事会国际化与企业价值的关系目前尚未得出一致的结论：大多数学者认为外籍董事比本土董事能够发挥更强的监督职能和咨询功能，带来多样性资源和先进管理经验，有助于企业价值的提升；而部分学者实证结果表明两者不相关甚至负相关。相较于国外，国内研究董事会国际化与企业价值关系的文献很少，并且在对国际化董事会价值创造效应的研究中，鲜有文献从股权集中度的视角分析其对两者关系的调节作用。股权结构作为公司治理机制的重要内容，股权集中或分散程度关系到权力制衡问题，股权高度集中，大股东拥有绝对的控制权和话语权，可能会抑制外籍董事的监督职能和咨询职能的发挥。在股权集中度较高的公司中，大股东话语权往往较大并偏好过度监督管理层（霍晓萍等，2019），董事会的独立性通常较低（Ahmed et al.，2017），董事会会议流于形式，使董事会处于大股东的操控之下（叶陈刚等，2020），进而影响外籍董事职能的有效履行，对企业价值产生一定影响。因此，我们也将探讨中国国情下董事会国际化对企业价值的影响作用，并将股权集中程度作为调节变量来研究其对董事会国际化与企业价值关系的调节效应，寻求发挥国际化董事会的积极治理作用的方法和机制，即将董事会国际化、股权集中度与企业价值纳入同一研究体系作为本书中融资约束破解机制企业价值效应的研究之二。

第3章 理论基础

3.1 信息不对称理论

无摩擦的完美资本市场并不现实，信息并不会实现完全对称，市场参与者主体认知以及身处市场中的地位不同等这些情况客观存在，会造成各参与者所能获得的信息不同，即使是同样的信息，他们的理解和利用能力也可能是不同的。获取有效信息更多的一方，就可以在交易中处于优势地位，同时也更容易存在侵害信息劣势方利益的动机和机会。由此带来的不良后果通常表现为两种——逆向选择和道德风险。

逆向选择在20世纪70年代由阿克罗夫（Akerlof，1978）提出。他在论文《柠檬市场：质量的不确定性和市场机制》中指出，在二手车市场上，卖方通常对自己想要销售的二手车的性能、新旧程度、尚可使用年限等质量情况比买方更清楚。除了卖方的一家之言，在达成交易之前买方也无法利用其他的手段获取更多的信息，做出更符合自身需求的选择。那么卖方就很可能为了获得更多收益而隐瞒车的真实情况。买方基于这种情况只能根据市场的一个平均情况做出判断，这就会使市场失灵，也就是"柠檬市场"。因为那些真正质量较高的二手车并没有得到相应的高价，只是一个平均价，慢慢地这些交易方就会退出市场，那些实际价值比平均价格低的二手车却在市场上流通。而且这样一来，买方反而选择了那些自己想规避的以次充好的二手车，质量较好的车的卖主并不会以让自己亏损的平均价促成交易。长此以往，买方对二手车市场购买二手车的质量失去信心，不再参与二手车市场，该市场也就慢慢消失。

不同于逆向选择通常发生在事前，道德风险发生在交易之后。信息优势方在利益的诱惑下，不按照交易达成的协定或合约行事，信息劣势方的利益则会受损。道德风险产生的原因在于经济活动的结果是不确定的，从事经济活动的后果与具体实施经济活动的人出现分离，即实施经济活动的人可能并不承受他们行动的全部后果时，这些具体实施的人可能存在故意不谨慎的行为或为自己谋利或者放任经济活动的发展，但由此引起的恶果却可以和活动涉及的另一方一起承担。具体的事例首先体现在保险行业，签订好保险合同之后，参保人可能会由于这份保险的存在反而不再注意自己的行为从而让保险公司承担着巨大的风险。

20 世纪 90 年代，斯蒂格利茨（Stigliz，1991）提出金融市场中信息不对称现象。一方面，企业在金融市场如果提供信息比较困难，尤其是中小企业，就会比较难获得银行的信贷配给；另一方面，企业也是相比于投资者掌握企业内部更多信息的一方，资金一旦投入，管理者如何经营也存在着道德风险。投资者为了保障自己的权益，通常会对自己提供的资金要求更高的报酬率，对融资的企业来说就是更高的资金成本，无法承担的企业就会面临融资困境，进而影响企业发展的方方面面。

3.2　委托代理理论

早期的股东既掌握生产管理技术又拥有企业的所有资产，但随着规模化生产的大力发展，以及专业化分工的推行，股东达不到个人运营管理企业的要求，因此有了聘请专业代理人的需求。这便是委托代理关系产生的缘由。经典的委托代理理论由詹森和麦克林（Jensen & Meckling，1976）提出，他们认为，代理关系本质是契约，代理人在行使委托人赋予的权力时，不会尽全力达成委托人企业利润最大化的目标，而是以自身利益为重，在此过程中会产生代理成本。目前主要存在以下三种委托代理问题。

3.2.1　第一类委托代理问题及衍生理论

1. 第一类委托代理问题

即使签订契约，也无法让管理层与股东的目标完全一致，就会导致两者产生利益冲突。管理层在获得报酬的同时，会希望获得更多的闲暇时间、舒适的工作环境等，更有可能利用管理优势进行在职消费，降低股东的收益。在管理层接触企业日常事务的过程中，能轻易掌握企业生产经营的第一手资料，他们可能会有机会主义行为，加上股东可能并不完全了解管理层的行事风格和不同时期的动机，所以在管理层向股东传达信息时，股东因处于信息劣势地位而无法辨别信息的真伪。由于股东对管理层无法做到时刻监督，两者间产生委托代理问题一般为必然情况。这就形成了第一类委托代理问题，即股东与管理层之间的代理问题。

2. 最优薪酬契约理论

最优薪酬契约设计的目标是使管理层与股东之间的代理成本最小化，协调两者利益冲突，让管理层以股东价值最大化为目标而工作。

实施最优薪酬契约有吸引和保留高管、激励高管和成本最小化这三个目标。市场上基础的人力资源从不缺乏，能成为珍贵的人力资源都是具备高专业素质的人才，企业需要他们利用专业的知识和技术推动发展，吸引和留住这样的稀缺人才是设计最优薪酬契约的首要考虑条件；如何使高管更有动力去完成股东价值最大化的目标也是最优契约需要考虑的，要避免高管把有限的精力和资源放在享受奢侈消费或无效投资上；最优薪酬契约最重要的目标就是使成本最小化——当激励高管的成本增加量等于因激励产生的利润增加量时，股东的利益达到最大，此时的成本就是最小化。

在最优薪酬契约的实施过程中，需要有一些特定条件才能让其更好地达到股东利益最大化目标。在薪酬契约制定时，要发挥独立董事的作用或者发挥董事会的独立性，让薪酬契约更加公平公正、客观合理。股东也可以对高管的工作提出合理的质疑，在有必要时可以发起诉讼，监督高管的工作，适当修改薪酬契约。外部市场的约束力量也能保证契约作用的有效发挥。高管在各企业间的流动，需要凭借优秀实力，以股东利益为重且拥有突出业绩的高管，更能获得企业的青睐；上市公司的股票价格的浮动也能监督高管工作，一旦股价下跌，企业面临被收购的威胁，高管的名誉和工作都会受到影响；同行业公司之间的激烈竞争会让高管有紧张感，为了降低企业倒闭的可能性，高管经营企业时会尽可能地采取有效的措施，避免企业被挤出市场。

3. 管理层理论

管理层权力理论是最优契约理论的发展。最优契约理论主要从股东利益出发，阐述了股东理想状态的薪酬契约，忽略了公司治理的影响，管理层权力理论刚好补充了一部分公司治理对薪酬契约的影响，前者注重激励，后者提醒需要约束管理层。该理论研究了管理层权力引起其行为上追逐高水平薪酬，并通过对薪酬契约实施一定影响实现。体现为因管理层权力增加，可能导致高管使用权力寻租，设计更符合自身利益的投机性薪酬契约，引起其薪酬水平只增不减的现象。别布丘克（Bebchuk）认为，公司治理结构不完善，导致代理问题加重，不能被薪酬契约有效缓解，并且管理层权力增强到一定程度，可以轻易避开企业内部监督、拥有薪酬谈判能力和为谋私利进行权力寻租，主要通过调整或篡改需要披露的信息的方式掩盖寻租行为。

4. 寻租理论

寻租理论萌芽于1967年戈登·塔洛克（Gordon Tullock）的论文，1974年由安妮·克鲁格（Anne Krueger）正式提出这一概念。简单来说，寻租行为是为了争夺财富而造成的不必要的资源浪费活动，这种行为阻止了最优生产方案的实施，提升了寻租者的效率，但无益于提升他人效率甚至会降低他人的效率。

在股东和高管的委托代理关系中，理性经济人本质驱使高管首先考虑的是个人利益最大化，虽然他们签订契约时，称会为了股东和企业价值最大化而工作。这种利己思想很有可能导致他们利用股东赋予的权利在股东监督不力的情况下谋取私利，降低企业价值生产效率。

5. 现代管家理论

现代管家理论在解释公司治理和企业绩效机制时，提供了与代理理论不同的观点。代理理论认为，高管倾向于根据个人利益行事，并不总是保护股东的利益，两者会出现利益冲突。而现代管家理论则认为，经理层可以成为股东的"忠实管家"，与委托人保持一致的利益追求。唐纳森和戴维斯（Donaldson & Davis, 1991）管家理论认为，经理层与董事会都有责任和义务为股东带来价值，相比于彼此间监督和被监督的关系，更应建立合作信任的关系，应该给予管理者基于信任的自主权，从而减少监控经理层行为的成本。因此管家理论提出了董事会另一个重要职能——战略咨询。董事会成员应当充分发挥其在战略咨询方面的优势，凭借专业的理论知识、丰富的实践经历和出色的业务技巧，通过多种渠道积极参与到公司经营战略、投资并购等重大事务决策和执行中，为公司发展做出贡献。从发达国家引入的外籍董事拥有先进的治理理念和管理经验等，有利于公司治理的改善和管理层决策素质的提高，董事会国际化强化了其咨询功能。

3.2.2　第二类委托代理问题和控制权私利理论

在股权几乎集中于大股东手中的情况下，即使中小股东人数众多，但个人持股较少，影响力较弱，且大部分无参与企业决策的意识，大股东通常对企业决策起决定性作用。在实际市场环境中，大股东为获取更多的个人收益，可能会以企业名义或持有的股票进行贷款、质押、担保等经济活动，但上市公司股票不是大股东个人就能全部持有的，中小股东也会持有部分股票，在因大股东行为导致股价下跌的过程中，中小股东的利益相当于受到了侵害。这就是第二类委托代理问题，即大股东与中小股东之间的代理问题。

1988 年，控制权私人收益由格罗斯曼和哈特（Grossman & Hart）提出，表现为获取控制权的大股东采取关联交易、转移企业财产或者低价收购部分股东股票等方式，获取其他股东无法按持股比例分享的收益。

控制权私人收益产生的客观原因来自控股股东和中小股东之间的权力差距。虽然股东都想让个人收益最大化，但对于中小股东而言，他们中的大部分都不能够切身参与企业经营活动，只能获取分红以及在股票市场买卖的利差，所以无法监督企业正常的业务经营，因而控制并做出决策的权力基本就落在控股股东手里，相当于这些中小股东将个人监督和管理的权力委托给控股股东。而信息不对称作为控制权私人收益实现的必要条件，控股股东完全可以在非道德心理的驱使下侵害中小股东利益。

利用控制权获取私人收益的动机，产生的首要条件就是股东具有控制权，而现金流权的缩减会加强这种动机的产生。控股股东对企业的影响力体现了控制权大小，现金流权由控股股东获得的正常分红体现。当控股股东进行了股权质押后，其手中的控制权远大于现金流权，此时的情况实际可以看作控股股东投入企业的资金减少，分红减少，但控制权没有改变，两种权力的大小存在差距，发生侵占的成本减小，控股股东获取私人收益的动机增加。

3.2.3　第三类委托代理问题

大多数公司都是举债经营，股东通过说服债权人，借入企业运营资金，股东对这部分资金进行运作，行使债权人的资金使用权，形成委托代理关系。当陷入财务困境，如果有风险较高的项目时，股东很有可能会选择投资，因为投资失败，成本由债权人承担；投资成功，股东则可以获得全部超额收益。很明显，债权人背负的风险要高于股东，收益也较低。这种风险和收益的不对等，造就了第三类委托代理问题，即股东和债权人之间的委托代理问题。

3.3　融资优序理论

融资优序理论是由梅耶斯和梅斯拉夫（Myers & Majluf）提出的，其内容为：当公司为继续生产，需要筹集时，管理者会优先支配公司的留存收益，若留存收益着实不能解决困难，再考虑从公司外部融资。从外部筹集资金时也有先后顺序：首先选择债权融资；其次利用股权融集资金。当公司选择外部融资时，可能向外界传递错误的经营现状信息，让外界认为公司面临财务危机。因此根据融资优先理论，当控股股东通过质押股权以融得资金时，外界就会误认为企业面临资金周转困难的问题，进而会影响公司的股价，造成股价下跌。控股股东会积极实施盈余管理，通过掩人耳目稳定股价，向外界传递良好的经营信息，另外公司对财务报表的美化在一定程度上可规避外在不确定性风险，使公司得以长期发展。

3.4　高管特征和行为的理论

3.4.1　高层梯队理论

高层梯队理论是研究管理层个体特征对公司决策影响的经典理论，最早始于 1984 年，该理论将高管的个人背景特征、战略决策和企业绩效三者结合起来。高层梯队理论核心思想是：企业决策者的经验、价值观和认知能力等个人特征会极大地影响他们对于所获取信息的理解、判断和利用整合，进而影响公司的经营决策。但是决策者的价值观和认知结构等难以用心理学的方法具体考察量化，因此该理论指出，可以用可观测的人口统计学特征来反映决策者进行决策时的心理特征，这些特征包括决策者的年龄、性别、教育背景、职业经历等。高层梯队理论还强调团队成员的个体特征差异是影响企业战略的重要因素，甚至决策团队的整体特质对于公司经济后果的影响要比单个决策者的个人特质对于公司的影响更加明显。这是因为个人能力和认知判断是有限的，企业发展并不是靠单个决策者，而是靠整个决策团队的共同努力，公司的战略决策通常反映的也是整个决策团队的认知、能力以及沟通。

3.4.2　锦标赛理论和行为理论

1. 锦标赛理论

1981 年拉齐尔和罗森（Lazear & Rosen）提出了锦标赛理论，涉及的对象是企业中的管理人员，该理论认为，企业中每一次的高管晋升都相当于是一场锦标赛，只有在比赛中胜出的管理人员才会获得相应的奖励——更高的职位和更高的薪酬。将高管团队内部的薪酬差距作为激励高管人员努力和工作的动力，可以在团队内部创建一种积极有效的自发竞争的氛围，促进高管团队成员之间的相互监督和竞争，这在一定程度上会起到降低代理成本和监督成本的作用。

2. 行为理论

与锦标赛理论持相反意见的是行为理论，它的核心是以合作和公平为主。该理论认为企业内部的薪酬差距会破坏员工之间的团结合作，薪酬差距也会滋生参与者的不满情绪，产生心理落差，从而降低工作积极性，不利于企业业绩的提升。总之，行为理论主张较小的薪酬差距，保证内部公平性和团队凝聚力进而提高企业绩效。从不同角度分析企业中薪酬差距的影响，公平理论又可分为以下四个分支。第一，相对剥削理论。卡尔赫德和莱文（Cowherd & Levine）指出，人们往往会抱有付出就会有回报的心态，如果人们得到的回报远不及自己的付出时，就会有种自己被剥削的感觉。其中，人们往往会通过与他人的比较来确定自己获得的报酬是否合理，如果薪酬差距过大，就会觉得自己未受到公平对待，从而产生一些负面情绪进而可能会影响自己的工作。因此，相对剥削理论主张较小合理的薪酬差距。第二，组织政治学理论。米尔格罗姆和罗伯特（Milgrom & Roberts）认为，过大的薪酬差距会对企业绩效产生促进作用，但是随之产生的问题也会有不可忽视的消极作用，例如，企业员工为了追求自身利益而选择损害他人利益。因此，企业应当对收益和损失进行比较，组织政治学理论主张在需要团队合作的企业中，要减小薪酬差距。第三，分配偏好理论。该理论认为企业在制定薪酬水平时应当尽可能做到公平公正，不能只由决策者一人决定，而是要与企业的员工进行交流，避免使获取低薪酬的员工对企业产生不满的情绪，充分顾及全体员工的想法，设计合理的薪酬制度。第四，社会比较理论。社会比较理论本质上是一种行为动机理论，着重研究人们动机的形成和行为的选择。企业的管理者和普通员工不仅会把自己的付出和回报进行比较，而且也会将自己的收入与其他人的收入进行比较。薪酬的公平性可以分为三个方面：内部公平是指高管会与企业内其他高管进行比较；外部公平是指高管会与同行业其他公司高管人员进行比较；自身公平是指高管人员会与自己以前进行比较。如果比较结果让他们满意，他们在工作中会更加积极以增加自身的满足感；反之如果不满意，就会影响员工未来的工作热情。

3.5 企业价值最大化理论

企业价值是对企业总资产的市场价值评估，是对企业经营能力的量化，也是企业管理者自我价值的量化体现。该理论是指企业在遵守国家相关法律规定下自主经营，选取最优的财务方法和策略，充分考虑持有货币的时间价值、风险以及收益等因素，正确处理与企业相关的各种利益关系，最终目的是在保证企业长期稳定发展的基础上使企业价值达到最大。企业价值最大化很好地体现了企业不仅注重当下的盈利，更重要的是追求长期的发展和盈利，增强了企业抵御风险的能力。

企业价值最大化的基本思想是将自身的长期稳定发展摆在第一位，然后在企业正常经营过程中最大限度地尊重和满足各相关利益方的需求。以下六个方面可以推动企业实现自身的经营目标：（1）掌握好企业存在的经营风险和可获得报酬之间的平衡关系；（2）人力资本是企业的无形财富，主动关心员工的切身利益，为他们打造舒适和谐的工作环境；（3）维持好与企业债权人的关系，不断加强相互之间的联系和沟通；（4）充分了解目标客户的需求，不断提高服务水平以及推出新产品确保业务收入的稳定增长；（5）树立品牌的形象和声誉，获取顾客的认知和信赖；（6）注重企业的社会责任感，积极为社会发展和环境保护做贡献。

第 4 章　融资约束对企业价值的影响

4.1　概念界定、理论分析与研究假设

4.1.1　概念界定

1. 融资约束

本章所指的融资约束是企业进行外部市场融资，即借贷融资或者股权性融资时，因为信息不对称和委托代理的存在，外部投资者要求更高的风险补偿，即更高的融资费用或者控制资金规模，导致外部融资成本较高，与内部融资成本形成差异，企业融资受限进而影响企业发展的情况。

2. 企业价值

本章中的企业价值是企业的市场价值，侧重于企业通过投资、融资与经营活动而在未来持续发展的能力，以 Tobin Q 值来衡量。Tobin Q 值是反映企业成长能力的一个重要指标，该值越高表明企业具有良好的获取利润的能力以及具有核心的竞争优势。

3. 董事会国际化

本章中的董事会国际化是指企业董事会中存在企业所在国（中国）以外的其他国家的董事人员，参与公司发展，进行管理和决策的一种现

象。由于中国港、澳、台地区在制度、经济、文化等方面均与内地有区别，所以这些地区的人员也在整理数据的过程中计入视同董事会国际化成员。

4.1.2　理论分析与假设提出

1. 融资约束对企业价值的影响

融资受限直接阻碍企业实现最优资本结构，也会从多维度影响企业的发展，具体表现为影响企业投资的额度、效率和稳定性，不利于企业开展创新研发活动，降低企业的风险承担水平，这些都会直接对企业的最终经营成果——企业价值产生负面影响。

首先，融资约束负面影响企业投资的额度、效率和稳定性。融资约束既会降低对外投资的额度，也会影响对内投资额度。如果企业面临资金压力，可能就无法及时获取充足的资金来投资利好股票，错失增加企业价值的对外投资机会。对内投资包括投入企业内部的物质资本投资和人力资本投资。具体来说，融资约束对物质资本投资的影响主要表现在生产要素投入受限，企业能够投入的生产要素数量小于最优产出水平所需要的投资数量，则企业不能实现最优化规模。人力资本的酌量性投资对企业的长远发展有着战略性意义，因为它直接关系到企业的管理水平及各项决策的落地执行情况，但是可能会因融资约束无力支撑而降低。更甚者，还可能表现为削减劳动雇佣（余明桂和王空，2022）。公司业绩增长依赖于投资规模（李春霞，2014），生产规模达不到最优，决策得不到执行，企业价值又将如何提升呢？而且这样更容易导致投资不足（潘玉香等，2016）。

融资约束也会降低投资的效率。外部投资者不直接参与企业活动，处于信息获取劣势地位。因此，为了保障自身的收益，他们的投资决策行为会更加谨慎，并且信息不对称的程度越高，外部投资者会对所要投资的项目要求更高的收益率，这也就意味着企业作为融资的一方就要付出更高的融资成本。但是企业用筹集的资金对内或者对外投资时，产出固定，投入与产出的效率之比就会降低，企业通过投资所能获取的收益十分有限，也就不利于企业价值的提升。企业收益的有限性又会通过财务报表的相关项目呈现给外部投资者，这样一来又会传递出企业经营不善的信息，更难得到投资者的青睐。

此外，融资约束还不利于保证投资的稳定性（Campello et al.，2011）。融资约束较高的企业融资往往无法在第一时间获取相应资源来应对竞争者（潘红波和杨海霞，2022），又怎么能抢占先机提升其市场价值呢？

其次，融资约束不利于企业开展研发创新活动，会对研发创造的企业价值提升有抑制作用（徐珍珍，2022）。一方面，研发创新活动的特性使其更容易受到信息不对称的影响，这类活动面临的融资成本会更高，获取资金难度更大。创新活动往往具有成果形成周期较长、成果商业化转型不确定性大等属性，债权人和投资者很难去评估该项目的风险以及收益，在获取资金方面处于劣势。如果企业存在融资约束，基于委托代理理论，作为自利经济人的管理层为了获得更高的报酬，往往从自身利益最大化的角度，追求各自任期内公司经营业绩的良好表现，在融资困难的情况下先保证短期项目所需资金，自发地避开周期长、风险高又难以形成任期内业绩的研发或创新项目。所以企业更会存在将有限资金配置于短期收益可观项目的动机，企业资金也就无法流向对企业价值提升及企业可持续发展起关键性作用的研发创新活动，因此，此种情况下研发项目获取资金的劣势会更加明显。另一方面，由于融资约束也可能表现为融资迟滞，资金没有及时到位，进而延误最佳研发时机，失去竞争优势。而且区别于其他经营活动，只有在创新活动整体完成后，才可能得到真正有价值的研究成果并接受市场的检验，这也就意味着研发全流程都要持续保持资金的充足，融资约束的存在可能会延误创新活动的时机，使其顺利推行面临风险。总之，企业绩效会因为受到融资约束的影响，随创新投入的减少而减少（王茜，2021）。

最后，融资约束将会降低企业的风险承担水平。风险承担水平是一个企业倾向主动承受风险的程度。如果没有足够的意愿和资金去承担风险，企业会选择留存现金及现金等价物（连玉君、彭方平和苏治，2010），也就会错失扩大再生产的机会，经营规模受限，难以提升企业价值。但是有的企业面对激烈的市场竞争可能身不由己，迫于无奈选择逆向发展，内部资金不足选择外部融资。信息不对称以及代理成本的存在导致外部融资成本较高，较高的成本使企业经营面临更大的压力，尤其是当企业采取负债融资时，财务杠杆的存在会进一步加大经营风险。企业被动承受风险，并不是长久之计，而且风险较高的信号也会传递给投资者或者债权人，融资约束程度进一步加剧，融资渠道和融资规模都会受到限制，风险承担水平也会进一步降低，进而会有损企业价值。因此提出本章的假设 1。

H1：融资约束不利于企业价值的提升。

2. 董事会国际化的调节作用分析

董事会作为公司治理的核心，也是企业价值创造的重要推动力量。

首先，董事会国际化在有助于保障企业发展所需投资的额度、效率和稳定性方面发挥着积极的作用。依据资源依赖理论，董事会国际化的异质性特征本身就是企业与外界联系的一项资源。南等（Nam et al.，2018）指出，董事会是企业内部重要的资源供给者。因此，外籍董事更广泛的社交网络资源，可以使公司获得更多的投资机会，从而保障企业发展所需的投资额度、经营规模。外籍董事可以利用其现代的管理理念和先进的管理优势充分利用好融资约束下的有限资金，保证产出并尽可能增加收益，提高现有投资效率。这种管理的优势具体体现为：经济全球化趋势下，企业逐渐走向国际舞台、海外投资建厂、跨国并购、参与国际竞争，外籍成员国际化的属性可以在竞争中掌握国际市场发展态势，更好地破除交易中面临的文化壁垒，还可以通过对贸易法规和东道国政策的熟知与了解来降低参与竞争的风险，在一定程度上保证了投资资金有出有进。另外，外籍董事可以凭借其特有的知识背景和经验在融资约束的情境下对优质投资项目进行甄别，保证投资的稳定性，提高公司的价值。外籍董事为企业外源融资提供了更多可能，也有利于企业形成最优的资本结构，促进企业价值的提升。

其次，董事会国际化有助于企业创新发展。外籍董事的加入作为一种信号可以传递给社会大众积极的信息，从一定程度上克服融资约束的劣势。面对公司内部管理层更倾向于体现个人任职期间业绩、投资短期收益可观的活动而对企业创新并不重视的行为，外籍董事也可以起到一定的牵制作用。因为外籍董事的引入其实也是一种文化的引入，受到西方发达国家个人主义文化的影响和熏陶，即使面临风险也仍然会进行创新活动，保证企业的价值创造。因此，他们的决策可以与国内相对传统保守的管理层决策形成掣肘。另外，高层梯队理论指出个人认知不可避免地存在局限性，丰富董事会成员异质性可以更全面地考虑问题，在企业创新较长周期中的各个关键节点做出更有利于企业发展的决策。尼克尔森等（Nicholson et al.，2012）就利用澳大利亚董事会的相关数据，验证了董事会的知识、技能和经验以及获取的信息等团队属性对组织绩效的有效提升。总之，外籍董事不仅有利于保障融资约束条件下企业创新发展战略的实施，而且可以通过丰富企业决策异质性提升企业创新的能力，推动创新成果的实现，提升企业价值。

董事会国际化有助于提升企业治理水平，在融资约束的条件下治理水平的提升也是企业价值创造的一大优势。治理水平的高低可以体现在董事会能否保障自身独立性、企业经营合规性以及对外部审计工作是否重视。

董事会本身是缓解代理冲突的核心组织机构，保障自身独立性、降低代理成本缓解融资约束是其治理水平的一大体现。大股东和管理层的代理问题的存在往往是由于管理者可能存在滥用职权损害企业利益、为自己谋取私利的自利行为。与中国企业本土董事相比，外籍董事由于在文化、价值观和语言等方面的差异，可以保持相对独立性。这样在董事会独立性与监管效率得到提升的同时，管理层攫取自利的渠道也会受限，从而保证企业价值的创造。

另外，能够被聘请为董事会成员的外籍管理者基于对自身声誉的维护，往往也有着良好的职业操守。表现在企业日常经营的规范操作方面，国际化的董事会更能严格恪守制度要求，尽可能避免法律风险（陈晓红和林莎，2009）。杜兴强和熊浩（2018）发现，企业违规行为会因为强监管董事的引入而减少；张琛等（2018）则认为这样会提高董事会组织的合法性。

同时，外籍董事偏好高水平的审计人员。更严格的审计要求可以提高公司对外信息披露质量，缓解信息不对称带来的融资难题。这也对企业发展提出更高要求，倒逼企业高质量发展。

因此提出本章的假设2。

H2：董事会国际化能够调节缓解融资约束对企业价值提升的负面影响。

4.1.3　小结

首先从融资约束会负面影响企业投资的额度、效率与稳定性，不利于企业开展研发创新活动以及降低企业风承担水平这三个方面推导出融资约束不利于企业价值提升的假设1。其次引入董事会国际化作为调节变量，分析了其在增加企业投资额度、提升企业投资效率、保证一定的投资稳定性、促进企业创新战略的制定和实施以及提升企业治理水平方面可以发挥的积极作用，提出了董事会国际化能够调节缓解融资约束对企业价值提升的负面影响的假设2。

融资约束、董事会国际化和企业价值的关系的理论分析如图4－1所示。

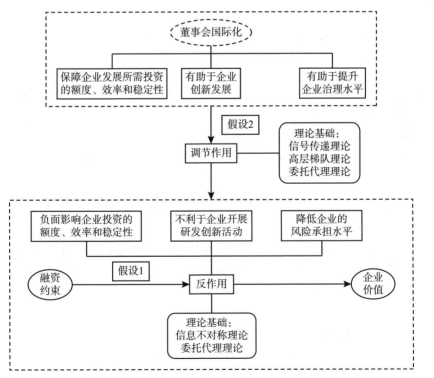

图4－1　融资约束、董事会国际化和企业价值的关系

61

4.2 实 证 设 计

4.2.1 样本选择与数据来源

2008 年美国金融危机爆发，全球经济萧条，外商引资的困难使我国企业所面临的融资境况更加艰难。2010 年开始，后金融危机时代到来，尽管经济回暖、处于经济探底中的企业经营开始回升，但金融危机后国际大宗商品价格不断上涨，从国外引入的原材料价格也不断攀升，传递给国内企业较大的成本压力，致使企业资金需求量较大、融资约束问题相对突出。

因此，本书选取 2011～2021 年我国沪深 A 股主板上市公司的样本数据，并依照如下方法对数据进行筛选。

（1）剔除 ST、*ST 和 PT 的公司样本。该类公司属于异常经营或者非可持续的公司，再用来研究企业价值提升与否意义不大，也会对实证结果的准确性造成干扰，予以剔除。（2）剔除金融业公司样本。该类公司的经营产品和方式与其他上市公司区别较大，故予以剔除。（3）剔除财务指标缺失导致本书中所用解释变量和控制变量不能有效计算的样本公司数据。

最终对变量上下 1% 的 Winsorize 缩尾处理之后共获得 17073 个样本观测值。

本章研究数据全部来源于 CSMAR 数据库。SA 指数和 WW 指数是基于从 CSMAR 获得的基础数据参考相关学者的研究通过相关公式得到，具体公式在变量设定部分列示。董事会成员的国籍信息通过 CSMAR 数据库中人物特征系列的上市公司人物特征的国籍和是否董事会成员字段进行整理得到。

实证部分采用软件 Stata 16.0 和 Excel 处理。

4.2.2　变量设定

1. 被解释变量

被解释变量为企业价值（Tobin Q）。Tobin Q 值可在国泰安数据库中直接获取，其计算方法是将一个企业公司年末股票市值、负债价值之和除以资产账面价值，这种相对价值法有效体现了公司未来的获利能力和发展前景，数值越大代表公司价值创造能力越强。因此，本章参考张立民和李琰（2017）、武志勇和马永红（2019）等的研究做法，采用 Tobin Q 值来衡量企业价值，即：

$$\text{Tobin Q} = \frac{\text{流通股股数} \times \text{股价} + \text{非流通股} \times \text{非流通股市值} + \text{负债账面价值}}{\text{总资产}}$$

2. 解释变量

解释变量是融资约束（FC）。常用的衡量指标有 WW 指数、KZ 指数、SA 指数。其中，SA 指数区别于前两个指数，排除了与企业价值紧密相关的因素，可以尽可能减少与企业价值（被解释变量）以及营业收入增长率、资产负债率（控制变量）在回归时的多重共线性。因此本章中融资约束程度的衡量采用 SA 指数。

参考鞠晓生等的测算方法，SA 指数的具体公式为：

$$\text{SA} = -0.737\text{Size} + 0.04\text{Size}^2 - 0.04\text{Age}$$

其中，$\text{Size} = \ln(\text{企业资产总额}/1000000)$，是对单位为元的资产总额进行标准化处理后的值；Age 是公司的上市年限。

本章在稳健阶段参考刘莉亚等（2015）的计算方法，采用 WW 指数来替代 SA 指数衡量融资约束程度。WW 指数的计算公式为：

$$\text{WW} = \frac{-0.091\text{CF}}{A} - 0.062\text{Divpos} + 0.021\text{Lev} - 0.044\text{Size}$$
$$+ 0.1021\text{IGrowth} - 0.035\text{Growth}$$

其中，CF 表示经营现金流量；A 表示总资产；Divpos 表示是否支付现金股利；Lev 表示资产负债率；Size 表示企业规模；IGrowth 表示行业营业收入平均增长率；Growth 表示营业收入增长率。

3. 调节变量

调节变量为董事会国际化（GB）。对于董事会国际化的衡量方式，本章采用杜兴强和谭雪（2017）的研究方式，采用董事会国际化程度（企业拥有外国国籍的董事数量占董事会成员的比例）来衡量企业董事会国际化，并在稳健阶段采用虚拟变量方法（企业董事会成员中是否有外籍董事）来衡量进一步检验假设是否成立。

4. 控制变量

本章选择了公司规模（Size）、资产负债率（Lev）、营业收入增长率（Growth）、管理层持股比例（Mshare）、两职合一（Dual）、独立董事比例（Indep）、股权制衡度（Balance）、机构投资者持股比例（Inv）、公司上市年限（ListAge）以及是否"四大"（Big4）等反映公司自身特征和公司治理的变量作为控制变量提高模型可靠性。各变量具体定义如表 4 - 1 所示。

表 4 - 1　　　　　　　　　　变量选取及定义

变量类型	变量名称	变量符号	变量描述
被解释变量	企业价值	Tobin Q	企业市场价值/企业资产重置成本
解释变量	融资约束	FC	SA 指数
调节变量	董事会国际化	GB	外籍董事人数/董事会总人数
控制变量	公司规模	Size	企业期末总资产的自然对数
	资产负债率	Lev	年末总负债/年末总资产
	营业收入增长率	Growth	（本年营业收入/上一年营业收入）- 1
	管理层持股比例	Mshare	管理层持股数/总股本
	两职合一	Dual	董事长与总经理是同一个人为 1，否则为 0
	独立董事比例	Indep	独立董事除以董事人数
	股权制衡度	Balance	第二 ~ 第五位大股东持股比例之和/第一大股东持股比例
	机构投资者持股比例	Inv	机构投资者持股总数/流通股本
	公司上市年限	ListAge	ln（当年年份 - 公司上市年份 + 1）

续表

变量类型	变量名称	变量符号	变量描述
控制变量	是否"四大"	Big4	公司经由"四大"（普华永道、德勤、毕马威、安永）审计为1，否则为0
	年份	Year	年度虚拟变量
	行业	Industry	行业虚拟变量

（1）企业规模（Size）。公司规模是企业发展的基础，与规模密切相关的公司内部业务、人员、组织架构也直接影响着公司的治理能力与经营管理效率，进而会对企业价值产生影响。规模大的企业具有小规模企业不具备的资金实力和众多平台渠道，但是企业规模也会对企业价值产生显著的负向影响（王华和黄之骏，2006），资产规模较大的企业可能会因转型动力不足导致企业价值增值较差（徐珍珍，2023），快速增长的企业往往是规模较小的。所以企业价值可能与企业规模呈负相关关系。

（2）资产负债率（Lev）。资产负债率为年末负债总额与资产总额的比值。上市公司的资产负债率过高，意味着潜在财务风险较大，一方面可能无法对债权人的资金安全提供高质量的保障；另一方面其在筹集资金时会面临更多的监管与限制，不利于其企业价值的提升。

（3）营业收入增长率（Growth）。营业收入增长率越高，企业的成长能力越强，可以用来反映企业成长性。处于低成长阶段的公司往往面对发展疲软、势头不足的困境，而处于快速成长期的企业发展前景良好，扩充市场的愿望强烈，企业价值提升的空间也就越大。

（4）管理层持股比例（Mshare）。股权激励是一种长期激励机制，用来解决企业面临的委托代理问题，使企业高管人员的目标函数与股东的目标函数一致（叶建芳和陈潇，2008）。这样一定程度上可以规避管理层只考虑自身利益忽视企业长发展的短视行为，有利于企业价值的提升。

（5）两职合一（Dual）。董事长兼任总经理，首席执行官（CEO）执行个人的战略决策，将提高经营效率；另外，两职合一会促进形成强力的领导核心，CEO有更大的自由裁量权，对公司状况的把握能力越强，会产生更清晰的企业使命和经营战略，继而影响企业的绩效表现。

（6）独立董事比例（Indep）。独立董事独立于公司股东对公司事务

65

做出专业的、独立的判断。通常认为独董比例与企业价值正相关。但是代理问题的存在，异地独立董事可能并不能充分行使监督职能，还会使公司的过度投资现象更加严峻（曹春方和林雁，2017）。所以独立董事的存在也可能给企业带来负面影响。

（7）股权制衡度（Balance）。企业管理以及运营情况与股权结构有着密切关系，股权结构也会影响企业价值。如果一股独大，大股东过度干涉企业的经营活动，中小股东利益无法得到保障，甚至可能会出现大股东掏空现象，不利于企业整体价值的提升。

此外，公司上市年限（ListAge）、是否为"四大"（Big4）也是影响企业价值的因素。

4.2.3 模型构建

为检验上节提出的假设，本节构建了以下两个模型。

参考刘素荣和刘玉洁（2015）的研究，本章构建面板数据模型针对融资约束和企业价值之间的关系进行实证检验。其中模型构建如下：

$$
\begin{aligned}
\text{TobinQ}_{i,t} = {} & \beta_0 + \beta_1 \text{FC}_{i,t} + \beta_2 \text{Size}_{i,t} + \beta_3 \text{Lev}_{i,t} + \beta_4 \text{Growth}_{i,t} + \beta_5 \text{Mshare}_{i,t} \\
& + \beta_6 \text{Dual}_{i,t} + \beta_7 \text{Indep}_{i,t} + \beta_8 \text{Balance}_{i,t} + \beta_9 \text{Inv}_{i,t} \\
& + \beta_{10} \text{ListAge}_{i,t} + \beta_{11} \text{Big4}_{i,t} + \sum \text{Industry} + \sum \text{Year} + \varepsilon
\end{aligned}
\tag{4.1}
$$

FC 系数显著为负则验证融资约束对企业价值确有负面作用。

针对董事会国际化调节作用进行实证检验的构建模型如下：

$$
\begin{aligned}
\text{TobinQ}_{i,t} = {} & \beta_0 + \beta_1 \text{FC}_{i,t} + \beta_2 \text{GB}_{i,t} + \beta_3 \text{FC}_{i,t} \times \text{GB}_{i,t} + \beta_4 \text{Size}_{i,t} + \beta_5 \text{Lev}_{i,t} \\
& + \beta_6 \text{Growth}_{i,t} + \beta_7 \text{Mshare}_{i,t} + \beta_8 \text{Dual}_{i,t} + \beta_9 \text{Indep}_{i,t} \\
& + \beta_{10} \text{Balance}_{i,t} + \beta_{11} \text{Inv}_{i,t} + \beta_{12} \text{ListAge}_{i,t} + \beta_{13} \text{Big4}_{i,t} \\
& + \sum \text{Industry} + \sum \text{Year} + \varepsilon
\end{aligned}
\tag{4.2}
$$

模型中 GB 代表董事会国际化。

交互项（FC × GB）的系数符号如果与解释变量系数符号相反，则为抑制作用，反之则为促进作用；系数绝对值可以解释为董事会国际化对假设 1 中解释变量（融资约束）对被解释变量（企业价值）关系改变程度的大小。如果交互项（FC × GB）的系数显著为正，同时融资约束（FC）的系数符号也仍旧为负号，那么假设 2 得以成立。

4.2.4　本节小结

本节首先描述了 17073 个有效样本的筛选过程；其次参考相关文献选用了 10 个控制变量保证回归结果的准确性，以表列示了所有变量及其计算方式，并在此基础上构建了回归模型，模型（4.1）用于检验假设 1，模型（4.2）用于检验假设 2。

4.3　实证结果分析

4.3.1　描述性统计

本部分的描述性统计结果如表 4 - 2 所示。

表 4 - 2　　　　　　　　　描述性统计　　　　　　　　　67

变量	样本量	均值	标准差	最小值	P50	最大值
Tobin Q	17073	2.206	1.488	0.834	1.726	9.263
FC	17073	3.887	0.242	3.174	3.879	4.036
GB	17073	0.0190	0.0590	0	0	0.333
Size	17073	22.43	1.290	20.07	22.25	26.36
Lev	17073	0.448	0.201	0.0640	0.445	0.888
Growth	17073	0.150	0.388	-0.535	0.0920	2.501
Mshare	17073	0.106	0.184	0	0.0010	0.686
Dual	17073	0.233	0.423	0	0	1
Indep	17073	0.370	0.0550	0.250	0.333	0.571
Balance	17073	0.704	0.634	0	0.525	3.801
Inv	17073	42.15	23.25	0.0620	43.60	88.89
ListAge	17073	2.104	0.855	0	2.303	3.401
Big4	17073	0.0680	0.251	0	0	1

调节变量董事会国际化程度最低为 0，最高为 0.333，说明企业间存在差异，平均值为 0.0190，中位数为 0，标准差为 0.0590，说明与现实情况相符，我国企业董事会国际化发展处于初级阶段，程度较低。

解释变量 FC 取值越大说明融资越受限，均值为 3.887，中位数为 3.879，表明企业融资约束普遍，而且标准差为 0.242，各企业间融资约束水平存在差别。

控制变量企业规模最大值与最小值相差 6.29，说明我国企业间规模有所区别，中位数与均值均接近 22.25，说明变量分布较均匀。资产负债率最高为 0.888，最低只有 0.0640，标准差为 0.201，我国企业的资产负债率最高和最低之间差距还是较大的，平均值为 0.448，中位数为 0.445，这说明分布比较均匀，基本处于 40% ~ 60% 的合理区间。营业收入增长率最高为 2.501，最低为 -0.535，虽然标准差为 0.388 低于 1，差异不大，但是也说明我国部分企业营业收入增长率为负，成长能力有所缺乏。管理层持股和两职合一的数据表明企业间采用何种治理方式存在差异，所有上市公司的较少部分选择了管理层持股和两职合一。独立董事的比例平均值为 0.370，中位数为 0.333，基本符合上市公司独立董事占董事总人数 1/3 以上的要求。机构持股度最高为 88.94，最低为 0.0620，标准差为 23.25，说明我国上市企业机构持股情况差异较大。是否"四大"平均值为 0.068，但是中位数为 0，这说明采用四大会计师事务所审计的上市公司还处于少数水平。

4.3.2　相关性分析

相关性检验结果如表 4-3 所示，其中绝对值最大为 0.512，依然小于判断严重共线性的经验数值（0.6）。公司的企业价值与融资约束间的相关系数为 -0.046，在 1% 的水平上显著，初步验证了两者之间存在负相关关系，符合本章提出的假设 1。董事会国际化（GB）与企业价值（Tobin Q）之间相关系数为 0.070，并且在 1% 的显著性水平上具有显著性，可以预期董事会国际化有助于企业化解融资困境提升企业价值。

表4-3

相关性分析

变量	Tobin Q	FC	GB	Size	Lev	Growth	Mshare	Dual	Indep	Balance	Inv	ListAge	Big4
Tobin Q	1												
FC	-0.046***	1											
GB	0.070***	-0.012	1										
Size	-0.438***	-0.104***	0.041***	1									
Lev	-0.362***	-0.009	-0.054***	0.503***	1								
Growth	0.071***	-0.032***	0.004	0.050***	0.048***	1							
Mshare	0.196***	-0.101***	0.005	-0.294***	-0.278***	0.056***	1						
Dual	0.130***	-0.049***	0.033***	-0.147***	-0.119***	0.031***	0.242***	1					
Indep	-0.027**	0.007	-0.01	0.018**	0.041***	-0.012	-0.026***	-0.001	1				
Balance	-0.021***	0.005	-0.006	0.041***	0.054***	-0.003	-0.055***	-0.073***	0.027***	1			
Inv	-0.088***	-0.043***	0.056***	0.427***	0.198***	-0.013*	-0.512***	-0.175***	0.019**	0.028***	1		
ListAge	0.021***	-0.020***	0.018**	-0.038***	-0.052***	-0.001	0.053***	0.050***	-0.010	-0.216***	-0.040***	1	
Big4	-0.089***	-0.161***	0.156***	0.357***	0.109***	-0.015*	-0.115***	-0.056***	0.036***	-0.004	0.220***	-0.026***	1

注：*、**、*** 分别表示在10%、5%和1%的水平上显著，后面各表含义相同。

为进一步检验变量间是否存在多重共线性，避免因为模型设定不正确而导致回归结果不可靠的情况，进一步提高回归结果的准确性，从而做出判断和分析，本章进行了方差膨胀因子检验。通过表 4 - 4 的结果可知，各变量的 VIF 值均小于 10 且接近于 1，并不存在多重共线性问题，影响可以接受，回归结果也是可信的。

表 4 - 4　　　　　　　　　　方差膨胀因子

变量	VIF	1/VIF
FC	1.06	0.947539
GB	1.03	0.967151
Size	1.74	0.573604
Mshare	1.49	0.66917
Lev	1.41	0.708959
Big4	1.21	0.827965
Dual	1.08	0.924719
Balance	1.06	0.945289
ListAge	1.06	0.947635
Growth	1.01	0.98767
Indep	1	0.995514
Mean VIF	1.23	

4.3.3　回归结果与分析

为验证假设 1 和假设 2，证明融资约束对企业价值的负向影响以及董事会国际化对这种抑制影响的削弱作用，对模型（4.1）和模型（4.2）分别进行回归，回归结果如表 4 - 5 所示。

表 4 - 5　　　　　　　　　　回归结果（全样本）

变量	模型（4.1）Ⅰ	模型（4.1）Ⅱ	模型（4.2）Ⅲ	模型（4.2）Ⅳ
	Tobin Q	Tobin Q	Tobin Q	Tobin Q
FC	-0.331 *** (-7.06)	-0.610 *** (-14.42)	-0.401 *** (-8.04)	-0.694 *** (-14.87)

变量	模型（4.1）Ⅰ	模型（4.1）Ⅱ	模型（4.2）Ⅲ	模型（4.2）Ⅳ
	Tobin Q	Tobin Q	Tobin Q	Tobin Q
GB			−10.477 *** （−3.99）	−6.258 * （−2.76）
FC×GB			3.017 *** （4.49）	1.956 ** （3.37）
Size		−0.523 *** （−53.51）		−0.524 *** （−53.75）
Lev		−0.950 *** （−16.92）		−0.925 *** （−16.50）
Growth		0.379 *** （16.14）		0.378 *** （16.12）
Mshare		0.728 *** （12.06）		0.721 *** （11.98）
Dual		0.159 *** （7.22）		0.154 *** （7.01）
Indep		−0.279 * （−1.70）		−0.271 * （−1.65）
Balance		0.025 * （1.74）		0.023 （1.58）
Inv		0.011 *** （23.69）		0.011 *** （23.21）
ListAge		−0.007 （−0.62）		−0.008 （−0.76）
Big4		0.303 *** （7.79）		0.261 *** （6.64）
_cons	3.484 *** （17.42）	15.588 *** （53.01）	3.749 *** （17.82）	15.817 *** （52.98）
Industry	Yes	Yes	Yes	Yes

变量	模型（4.1）Ⅰ	模型（4.1）Ⅱ	模型（4.2）Ⅲ	模型（4.2）Ⅳ
	Tobin Q	Tobin Q	Tobin Q	Tobin Q
Year	Yes	Yes	Yes	Yes
N	17073	17073	17073	17073
R^2	0.172	0.386	0.175	0.389
F	119.049	269.041	114.381	259.711

对模型（4.1）分别进行不加入控制变量和加入控制变量的回归，结果如模型Ⅰ和模型Ⅱ所示，融资约束的回归系数都是负的，验证了假设1中提出的融资约束与企业价值的负相关关系。在控制了影响企业价值的其他相关变量之后，融资约束的回归系数为-0.610，F值也变大，相较于不控制的模型，应该更能准确地衡量融资约束对企业价值负面影响的程度。

模型（4.2）进行同样的处理得到模型Ⅲ和模型Ⅳ的回归结果，F统计量分别为114.381和259.711，加入控制变量的模型具有良好的拟合效果，也进一步验证了控制变量的选取是适当的。董事会国际化能否缓解融资约束的负面影响，也可以通过交乘项（FC×GB）回归系数符号为正（1.956），并在1%的水平上显著得以验证。

控制变量的回归结果与选取时前面的分析基本一致。公司规模（Size）与企业价值显著负相关，公司规模较大可能是企业采取了盲目扩张政策，导致企业价值不增反降；资产负债率（Lev）较高，企业偿债能力堪忧，与企业价值负相关且显著；营业收入增长率（Growth）与企业价值在1%的水平上显著正相关，表明企业如果能够把握好发展机会，企业价值也会增加；管理层持股（Mshare）与企业价值也呈现正相关关系，表明股权激励是一种合理的激励方式，可以有效缓解代理冲突促进企业长远发展。两职合一（Dual）的回归系数为正，董事长拥有更多实权可以提升治理水平，促进企业的可持续发展。独立董事比例（Indep）的回归系数为负，且在10%的水平上显著，由此可见，中国上市公司的独董制度如何有效设置还需要进一步研究。股权制衡度（Balance）在回归中并不具有显著性，但是符号为正，表明企业管理权力制衡可以提高决策质量，规避大股东掏空对企业价值的损耗。公司上市年限（ListAge）在统计上并不显著，说明企业发展水平并不与上市时间长短直接相关，有一些刚刚上市的企业反而发展势头更好。是否"四大"（Big4）在1%的水平上与企业价值显著正相关，说明企业选用高水平审计事务所对企业来说也是一种督促，可以促进企业高质量发展。

4.3.4　稳健性检验

1. 替换主要变量

首先采用替换变量的方式，将因变量（Tobin Q）替换为 ROA（总资产周转率），将自变量（SA 指数）替换为 WW 指数，并将董事会国际化的衡量方式由外籍董事所占比例改为是否有外籍董事这一虚拟变量，进行回归之后得到相关的实证结果，如表4-6所示。

表4-6　　　　　　　稳健性检验（替换主要变量）

变量	模型（4.1）	模型（4.2）
	ROA	ROA
WW	-0.612*** （-49.46）	-0.659*** （-14.45）
GB		-1.348*** （-3.29）
WW×GB		0.410*** （3.88）
Size	-0.021*** （-29.95）	-0.521*** （-52.82）
Lev	-0.106*** （-48.22）	-0.941*** （-16.57）
Growth	0.007*** （6.72）	0.383*** （16.01）
Mshare	0.037*** （16.49）	0.719*** （11.83）

变量	模型 (4.1)	模型 (4.2)
	ROA	ROA
Dual	0.001 (1.63)	0.151 *** (6.78)
Indep	0.005 (0.83)	−0.267 (−1.61)
Balance	−0.001 * (−1.74)	0.019 (1.32)
Inv	0.000 *** (18.97)	0.011 *** (22.90)
ListAge	−0.000 (−0.61)	−0.008 (−0.77)
Big4	−0.000 (−0.31)	0.271 *** (6.89)
_cons	−0.066 *** (−7.86)	15.725 *** (52.03)
Industry	Yes	Yes
Year	Yes	Yes
N	17072	17072
R^2_a	0.379	0.387
F	261.270	253.507

从表 4 − 6 的结果可以看出，即使替换了相关的变量，融资约束仍然与企业价值负相关，且在 1% 的水平上显著；董事会国际化与融资约束的交乘项系数显著为正，这也进一步验证了董事会国际化对融资约束与企业价值两者之间的负向关系所起到的缓解作用。

2. 去除 2015 年样本数据

2015 年，中国资本市场异常波动，股市出现两轮断崖式下跌，股灾对经济的平稳运行带来诸多不利影响。资本市场的融资功能和信息发现功能在这一年是不可靠的，企业面临的融资约束影响也不具有参考性。所以剔除这一年的数据再次回归得到表4－7。

表4－7　　　　　　　　稳健性检验（去除2015年样本数据）

变量	模型（4.1）	模型（4.2）
	Tobin Q	Tobin Q
FC	− 0.504 *** （− 13.61）	− 0.661 *** （− 14.09）
GB		− 5.638 *** （− 2.60）
FC × GB		1.820 *** （3.29）
Size	− 0.473 *** （− 50.57）	− 0.474 *** （− 50.85）
Lev	− 0.884 *** （− 16.34）	− 0.858 *** （− 15.90）
Growth	0.353 *** （15.10）	0.352 *** （15.11）
Mshare	0.664 *** （11.49）	0.658 *** （11.44）
Dual	0.162 *** （7.62）	0.156 *** （7.37）
Indep	− 0.169 （− 1.06）	− 0.159 （− 1.01）
Balance	0.021 （− 1.50）	0.019 （1.34）
Inv	0.012 *** （24.78）	0.011 *** （24.29）
ListAge	− 0.011 （− 1.10）	− 0.013 （− 1.23）

变量	模型（4.1）	模型（4.2）
	Tobin Q	Tobin Q
Big4	-0.297*** （7.92）	0.251*** （6.63）
_cons	14.248*** （50.68）	14.459*** （50.73）
Industry	Yes	Yes
Year	Yes	Yes
N	15596	15596
R^2_a	0.353	0.358
F	219.423	212.845

通过回归结果可知，融资约束对企业价值仍然是负向影响，回归系数为负；董事会国际化与融资约束的交乘项同样为正，再次验证了其对融资约束负向影响的正向调节作用。

4.3.5　内生性检验

1. 解释变量滞后一期

融资约束与企业价值之间可能存在互为因果的关系，可能正是因为企业价值较大，更容易在资本市场上得到银行与投资者的青睐，面临的融资约束程度也更弱一些。参考刘莉和杨宏睿（2022）解决内生性问题的做法，将解释变量的滞后一期，结果如表4-8所示。

表4-8　　　　　稳健性检验（解释变量滞后一期）

变量	模型（4.1）	模型（4.2）
	Tobin Q	Tobin Q
FC	-0.532*** （-11.12）	-0.599*** （-11.85）

变量	模型（4.1）	模型（4.2）
	Tobin Q	Tobin Q
GB		−8.300 ** （−3.22）
FC × GB		2.430 ** （3.68）
Size	−0.484 *** （−43.49）	−0.485 *** （−43.69）
Lev	−0.892 *** （−13.99）	−0.870 *** （−13.65）
Growth	0.324 *** （12.28）	0.323 *** （12.25）
Mshare	0.612 *** （9.25）	0.605 *** （9.16）
Dual	0.147 *** （5.97）	0.144 *** （5.85）
Indep	−0.127 （−0.70）	−0.124 * （−0.68）
Balance	0.018 （1.14）	0.015 （0.95）
Inv	0.010 *** （19.43）	0.010 *** （19.04）
ListAge	−0.004 （−0.36）	−0.006 （−0.48）
Big4	0.305 *** （7.01）	0.274 *** （6.23）
_cons	15.940 *** （47.32）	16.231 *** （47.39）
Industry	Yes	Yes

续表

变量	模型（4.1）	模型（4.2）
	Tobin Q	Tobin Q
Year	Yes	Yes
N	13255	13255
R^2_a	0.367	0.370
F	203.218	195.368

解释变量 FC 滞后一期后，仍然存在显著负向影响，影响系数为 -0.532，交乘项仍为正。因此，在解决内生性的情况下，模型的结果仍然比较一致，也从另一个方面说明模型的结果比较稳健。

2. 工具变量法

模型可能存在的互为因果问题，还可以选择引入工具变量，工具变量法也可以解决模型中存在同时影响融资约束和企业价值但又不可观测的变量问题，即遗漏变量的情况。

本章借鉴张璇等（2017）的做法，引入同一城市和行业的融资约束的均值作为融资约束的工具变量。同一城市和行业的企业融资约束平均程度应该与每个公司的特质密切相关，但这一平均值会较少影响个体企业价值，符合工具变量与解释变量相关，但与被解释变量无关的要求。

工具变量法下具体回归结果如表 4-9 所示。

表 4-9　　　　　　　　　工具变量法回归结果

变量	模型（4.1）	模型（4.2）
	Tobin Q	Tobin Q
FC	-0.381 *** （-5.031）	-0.405 *** （-5.371）
GB		1.294 *** （6.714）
FC × GB		4.400 *** （3.153）

变量	模型（4.1）	模型（4.2）
	Tobin Q	Tobin Q
Size	-0.469 *** （-36.271）	-0.469 *** （-36.318）
Lev	-0.898 *** （-13.156）	-0.872 *** （-12.873）
Growth	0.359 *** （11.672）	0.358 *** （11.810）
Mshare	0.707 *** （9.622）	0.700 *** （9.552）
Dual	0.170 *** （7.139）	0.166 *** （6.966）
Indep	-0.167 （-1.151）	-0.163 （-1.125）
Balance	0.022 （1.526）	0.018 （1.230）
Inv	0.012 *** （22.251）	0.011 *** （21.936）
ListAge	-0.011 （-1.003）	-0.012 （-1.153）
Big4	0.318 *** （0.038）	0.282 *** （7.227）
_cons	13.522 *** （29.065）	13.618 *** （29.312）
Industry	Yes	Yes
Year	Yes	Yes
N	15596	15596
R^2	0.351	0.354
F	175.603	168.637
idstat	2149.151	511.795
widstat	9846.172	896.798

通过加入工具变量进行回归得到的结果可知，融资约束（FC）与企业价值（Tobin Q）的系数为 −0.381，且在 1% 的水平上显著负相关。融资约束与董事会国际化的交乘项（FC × GB）的系数显著为正，表明在排除内生因素之后董事会国际化仍然可以缓解融资约束对企业价值的抑制作用，再次验证了假设 2。

4.3.6 异质性分析

1. 不同产权性质下差异性分析与检验

（1）不同产权性质的主回归异质性分析。本章将全样本划分为不同产权性质下的两类企业——国有企业和非国有企业，实证检验两类企业下融资约束对企业价值的影响差异。实证结果如表 4 – 10 所示。

表 4 – 10　　　　　　　不同产权性质下主回归结果

变量	国有企业	非国有企业
	Tobin Q	Tobin Q
FC	− 0.504 *** (− 8.13)	− 0.661 *** (− 11.96)
Size	− 0.586 *** (− 38.91)	− 0.450 *** (− 37.49)
Lev	− 1.006 *** (− 12.02)	− 0.839 *** (− 12.14)
Growth	0.455 *** (13.63)	0.190 *** (6.27)
Mshare	0.709 *** (9.74)	3.642 *** (10.21)
Dual	0.169 *** (6.10)	0.021 (0.55)
Indep	− 0.377 (− 1.62)	− 0.092 (− 0.44)

变量	国有企业	非国有企业
	Tobin Q	Tobin Q
Balance	0.017 (0.79)	0.040 ** (2.29)
Inv	0.015 *** (22.52)	0.007 *** (10.19)
ListAge	−0.026 (−1.56)	−0.002 (−0.13)
Big4	0.556 *** (8.31)	0.157 *** (3.78)
_cons	16.486 *** (39.85)	14.281 *** (36.50)
Industry	Yes	Yes
Year	Yes	Yes
N	9834	7239
R^2	0.381	0.384
F	152.361	116.556
P – Value	0.035 **	

国有企业和非国有企业两类不同企业下融资约束对企业价值都是负向影响，且都在 1% 的水平上显著。

进一步分析实证结果，明显非国有企业中这种影响更大，回归系数的绝对值 0.661 大于国有企业融资约束的回归系数 0.504。

连玉君和廖俊平（2017）指出，如果通过分组细化研究不同情况下一个变量对另一变量的影响程度，需要对子样本间系数的差异进行检验，不能仅仅比较系数大小。费舍尔组合检验就是对子样本间系数差异是否显著的检验方法之一。表 4 – 10 中最后一行是通过费舍尔组合检验得到两组间解释变量系数差异比较的 P 值，在 5% 的水平上显著，即系数差异显著，故融资约束对非国有企业的影响更大。这种影响差异的存在可以从融资约束影响企业价值的三个方面进行分析——投融资活动、创新活动以及企业的风险承担水平。两类企业在应对这三个方面的负向影响时，能力是不同的。

一般而言，融资约束会降低企业投融资效率，会导致企业错失发展良机。但是国有企业的控股股东为各级政府，许多国有企业战略规划与民生所需息息相关，承担的往往是国家支持下的重大发展项目，在经营中更多关注项目的社会性、功能性而非经济性和市场性，这样一来，融资约束对企业价值的影响相较于非国有企业来说就是较小的。

另外，创新活动是企业可持续发展的基础，面对不确定更强的企业创新投入，外部投资者往往基于信息不对称而要求更高的风险溢价。但是国有企业的性质会降低企业经营的风险，投资者也会有更强的投资信心，所要求的风险溢价也会较低，国有企业通过投资创新提升企业价值所面临的融资约束影响也会越小。

融资约束的存在本来就会使企业面临更高的经营风险，而且，国有企业比非国有企业更有融资优势。从内部条件来说，民营企业更容易陷入财务困境，如经营风险较大、人才较匮乏、发展前景较狭隘等。从外部环境来说，非国有企业的政治关联性较弱，信息披露程度和质量不高，且抵押物不足，而信贷机构偏好大型国有企业。非国有企业融资优势不明显，一旦陷入财务困境就更难筹集资金，企业的风险承担水平降低，管理者对失败的容忍力减弱，进而会抑制投资，不利于企业价值的提升，企业价值没有提升也就更难博得投资者的信赖，很容易陷入恶性循环。

所以非国有企业对融资约束的影响更加敏感，融资约束负向影响企业价值的回归系数更大。

（2）不同产权性质下董事会国际化调节效应的异质性分析。董事会国际化调节效应在两类企业中差异的实证结果如表 4 – 11 所示。

表 4 – 11　　　　　　　不同产权性质下调节效应的回归结果

变量	国有企业	非国有企业
	Tobin Q	Tobin Q
FC	− 0. 555 *** （ − 8. 87）	− 0. 746 *** （ − 9. 72）
GB	− 4. 122 （ − 1. 35）	− 8. 136 ** （ − 2. 90）

变量	国有企业	非国有企业
	Tobin Q	Tobin Q
FC × GB	1. 348 * (1. 73)	2. 456 ** (3. 22)
Size	− 0. 586 *** (− 38. 96)	− 0. 470 *** (− 24. 42)
Lev	− 0. 989 *** (− 11. 83)	− 0. 812 *** (− 8. 53)
Growth	0. 456 *** (13. 68)	0. 200 *** (5. 43)
Mshare	0. 716 *** (9. 86)	3. 601 *** (4. 98)
Dual	0. 170 *** (6. 14)	0. 049 (1. 1)
Indep	− 0. 367 (− 1. 58)	− 0. 119 (− 0. 61)
Balance	0. 016 (0. 73)	0. 035 (1. 92)
Inv	0. 015 *** (21. 89)	0. 007 *** (9. 24)
ListAge	− 0. 026 (− 1. 57)	− 0. 006 (− 0. 43)
Big4	0. 479 *** (7. 06)	0. 160 *** (4. 64)
_cons	16. 663 *** (39. 51)	15. 050 *** (24. 33)
Industry	Yes	Yes
Year	Yes	Yes
N	9834	7239
R^2	0. 384	0. 385
F	146. 657	111. 628
P − Value	0. 311	

国有企业交互项系数为 1. 348，在 10% 的水平上显著，而非国有企业的交互项系数为 2. 456，在 5% 的水平上显著。组间差异系数检验 P 值 0. 311 不具有显著性，说明董事会国际化在国有企业和非国有企业之间发挥的调节作用并无显著差异。

通常，我们认为国有企业的"行政色彩"比较浓厚，市场自由度不高，追求经济利益最大化的动机较低，董事会所能起到的作用是有限的。但是随着国有企业的深化改革，国家相关部门出台了一系列关于加强国有企业董事会建设的相关政策。2017 年，国务院办公厅发布的《关于进一步完善国有企业法人治理结构的指导意见》提出优化董事会组成结构，规范议事规则。2019 年，《中央企业公司章程指引（试行）》对国有独资公司和国有全资控股公司各治理主体的组成和职权、议事程序等做出了详细规定。2021 年，《国有企业公司章程制定管理办法》中进一步提出要明确董事会定战略、作决策、防风险的职责定位，并在具体工作安排中提出国有企业要分层探索落实董事会职权的有效措施。这一系列政策都说明国有企业的董事会发展得到重视，董事会所能起到的作用也在改革的过程中不断得到深化认知，国有企业董事会的市场地位不断提高，甚至可以比肩非国企。重要的是，相关政策也都在有序落实，尤其是人员结构组成的优化。董事会发挥作用的政策环境不断改善，董事会国际化丰富董事会人员组成结构，发挥其专业专长的作用也可以充分得到发挥。此外，外籍董事具有较强的独立性，在两类企业中基本没有差别。由于语言和文化等方面的差异，外籍董事很难融入中国董事的团体，这种独立的异质性在国有企业和非国有企业之间的表现是一致的，而且两类企业也都不会拒绝外籍董事能够带来的自身资源。

所以董事会国际化在两类企业中所发挥的调节作用是没有显著差异的，两个回归的交乘项都显著为正，也进一步验证了董事会国际化的调节作用。

2. 基于不同生命周期的异质性回归分析

不同生命周期下，企业拥有、配置和动态调整资源的能力是有差异。黄宏斌等（2016）指出，融资约束随着企业内部各种资源、能力及外部市场机会的变化而动态改变，企业生命周期是从企业内部环境去研究融资约束的良好视角。董事会国际化通过更广泛的社交网络对企业

寻找、配置资源的影响在不同成长阶段是否存在差异也是值得研究的
问题。

本章依据狄金森（Dickinson，2011）所提出的现金流组合法，参考
黄宏斌等（2016）确定生命周期的方法，根据经营现金流、投资现金
流和筹资现金流的组合将企业生命周期划分为成长期、成熟期和衰退期
三个阶段。具体划分标准如表 4 - 12 所示。

表 4 - 12　　　　　　　　企业生命周期划分标准

项目	成长期		成熟期	衰退期				
	初创期	增长期	成熟期	波动期			淘汰期	
经营现金流	-	+	+	-	+	+	-	-
投资现金流	-	-	-	+	+	+	+	+
筹资现金流	+	+	-	-	+	-	+	-

（1）不同生命周期情况下融资约束对企业价值的影响。本章将全
样本划分为处于不同生命周期阶段的三类企业，实证检验不同企业（主
要进行两两比较）融资约束对企业价值的影响差异。

实证结果如表 4 - 13 所示。

通过上面的回归结果可知，三个阶段下融资约束对企业价值的影响
是不同的，但都显著为负。成长期与衰退期以及成熟期与衰退期两组间
的组间差异系数分别为 0.010 和 0.007，具有显著性，结合回归的系数
说明衰退期相比于其他两组，融资约束对企业价值的影响显著更强。成
长期和成熟期的比较并不显著。

之所以衰退期影响更明显，可以从两方面的原因进行解释。第一，
相对于其他两个阶段，即使面临同样的融资约束强度，衰退期企业融资
竞争并无任何优势。衰退期市场份额开始减少，收入情况也不容乐观，
正处于外部环境、内部治理和创新能力都不断削弱的阶段。而且相比于
成长期和成熟期，已承担了一定的债务，更容易面临财务困境，企业处
于这一阶段的往往传递出运营欠佳的信号，此时外部投资者会对其提出
更高的要求以保证自己的收益，因此外部融资已经不占优势。第二，融
资竞争不占优势的情况下衰退期的融资需求却又进一步增加。衰退期企
业往往面临销售额递减、市场利润率下滑的境况，要寻求新的利润增长点

表 4-13　　生命周期异质性回归结果

变量	Tobin Q					
	成长期	成熟期	衰退期	成长期	成熟期	衰退期
FC	-0.531*** (-8.84)	-0.519*** (-7.47)	-0.801*** (-7.58)	-0.531*** (-8.84)	-0.519*** (-7.47)	-0.801*** (-7.58)
Size	-0.430*** (-31.01)	-0.482*** (-29.49)	-0.778*** (-32.62)	-0.430*** (-31.01)	-0.482*** (-29.49)	-0.778*** (-32.62)
Lev	-1.207*** (-14.14)	-1.064*** (-11.26)	-0.293* (-2.232)	-1.207*** (-14.14)	-1.064*** (-11.26)	-0.293* (-2.232)
Growth	0.342*** (11.74)	0.532*** (10.79)	0.343*** (6.12)	0.342*** (11.74)	0.532*** (10.79)	0.343*** (6.12)
Mshare	0.814*** (9.85)	0.964*** (9.50)	0.223 (1.44)	0.814*** (9.85)	0.964*** (9.50)	0.223 (1.44)
Dual	0.119*** (3.94)	0.168*** (4.47)	0.221*** (4.05)	0.119*** (3.94)	0.168*** (4.47)	0.221*** (4.05)
Indep	-0.352 (-1.52)	-0.202 (-0.75)	-0.406 (-1.00)	-0.352 (-1.52)	-0.202 (-0.75)	-0.406 (-1.00)
Balance	0.029 (1.43)	0.004 (0.15)	0.054 (1.49)	0.029 (1.43)	0.004 (0.15)	0.054 (1.49)

续表

变量	Tobin Q					
	成长期	成熟期	衰退期	成长期	成熟期	衰退期
Inv	0.009*** (13.23)	0.014*** (17.54)	0.011*** (8.98)	0.009*** (13.23)	0.014*** (17.54)	0.011*** (8.98)
ListAge	-0.003 (-0.22)	-0.001 (-0.03)	-0.011 (-0.44)	-0.003 (-0.22)	-0.001 (-0.03)	-0.011 (-0.44)
Big4	0.316*** (5.55)	0.169** (2.88)	0.462*** (4.24)	0.316*** (5.55)	0.169** (2.88)	0.462*** (4.24)
_cons	13.511*** (32.19)	14.315*** (28.89)	21.367*** (31.18)	13.511*** (32.19)	14.315*** (28.89)	21.367*** (31.18)
Industry	Yes	Yes	Yes	Yes	Yes	Yes
Year	Yes	Yes	Yes	Yes	Yes	Yes
N	7214	6537	3322	7214	6537	3322
R²_a	0.404	0.369	0.438	0.404	0.369	0.438
F	123.065	96.369	65.724	123.065	96.369	65.724
P - Value	0.456			0.010**		0.007***

并迈入新一轮生命周期循环需要大量资金，所以融资约束在企业衰退期对企业价值的影响会更强。针对上述的两个方面，成长期和成熟期虽然有不同的表现，成长期的竞争优势体现在良好的发展前景，成熟期的竞争优势则是更稳定的发展基础以及与之更加匹配的融资需求，但是至少使这两类企业面对融资约束时都各具优势，所以差异并没有显著。

同时我们也可以发现，在三个阶段中，成熟期企业价值受到融资约束的负面影响最小。这是因为步入成熟期，企业管理经验趋于成熟，市场占有率处于最高水平，具有丰厚的盈余积累，资金的分配矛盾并不凸显。同时在这一阶段，影响融资约束的信息不对称情况也会有所缓解。发展到成熟期的企业往往可以基于前期的积累形成富有创新力的自身产品，相对于其他产品保持一定的优势，这种优势的存在就可以向外界传递利好消息，也可以强化消费者对企业的认识，加之信息披露体系不断完善，就可以降低外部投资者来弥补信息不对称所需要的风险溢价。

（2）生命周期情况下董事会国际化调节作用的异质性分析。根据现金流组合法对不同生命周期下的子样本的董事会国际化调节作用分别回归。结果如表 4 – 14 所示。

董事会国际化的调节作用在成长期为正但不显著，而在成熟期和衰退期都显著为正，通过两者比较，这种差异在成长期和衰退期以及成长期和成熟期显著。所以差异存在的原因在于成长期企业相比于其他两类企业的特殊性。

前面说到董事会国际化的调节作用主要体现在对投资机会的把握，利用自身特性拓宽资金来源以及促进创新并提升企业治理水平。相比于其他两个阶段可能处于成长期的企业自身的优势较大，可以利用企业成长性赢得更多市场投资者的青睐，投资者也往往更追捧成长期的企业。而且成长期的企业前景良好，即使是相对传统的企业管理者也会注重创新，不断提升产品市场占有率，国际化董事的调节作用非常有限。但是成熟期企业面临一个更加稳定的情况，可能就会安于现状、忽视创新，外籍董事注重长远发展和创新的视野和战略也就有了发挥的空间，进而能起到调节作用。衰退期企业面临的市场环境并不乐观，消费市场对产品的需求逐渐萎缩，企业发展前景的不确定性不免让该阶段企业管理者灰心并产生惰性（李云鹤等，2011）。风险承受能力更强的外籍董事就会成为克服这种惰性的一种力量，利用现有的投融资机会，坚持创新发展的

表4－14　调节效应生命周期异质性回归结果

变量	Tobin Q					
	成长期	成熟期	衰退期	成长期	成熟期	衰退期
FC	-0.559*** (-8.86)	-0.598*** (-8.10)	-0.872*** (-7.92)	-0.559*** (-8.86)	-0.598*** (-8.10)	-0.872*** (-7.92)
GB	0.083 (0.03)	-10.025** (-2.84)	-13.641* (-2.06)	0.083 (0.03)	-10.025** (-2.84)	-13.641* (-2.06)
FC×GB	0.504 (-0.62)	2.797*** (-3.09)	3.738* (-2.24)	0.504 (-0.62)	2.797*** (-3.09)	3.738* (-2.24)
Size	-0.435*** (-31.51)	-0.480*** (-29.28)	-0.779*** (-32.70)	-0.435*** (-31.51)	-0.480*** (-29.28)	-0.779*** (-32.70)
Lev	-1.165*** (-13.71)	-1.051*** (-11.13)	-0.271* (-2.15)	-1.165*** (-13.71)	-1.051*** (-11.13)	-0.271* (-2.15)
Growth	0.346*** (11.95)	0.531*** (10.77)	0.334*** (5.95)	0.346*** (11.95)	0.531*** (10.77)	0.334*** (5.95)
Mshare	0.795*** (9.67)	0.960*** (9.48)	0.230 (1.48)	0.795*** (9.67)	0.960*** (9.48)	0.230 (1.48)
Indep	-0.297 (-1.29)	-0.194 (-0.72)	-0.440 (-1.09)	-0.297 (-1.29)	-0.194 (-0.72)	-0.440 (-1.09)
Dual	0.109*** (3.64)	0.169*** (4.50)	0.215*** (3.94)	0.109*** (3.64)	0.169*** (4.50)	0.215*** (3.94)

续表

变量	Tobin Q					
	成长期	成熟期	衰退期	成长期	成熟期	衰退期
Balance	0.027 (1.34)	0.002 (0.07)	0.049 (1.36)	0.027 (1.34)	0.002 (0.07)	0.049 (1.36)
Inv	0.009*** (12.79)	0.014*** (17.27)	0.011*** (8.84)	0.009*** (12.79)	0.014*** (17.27)	0.011*** (8.84)
ListAge	−0.005 (−0.30)	−0.003 (−0.14)	−0.011 (−0.43)	−0.005 (−0.30)	−0.003 (−0.14)	−0.011 (−0.43)
Big4	0.248*** (4.30)	0.139** (2.33)	0.439*** (4.01)	0.248*** (4.30)	0.139** (2.33)	0.439*** (4.01)
_cons	13.699*** (32.18)	14.576*** (28.99)	21.681*** (31.21)	13.699*** (32.18)	14.576*** (28.99)	21.681*** (31.21)
Industry	Yes	Yes	Yes	Yes	Yes	Yes
Year	Yes	Yes	Yes	Yes	Yes	Yes
N	7214	6537	3322	7214	6537	3322
R²_a	0.410	0.371	0.440	0.410	0.371	0.440
F	120.526	92.612	63.079	120.526	92.612	63.079
P−Value	0.038**			0.060*		0.310

市场战略，促进企业发展，也是在企业财务状况和自身能力相对确定的情况下，通过改变企业的组织特点提升治理水平，促进企业向下一个生命周期迈进。

董事会重要的职能之一是监督。我们希望外籍董事发挥更强的独立性，让董事会从维护企业长期发展利益的角度提升企业治理水平，进而提升企业价值。每个阶段，企业所面临的代理问题是不同的，所以这种独立性水平的体现也是不同的。在企业初创期，代理问题并不凸显，随着企业的发展，内部组织结构复杂化，监督机制会变得更有效，外籍董事在成熟期和衰退期所能发挥的调节作用也就更明显。

4.3.7 本节小结

本节首先对筛选的在 2011～2021 年沪深 A 股主板上市公司进行描述性统计，共有 17073 个观测样本。相关性分析后认为变量间不严重共线。随后进行了回归分析，检验了企业价值与融资约束之间的关系，以及董事会国际化的调节作用，结论与前述假设相一致。其次采用了替换被解释变量、缩小样本范围、滞后一期解释变量和工具变量法等方法检验了回归结果的稳健性、克服了内生性，进一步验证了假设的成立。最后将样本分别分为不同产权性质、处于不同生命周期的企业进行了异质性分析。

4.4 结论、启示与不足

4.4.1 本章研究结论

本章采用 2011～2021 年我国沪深 A 股主板上市公司面板数据来验证融资约束（FC）对企业价值（Tobin Q）的影响，并且借助融资约束指数与董事会国际化的交乘项实证检验董事会国际化能否对二者的关系起到调节缓解作用。进而在异质性分析部分，通过将全样本划分为国有企业和非国有企业、处于不同企业生命周期的企业实证检验所面临的融资约束对企业价值的影响差异以及董事会调节作用在不同子样本下的影响差异。实证分析结果如下。

（1）我国主板上市公司企业价值普遍受到融资约束的负向影响。由于信息不对称和委托代理成本的存在，加之我国资本市场发展尚不完善，企业融资渠道受限，这将直接影响与企业发展息息相关的命脉，即资金的有效供给，进而不利于企业价值的提升。

（2）董事会国际化能够调节缓解融资约束对企业价值提升的负面影响。外籍董事可以拓宽企业的融资渠道，也可以基于其自身的异质性特征，把握好其擅长方面的市场投融资机会，提高利用效率，尤其是在企业不断走向国际舞台的时代背景下，外籍董事可以充分发挥其在国际市场上的认知优势。

（3）相较国有控股上市公司，非国有控股上市公司的企业价值受融资约束的影响更大，反应更敏感；但是董事会国际化在两个子样本下都是显著正向调节，且调节作用并没有显著差异。国有企业在融资方面具有先天优势，应对融资约束的困境会更从容，所以其系数相对较小，但是外籍董事作为企业引入的资源，在两类企业中基本不存在异质性，国有企业也在不断加强董事会建设，使其能够"岗"尽其用。

（4）处于不同生命周期的企业，它们的企业价值受到融资约束影响的程度有所差异，衰退期上市公司所受融资约束影响最大，成长期次之，成熟期最小；董事会国际化在成熟期和衰退期的调节作用具有显著性，在成长期并不显著。资金是企业的命脉，衰退期所面临的融资困境往往是阻碍其迈向下一个生命周期的关键。正是如此，外籍董事拓宽企业融资渠道、贯彻创新发展理念以及较高的独立性水平等一系列特性才能在融资不畅和组织结构复杂的衰退期和成熟期发挥正向调节作用。

4.4.2　政策启示

（1）采取有效措施缓解信息不对称引发的融资约束，提升企业价值。重视融资约束问题，融资约束直接限制了企业投资的资金，限制了企业开展创新活动，不利于企业高质量发展。对企业来说，要克服融资障碍保持发展优势，首先要客观评定自身获取资金的水平和能力，了解企业信用等级以及资产负债率等财务指标，做出符合企业实际情况的财务预算，合理安排企业资金，保证企业的稳定运营。其次要注重规范自身财务报告披露形式，提高信息披露质量，向外界积极传递信息，以期能够降低要付出的风险溢价，非国有企业更是如此。最后，衰退期企业的融资约束尤为明显，通过分析，企业应该深刻认识到创新的重要性，要形成企业可持续发展的基础，创造企业独一无二的产品和优势，赢得投资者的信赖，避免步入衰退期要面临的融资困境。

（2）政府积极引导企业建立合理的国际化董事会结构。首先，搭建国际交流平台给企业创造引入外籍董事的可能性，形成良好的招商引资环境，促进董事会国际化。其次，政府可以将优秀国际管理人员引入进董事会，形成国际视野；同时帮助企业获取更多的资源，提高企业拓展市场能力。重要的是，在政策制定的过程中应当根据企业需求属性出台政策，为企业服务，精准施政。

（3）企业要完善公司治理结构，优化内部管理机制，为引入外籍董事以及保障外籍董事能够发挥作用创造良性的治理环境。加强企业外部营商环境建设。但也要克服引入外籍董事可能会存在的文化冲突矛盾。如何设计出尽量减少沟通成本的内部制度安排至关重要。通过对不同发展阶段的异质性分析，企业可以在成熟期注重外籍董事在创新发展上的安排与意见，而在衰退期提高其在治理问题上的话语权。

4.4.3　不足与展望

本章从董事会这一内部视角来研究了如何缓解融资约束提升企业价值，但是仍然存在不足之处。

（1）可以细分董事会国际化这一变量，比如是否为外籍董事这种个体差异下所能够发挥的调节作用可能是不同的，也可以为如何引入外籍董事提供细化的相关支持。

（2）可以从企业面临的外部环境来进一步分析董事会国际化的调节作用。比如，与中西部相比，东部沿海地区的企业会面临更完善的金融市场环境和法律制度，企业国际化的程度也会更高。

（3）本章实证验证了董事会国际化缓解融资约束负面影响的调节作用，虽然也可以通过生命周期异质性分析指出了外籍董事在创新和管理方面可以发挥调节作用，但是并没有通过实证检验其发挥作用的机理机制，未来的研究也可以分析董事会国际化对融资约束的作用机制。

第5章 基于融资约束直接破解机制的企业价值效应研究：控股股东股权质押视角

5.1 控股股东股权质押对企业价值影响的实证分析

5.1.1 概念界定

1. 控股股东股权质押

在我国，股权质押是伴随着相关法律法规的不断完善而在资本市场中发展变化的。"股权质押"一词的法律界定可以追溯到1995年颁布的《担保法》，该法明确了符合法律要求的可转让股份、股票属于可质押权利。2001年财政部出台了《关于上市公司国有股质押有关问题的通知》，对国有股的质押添加了诸多限定：资金用途仅限于本公司及子公司发展、国有股不能用于直接清偿质押债务。2007年颁布的《物权法》再次表示股权可用于质押。同年，在《上市公司信息披露管理办法》中提及，质押股份占公司总股份超过5%时，股权质押信息应当披露。自2013年颁布《股票质押式回购交易及登记结算业务办法（试行）》规定起，证监会、沪深交易所、中证登相继出台有关股权质押的规定，标志着我国股权质押开始进入规范发展阶段。《股票质押式回购交易及登记结算业务办法（2018年修订）》在2013年试行版本的基础上，加强对其风险的控制，主要限制了个人累计质押率、上市公司累计质押率、质押给某证券公司占某上市公司总股份质押率、接收某上市公司占某证券公司所有接收的质押股份比率分别不得超过60%、50%、15%、30%。

结合目前的法律规定和股权质押实践，本章界定的股权质押是指出质人以持有上市公司股票为质押标的物，从质权人处融入资金，到期还本付息、回购质押股票的交易。股权质押因交易便捷的优点在市场中一直较为活跃，广泛的交易使其质押获取资金的流向也各有不同，主要用于出质人个人事务、质押股权所属上市公司等。但这些流向不同的资金可能暗藏一定的风险，这些风险中，影响较大的多出自控股股东之手，如转移公司资产、侵占中小投资者利益等。所以本章将股权质押的发起人划为控股股东。

本章界定的控股股东股权质押是指，所持股份数额占股本总额50%以上的股东，或不足50%但足以对股东会、股东大会的决议产生重大影响的股东，在签订回购合同后，与资金融出方交换股权凭证和资金的融资行为。质押的股票通常在股价上设有预警线和平仓线，若触及这两线，控股股东没有补仓或填补足量的资金，就会迫使质权人抛售这些股票，一方面可能造成公司控制权旁落，同时也可能因股价下跌迅速给质权人造成一定损失；另一方面股权质押引起的控制权转移，在一定时间内会重创企业正常生产经营活动，市场接收的消极信息导致股价继续下跌，给未能及时出售股票的中小股东带来损失。

2. 高管薪酬

根据我国2014年发布的《企业会计准则第9号——职工薪酬》中的相关规定，职工薪酬由短期薪酬、利润分享计划、辞退福利、其他长期福利等构成。企业支付给高级管理人员的货币工资或其他形式的工资通常被视为高管薪酬。关于高管薪酬的界定，学术界有两个主要观点：一种是较为全面的高管薪酬，包括来自高管所属公司支付的不同形式的劳动报酬，主要是货币薪酬、股权激励、在职消费；而另一种高管薪酬仅仅是指他们从企业获得的、体现短期激励的货币薪酬。

若研究无特殊要求，大部分进行实证研究的学者在斟酌高管薪酬变量的选择时，最终会选择第二种高管薪酬含义。具体来说，有以下方面的考量。一是股权激励可获得的数据有一定的偏差，存在股权激励的企业一般也存在共同点，比如行业竞争激烈、对高端人才的依赖程度高等，同时，我们也无法确定作为衡量指标的高管持股是否包含高管自行购买的股票。二是高管在职消费一般会采用管理费用度量，但并不是所有的管理费用都是在职消费造成的，且管理费用常常会成为盈余管理的一个调整科目，尤其在控股股东存在股权质押行为的情况下，企业有动机对管理费用科目的数值进行调整，向外传递积极信息维持股价。三是高管的货币薪酬数据覆盖广泛，几乎所有高管都不会用其他形式的薪酬替代这一类薪酬，数据可得且较为真实，定期会对外披露，而且可获取时间跨度为一年的相关数据，具有一定的可比性。根据上述原因综合考虑，本章的高管薪酬研究以上市公司公布的财务报表为依据，范围只限于高级管理人员的货币薪酬，其他形式的薪酬不在研究范围内。即公司支付高级管理人员的年度货币薪酬的列报数值代表了本书研究的高管薪酬，将在计算后应用到实证研究中。

3. 企业价值

较为经典的企业价值概念来自莫迪利安尼和米勒（Modigliani & Miller，1958）发表的《资本结构、公司财务与资本》中提出的 MM 理论，两位学者分析得出"在无税的情况下，公司价值与企业资本结构无关"的结论，且认为企业价值表现为企业的市场价值，即企业股票市值与债务市值之和。后续的国外企业价值的概念研究以现有股东收益、未来盈利能力、等同于股东价值为主要内容。企业价值研究引入我国的时间大约为 20 世纪 90 年代，从商品的货币交易度量，发展为股东财富最大化，再变化为市场对企业的接纳程度。目前的企业价值概念主要等同于财务指标综合计算后的结果，通常采用财务报告中的收益、成本等数值计算。

本章界定的企业价值是指企业的市场价值，即综合价值。对本章的研究主题分析可知，企业价值是作为质押行为的经济后果出现的，需要包括市场各方对价值的评判，而市场价值在盈利能力和市场反应等评判上恰有综合的表现。所以有必要选择综合的企业市场价值作为其概念。

企业价值的度量指标大多根据研究需要进行选择，目前来看，使用较多的企业市场价值指标主要是 Tobin Q 等，它们不易受到会计处理的影响，不易被调整或操纵，真实性较高，能反映企业当前盈利状况和预测未来收益情况。

根据以上分析，并参考有关控股股东股权质押与企业价值的文献，本章选择使用 Tobin Q 度量企业价值。

5.1.2　理论分析与研究假设

1. 控股股东股权质押对企业价值的影响分析

根据控制权私人收益理论，在融资约束下，企业的经营风险增大，控股股东一方面想改善企业经营状况继续持有来自企业的收益；另一方面又会担心经营风险给自己和企业带来严重损失。出于在最坏的情况下能够保障自己利益的动机，在中小股东和债权人难以获取公司的内部信息及无法对企业的经营状况有真实的了解所导致的信息不对称的"助力"下，控股股东就会产生一系列侵占中小股东和企业利益的道德风险行为。

在控股股东和管理层默认或协商需要改善市场投资者情绪的情况下，经过盈余管理或者违规操作的报表信息就会传递给中小股东、投资者和债权人，有限理性可能让其误以为企业的经营状况良好，进而对企业进行投资。在股价较为稳定的情况下，债权人也不能抛售被控股股东质押的股票，控股股东就可以顺利规避控制权转移的风险。

但这一时的积极投资者情绪可能并不会让控股股东停止侵占行为，反而让控股股东有了更多的利益侵占空间。股权质押的期限虽是双方协定的结果，但一般情况下不会太长，只要在赎回质押股票前，股价不下跌到平仓线就不会对控股股东的控制权有影响。如果经营状况不佳，控股股东可能会在此期间进行关联交易等行为，转移企业资产，加大侵占中小股东利益的程度，然后通常会以发放非现金股利的方式掩盖企业运营不佳的事实。一旦中小股东发现自身利益无法保障，就会在二级市场抛售股票，尤其是我国的中小股东大多没有参与公司决策会议，只能"用脚投票"来保障自身利益，公司的股价就会大幅下跌。而企业价值与公司股价同向变动，这一系列的操作终将导致企业价值下降。

97

当控股股东股权质押后，质押部分的股权为控股股东套取大量现金，相当于控股股东注入企业的资本减少，同时也拥有了不对等的企业控制权，导致了控股股东控制权和现金流权的分离。当质押比例较小时，两权分离程度不大，控股股东的融资需求可能并不急迫，发生道德风险的可能性较低，而且如果是投向企业，还会增加研发投入资金，增加企业投资项目，期望能够进一步改善企业的经营状况，但同时也提高了企业的经营风险。

反观，当质押比例较大时，控股股东首先要警惕的就是补仓和平仓风险，这让本就处于财务困境的控股股东面临更大的财务压力。控股股东的财务来源主要包括三个方面：企业的分红、二级市场抛售股票获取的溢价以及掏空企业和侵占中小股东利益。由于获取高额分红、抛售非限售股票获取溢价都需要控股股东付出较多的精力和时间来提升企业价值，而且能否够成功达到提升企业价值的目的也未知，所以通常控股股东会在这种情况下选择掏空企业和侵占中小股东的利益，这种不劳而获的快捷方式能够极大缓解控股股东面临的控制权转移的压力。控股股东对企业的掏空行为会引发企业价值的下降（郑国坚等，2014）。

控股股东持有股票规模较大，高比例股权质押如果发生补仓和平仓，控股股东可能无力支付。这使企业的风险承担能力发生下降，导致控股股东会倾向于做出短视的决策，一般会选择扩充金融资产，而不愿意投资耗时长的高回报项目，最终引起企业资产结构的变化，不利于企业正常业务的发展和企业价值的提高。如果金融资产收益不理想，质押的股权发生平仓，企业的经营决策权就会更换控制人，严重影响企业的发展战略规划，导致企业价值降低。

因此，提出本章的假设1。

H1：控股股东股权质押会对企业价值产生负面影响，即质押比例越高，企业价值越低。

2. 高管薪酬的调节作用分析

高管薪酬是公司治理中的一个重要内容，设立一个相对合理的薪酬契约是反映公司治理有效的重要指标。以下（1）条、（2）条从改变控股股东动机分析高管薪酬的调节作用；（3）条从控股股东产生恶意动机后分析高管薪酬的调节作用。

（1）基于管理层权力和信息不对称的分析。

在控股股东股权质押期间，为了稳定或提振股价达到降低平仓风险的目的（为了避免控制权转移），控股股东通常会采取盈余管理操纵信息披露、税收规避、资本运作、推出"高送转"股利分配方案等手段。

而这些维持股价的方式离不开高管的操作和协助。货币薪酬越高，说明高管在企业乃至行业内的地位越高，为了维护声誉，高管越有动机采取以上方式维持股价。一般情况下，为保障企业和股东的短期收益，高管薪酬契约的考核大多以会计盈余指标为主，本意是激励高管专注工作。但这种会计盈余指标易被人为操控，在高管认为难以达到目标薪酬的盈余要求时，粉饰各会计科目来保证指标达到个人薪酬需求是基本操作。根据管理层权力理论，权力增加，高管更易在薪酬契约制定上与董事会抗衡，引导董事会选择有利于自身利益的考核指标。同时，根据信息不对称理论，高管掌握的信息一般多于股东和内部监管人员，能够降低被发现操控考核指标的概率，获取高管期望水平的薪酬。鉴于高管采取的会计盈余等操作从报表上能向资本市场传递利好信号，抬高股价。但这种方式并不会改善企业的真实经营状况，相反，控股股东很可能因为身处公司内部，比外部投资者提前得知企业经营状况的相关信息，可能做出为保障自身利益放弃企业价值最大化的决定，从而加大了控股股东股权质押给企业价值带来的负面影响。

（2）基于高管寻租和薪酬黏性的分析。

虽然高管薪酬契约可以因其激励作用显著降低公司的代理成本，但也不能完全消减代理成本，而未能消减的代理成本可能是高管权力寻租导致的。莫克（Morck，1988）、詹森（Jensen，1993）的研究证实了这一猜想。根据寻租理论，高水平货币薪酬可能是高管利用权力影响了契约的设置，这种权力影响使薪酬体系不够合理，激励作用也无法更有效率地发挥，使企业生产成本增加，权力让高管认为提高薪酬水平可以不用付出更多努力就可获得，这种不劳而获的心态会增加高管的在职消费，也会让高管低估企业投资中的风险，造成大量投资没有回报甚至有所亏损，且没有冒险精神的高管，在激烈的市场竞争中无法让企业成长，甚至可能会导致企业被市场淘汰。所以为了激励高管，他们的薪酬一般具有黏性（公司业绩上升时增加的薪酬绝对值，大于业绩下降时减少的薪酬绝对值）。这种"重奖轻罚"对本就处于财务困境的企业非常不利，一旦投资效率较低或为负，企业可能就无法偿还债务和继续正常经营。

高管寻租和薪酬黏性不仅不会减少代理成本，反而会使其增加，降低了企业有限资金的使用效率，提高了企业的运营成本，同时降低了控股股东未来解除质押的可能性，使控股股东的质押动机倾向于损害中小股东和公司的利益以求保护自身利益，导致控股股东股权质押对企业价值的负面影响进一步加大。

（3）基于控股股东合谋原动机的分析。

在控股股东决定为了利益对企业实施掏空的阶段，高管的配合显得尤为重要。作为企业经营活动的管理者，他们最为了解企业内部的生产、收益信息，熟悉且能够利用内部控制缺陷为自己和他人谋利。并且，根据《中华人民共和国公司法》相关规定描述可知，一旦发现股东或高管侵害了公司利益，公司有理由追讨损失的财产。控股股东为了尽可能地避免被发现侵占公司利益的行为，与高管合谋是必要的。那么，高管参与合谋而增加的风险，需要控股股东以其他方式进行补偿，最可能的方式就是提高高管的薪酬水平。也就是说，在控股股东存在股权质押的情况下，较高的高管薪酬可能是控股股东与高管达成合谋的标志。一旦合谋达成，企业内部的监管作用无法有效发挥，更加便利了控股股东掏空企业，导致其对企业价值产生负面影响。

因此，提出本章的假设2。

H2：高管薪酬水平越高，控股股东股权质押比例对企业价值的负面影响越大。

3. 产权异质性分析

一般情况下，国有企业比非国有企业更具融资优势。国有企业通常会受到政府更多的关注和支持，资金有足够的保障，这种政治关联也使其更容易从银行等其他的金融机构融得资金，加上国有企业股票股权质押后有诸多限制，如质押获取资金专事专用、无力偿债也不可将股票直接过户等，所以股权质押在一般情况下不会成为国有企业控股股东的融资选择方案。而非国有企业融资约束较大、融资渠道受限，其他大部分的融资方式审批严格、手续较多，所以，股权质押容易成为非国有企业控股股东融资方案的优先选择项。

不仅如此，由于产权性质不同，上市公司的控股股东也存在一定差异，国有企业的通常为非自然人，包括国家等主体，而非国有企业的一般为自然人。这就导致了国有企业控股股东股权质押考虑的一般是整个企业的利益，非国有企业的控股股东股权质押会优先考虑个人的利益。随后他们对企业运营活动的干预程度也有区别，在企业整体利益为先的情况下，国有企业控股股东可能只是补充项目资金，一般不会干预企业运营活动，但非国有企业控股股东会为了自身利益过多干预企业运营活动。在两种不同的企业内部环境下，高管薪酬发挥的调节作用效果可能也不同。通常认为，相比于国有企业，高管薪酬在非国有企业控股股东股权质押比例对企业价值的影响中发挥更大的调节作用。

（1）基于高管产生机制的调节差异性分析。国有企业的高管多数由国资委委派。在入职前，高管不仅需要具备专业的管理知识和技术，还要进行个人政治素质等的严格考核。这是因为国有企业不仅需要保障企业员工的收入，还需要对社会、生态承担一定的责任，为政府、国家创造收益，所以需要综合素质过硬的高管来引领企业发展。而非国有企业通常对高管个人条件的要求较为宽松，高管入职前是一个双向选择的过程，信息不对称导致逆向选择的可能性较高，最终导致非国有企业难以挑选出合适职位且有责任心和道德意识的高管人才，大大增加了高管受利益影响而与控股股东合谋的可能性。

在任职期间，国有企业的高管受到控股股东的影响较小，这是因为国有企业的控股股东通常为非自然人，不会过多干预高管对企业的日常管理。非国有企业恰恰相反，它的控股股东多为自然人，能够直接参与公司经营活动，影响企业目标和高管决策。并且，根据《中华人民共和国企业国有资产法》第七十一条规定可知，不管是否已经离职，如果负责人造成国有资产损失，不仅要进行赔偿，还会被给予处罚，这里的负责人包括国有企业高管等。受到严格的追责、审查制度和控股股东性质的影响，即使控股股东发生股权质押，高管不愿意也没有机会与控股股东合谋侵占企业利益。

（2）基于高管薪酬设置方式的调节差异性分析。

虽然两种不同产权性质的企业都设有薪酬上限，但国有企业的相关薪酬数量规定更严格。为了缩小国有企业内部薪酬差距，激发普通员工工作积极性，也保证高管的权力与责任相匹配，国有企业高管薪酬以企业职工的平均收入作为基数，乘上客观考核指标系数决定，且不能超过企业职工的一定倍数。这导致了国有企业的高管薪酬波动较小，激励作用也较小。同时国有企业的高管薪酬只是激励高管方式的一种，更具吸引力的激励方式还是国有企业的职位晋升激励，所以，国有企业的高管常常对自身货币薪酬不够敏感，也无意于合谋侵占企业利益。

非国有企业中，高管薪酬不仅取决于当期业绩，还可以由高管与董事会谈判决定，一定程度上激励了高管，较大程度地体现了高管在企业中的权力和在企业运作中发挥作用的大小。在控股股东股权质押发生后，非国有企业高管薪酬的波动也一定会大于国有企业，造成高管在日常经营中的管理行为的变动也会较大，很可能为了从控股股东手中"分一杯羹"利用手中的权力，为控股股东掏空企业提供方便，最终加剧控股股东股权质押对企业价值的负面影响。

因此，提出本章的假设 3。

H3：在其他条件一定的情况下，非国有企业比国有企业的高管薪酬发挥的调节作用更加显著。

4. 小结

本小节主要从控股股东掏空企业动机出发，分析控股股东股权质押对企业价值的负面影响；并引入高管薪酬，推论其如何影响控股股东动机、如何给予控股股东掏空行为以一定的便利，最终导致控股股东股权质押对企业价值的负面影响加剧。接着从产权性质分析国有企业的高管薪酬难以促使高管与控股股东合谋，因此也很难在控股股东股权质押和企业价值的关系中具有调节作用，而民营企业的高管薪酬恰恰具备了达成合谋的条件，因而能显现高管薪酬的调节作用。

5.1.3 实证设计

1. 样本选择与数据来源

由于 2013 年中证登与两大证券交易所针对上市公司的股权质押，联合颁布了《股票质押式回购交易及登记结算业务办法》，这一类融资方式在上市公司中开始活跃。因此，本部分以 2013 年以来能收集的完整年份、发生过控股股东股权质押的上市公司数据为研究样本，即以 2013 ~ 2021 年中国沪深 A 股发生过控股股东股权质押的上市公司为研究样本，构建非平衡面板数据进行实证研究。

为保证研究的严谨性，对样本数据做了如下处理。

（1）剔除 ST、*ST 和 PT 的公司样本。该类公司财务状况连续几年不理想，与其他上市公司区别较大，对实证结果的准确性可能产生一定影响，故予以剔除。（2）剔除上市不足一年的公司样本。该类公司上市年限太短，数据参考意义不大，故予以剔除。（3）剔除金融业公司样本。该类公司多为负债经营，与一般上市公司经营方式区别较大，故予以剔除。（4）剔除变量数据缺失的样本。该类样本会使回归结果偏离真实值，故予以剔除。（5）剔除资产负债率大于 1 的样本。该类样本资本结构不合理，故予以剔除。

另外，为了保证实证结果不受极端值的影响，采取对所有连续型变量进行上下 1% 的 Winsorize 缩尾处理。通过以上数据筛选过程，共计获得 9309 个样本观测值。

本部分的数据全部来源于 CSMAR 数据库，实证部分所有数据均采用 Stata 16.0 和 Excel 处理。

2. 变量选取

（1）被解释变量。选择使用 Tobin Q 度量企业价值。为保证数据的可得性，计算中的重置成本用总资产账面价值替代，非流通股市值用流通股股价代替计算。

即：

$$TQ = \frac{\text{市场价值}}{\text{重置成本}} = \frac{\text{流通股股数} \times \text{股价} + \text{非流通股} \times \text{非流通股市值} + \text{负债账面价值}}{\text{总资产}}$$

（2）解释变量。由于高管薪酬影响控股股东决定是否质押的可能性较小，调节的主要是控股股东发生质押后导致的经济后果这整个事件的影响程度，所以本章的控股股东股权质押主要针对控股股东股权质押比例。

控股股东股权质押比例的计算方法为：截至每年年末，上市公司控股股东处在质押状态的股数占其持有该上市公司总股数的比例。此处不使用上市公司总股数的原因在于：以控股股东持有股数作为对比标准，能更好地反映股权质押这种行为依附的持有者即控股股东的潜在动机和其股权质押的继发影响。

即：

$$Pledge - R = \frac{年末上市公司控股股东股权质押数量}{其年末持有的该上市公司总股份}$$

（3）调节变量。高管薪酬的度量指标，在国外大多采用 CEO 的薪酬，而国内学者使用较多的则是"董监高前三名薪酬总额""董事前三名薪酬总额"等。本章研究的关键社会对象为控股股东和高管，为了清晰地将二者剥离、减少行为的交集和摩擦，本章研究的高管仅包括高级管理人员（含董事中兼任的高管人员），不包括监事、其余董事，主要有（副）总经理、（副）总裁、CEO、董秘和年报上公布的其他管理人员。所以，在数据选取时，采用 CSMAR 披露的"高级管理人员前三名薪酬总额"的自然对数衡量高管薪酬（Pay）。

即：

$$Pay = \ln(高级管理人员前三名薪酬总额)$$

（4）控制变量。为提高模型的准确性与可靠性，参考各类期刊，本部分最终选取如下控制变量，具体为：

①公司规模 $Size = \ln(年末总资产)$。学术界有大量研究证明，通常公司规模越大，企业的信誉越好，资金实力也更加强大，企业外部的债权人融资意愿相对较高，且公众关注度越高，信息更加透明，相对小型企业经营风险也较低，对企业价值一般为正面影响。

②资产负债率 $Lev = \frac{年末总负债}{年末总资产}$。从债权人角度来看，资产负债率能体现对债权人的利益保护程度。资产负债率越低，企业偿债能力越强，债权人与企业达成融资协议的可能性越高；从企业的角度来看，资产负债率能体现企业的财务风险。如果资产负债率过高，企业后期的偿债压力会较大，财务风险增加。该指标与企业价值一般为负相关。

③股权集中度 $Top1 = \frac{第一大股东持股股数}{该上市公司总股数}$。该比值越大，第一大股东越倾向于积极参与企业经营活动，公司的决策效率提高。但同时由于权力过大，第一大股东可能因专断独裁而出现决策失误，或者利用权力做出符合自身利益的决策。该变量对企业价值的影响视具体情况而定。

④股权制衡度 $Top2 \sim 10 = \frac{第二～第十大股东持股股数}{该上市公司总股数}$。该比值越

大，大股东之间的监督效应越明显，大股东对企业利益侵害也能得到明显遏制。但同时因为决策效率的下降，企业对市场机遇的反应速度变慢，影响公司运营发展。与股权集中度相似，该变量对企业价值的影响视具体情况而定。

⑤公司成长性 Growth = $\dfrac{\text{本年资产增加额}}{\text{年初资产总额}}$。该比率能够体现企业当年的资产增长情况，帮助评价企业是否能够持续发展，一般来说数值不超过 15%。在合适比率范围内，比率越高，说明本年内企业的成长速度越快，易被投资者看好而获得下一年度的投资，引起股价增长，提升企业价值。

⑥总资产周转率 Turn = $\dfrac{\text{营业收入净额}}{\text{平均资产总额}}$。该指标能够评价企业的经营能力。该比率较高时，说明企业销售状况良好，回收资金较快，资产运用效率较高，能够有效促进企业价值的提升。如果企业该比率较低，可以采用出售闲置资产等方式，提高资产使用效率，从而达到让总资产周转率增长的目的。

⑦现金占总资产比率 Cash = $\dfrac{\text{现金及现金等价物余额}}{\text{期末总资产}}$。该变量用于评价企业应对风险的能力，该比率一般不宜小于 10%。当市场融资环境较为紧张时，现金占总资产比率低的企业可能无法度过资金短缺阶段，因为企业的资产变现需要一定的时间，这可能导致不能及时补充企业流动性货币导致资金链断裂，引起企业经营困难和企业价值下降。

⑧独立董事比例 Indep = $\dfrac{\text{独立董事人数}}{\text{董事会人数}}$。该指标用于评价公司内部治理情况，按照法律规定应当不低于 1/3。企业聘请独立董事的本意是期望他们能够对公司治理提出有价值的建议，投资者也希望能通过他们维护自己的利益，但国内的独立董事一般对任职企业接触较少，能了解的企业信息有限，很难提出针对性意见。但即使存在这些缺点，独立董事比例仍然能在一定程度上发挥治理效用，对企业价值产生积极影响。

⑨董事长与总经理兼任情况 Dual。该变量为虚拟变量，适用于评价公司治理状况。在公司初创期，董事长与总经理兼任有助于降低公司运营成本，决策效率也更高。当企业规模扩张到较大程度，兼任可能不再适合企业进一步发展；相反，两职分离下的董事长可以专注制定更合理

的企业战略，并与总经理相互制约和成长，推动企业价值的提升。

⑩产权性质 State。为了进一步地检验高管薪酬的调节作用，本部分选取产权性质（State）为分组变量，进行异质性分析。分析时，样本中的上市公司将被分为两类：国有企业与非国有企业。该变量为虚拟变量，当上市公司为国有属性时，取值为1；当上市公司为非国有属性时，取值为0。

⑪年度虚拟变量 Year。为了控制宏观经济运行状况，模型加入该变量，控制时间效应。

表5-1列示了本章节实证研究的相关变量及其定义。

表5-1 变量选取及定义

变量类型	变量名称	变量符号	变量定义
被解释变量	企业价值	TQ	市场价值/重置成本
解释变量	控股股东股权质押比例	Pledge-R	每年年末控股股东股权累计质押数占持有股数的比例值
调节变量	高管薪酬	Pay	"前三名高级管理人员薪酬之和"的自然对数
分组变量	产权性质	State	若为国企，则为1，否则为0
控制变量	公司规模	Size	资产总额的自然对数
	资产负债率	Lev	年末负债比上资产总额
	股权集中度	Top1	第一大股东持股数占总股数的比值
	股权制衡度	Top2~10	第二~第十大股东合计持股数占总股数的比值
	公司成长性	Growth	本年资产增加额/年初资本总额
	总资产周转率	Turn	营业收入净额/平均资产总额
	现金占总资产比率	Cash	期末现金及现金等价物余额/期末总资产
	独立董事比例	Indep	独立董事占董事会人数比例
	董事长与总经理兼任情况	Dual	若兼任则为1，否则为0
	年度效应	Year	年度虚拟变量

3. 模型建立

为检验上一节结合理论和现实分析提出的三个假设，本部分构建了以下两个模型。在各个模型中，i、t 分别代表上市公司个体和所处的年份，放在具体变量中代表第 i 家企业在 t 年末的该变量数值；ε 代表回归残差项。

$$TQ = \beta_0 + \beta_1 Pledge-R_{i,t} + \beta_2 Size_{i,t} + \beta_3 Lev_{i,t} + \beta_4 Top1_{i,t}$$
$$+ \beta_5 Top2-10_{i,t} + \beta_6 Growth_{i,t} + \beta_7 Turn_{i,t} + \beta_8 Cash_{i,t}$$
$$+ \beta_9 Indep_{i,t} + \beta_{10} Dual_{i,t} + \sum Year + \varepsilon \qquad (5.1)$$

对控股股东股权质押比例与企业价值进行回归检验假设 1，并控制年度效应，构建模型（5.1），即：

如果控股股东股权质押比例（Pledge－R）的系数小于 0 且显著，即两者负相关，那么假设 1 得以成立。

针对假设 2，以模型（5.1）为基础，加入高管薪酬（Pay）以及它与股权质押比例的交互项（Pledge－R×Pay），构建模型（5.2），即：

$$TQ = \beta_0 + \beta_1 Pledge-R_{i,t} + \beta_2 Pay_{i,t} + \beta_3 Pledge-R_{i,t} \times Pay_{i,t} + \beta_4 Size_{i,t}$$
$$+ \beta_5 Lev_{i,t} + \beta_6 Top1_{i,t} + \beta_7 Top2-10_{i,t} + \beta_8 Growth_{i,t} + \beta_9 Turn_{i,t}$$
$$+ \beta_{10} Cash_{i,t} + \beta_{11} Indep_{i,t} + \beta_{12} Dual_{i,t} + \sum Year + \varepsilon \qquad (5.2)$$

其中，交互项（Pledge－R×Pay）的系数符号如果与解释变量系数符号相同，则为促进作用，反之为抑制作用；系数绝对值可以解释为高管薪酬对假设 1 中解释变量与被解释变量关系改变程度的大小。如果交互项（Pledge－R×Pay）的系数显著为负，同时股权质押比例（Pledge－R）的系数符号也仍旧为负号，那么假设 2 得以成立。

假设 3 是在模型（5.2）的基础上，继续加入产权性质，该变量用于将总样本分为两组：国有企业和非国有企业，因模型基本无差别，此处不再赘述。

4. 小结

本小节首先对实证研究所采用的 9309 个有效样本的来源和筛选过程进行了较为详细的描述；其次，为了构建合适的模型，根据相关文献筛选出 10 个控制变量，并对其计算方式和含义进行了阐述；最后，采用个体时间双向固定效应构建出模型（5.1）和模型（5.2），模型

（5.1）用于检验假设 1，模型（5.2）用于检验假设 2 和假设 3。

5.1.4 实证结果分析

1. 描述性统计

本部分实证检验所选取数据的描述性统计结果如表 5 - 2 所示。

表 5 - 2　　　　　　　　描述性统计

变量	N	mean	sd	min	P25	P50	P75	max
TQ	9309	2.493	1.746	0.846	1.354	1.933	2.988	10.36
Pledge - R	9309	0.391	0.357	0	0	0.350	0.695	1
Pay	9309	14.44	0.720	12.85	13.95	14.40	14.89	16.53
Size	9309	22.29	1.162	20.11	21.46	22.15	22.95	25.71
Lev	9309	0.418	0.198	0.0510	0.260	0.412	0.568	0.859
Cash	9309	0.141	0.106	0.0110	0.0670	0.111	0.181	0.544
Top1	9309	31.50	13.61	8.200	20.96	29.48	40.33	68.87
Top2 ~ 10	9309	23.89	11.81	2.810	14.82	23.16	32.19	52.65
Growth	9309	0.168	0.383	− 0.540	− 0.0260	0.108	0.269	2.258
Turn	9309	0.585	0.391	0.0810	0.330	0.498	0.724	2.359
Indep	9309	0.378	0.0570	0	0.333	0.364	0.429	0.750
Dual	9309	0.299	0.458	0	0	0	1	1
State	9309	0.191	0.393	0	0	0	0	1

表 5 - 2 列示了各变量的描述性统计，其中被解释变量 Tobin Q（TQ）的最小值为 0.846，上四分位的企业价值仅为 2.988，最大值为 10.36，受极大值影响，均值大于中位数，为 2.493，说明上市公司之间的企业价值存在明显差异。

根据控股股东股权质押比例（Pledge - R）这个解释变量的下四分

位为 0、中位数为 35.0%、上四分位为 69.5%、最大值为 100%，且均值 39.1% 与中位数相近，可以大致判断出各累计质押不为 0 的样本中，控股股东质押比例整体分布较为对称。

调节变量高管薪酬（Pay）最小值为 12.85，最大值为 16.53，因为此数值为前三名高管薪酬取对数，可以说明我国的上市公司高管薪酬水平差别较大，而平均值 14.44 与中位数 14.40 相离较近，证明样本的薪酬水平分布较为均匀。

在控制变量中，公司规模（Size）分布在 20.11 ~ 25.71，公司规模大小不一。上市公司资产负债率（Lev）均值约为 41.8%，说明大部分企业偏好负债经营，但各自的业务特征不同，公司选择资本结构也会产生较大差异。现金占总资产比率（Cash）均值为 14.1%，一半的企业该值大于 11.1%，说明样本中有一半以上的企业应对财务风险的能力较强。股权集中度（Top1）和制衡度（Top2 ~ 10）表明了各企业的内部治理结构有所不同。公司的成长性（Growth）也显示出较大差异，总资产增长率从最小的 -54% 到最大的 225.8%，表现出公司在不同行业和不同发展阶段中成长情况有很大差别。总资产周转率（Turn）从 8.1% ~ 235.9%，说明各企业的销售状况存在较大差距。独立董事比例（Indep）均值为 0.378，说明大部分企业的独立董事人数不少于董事会人数的 1/3，符合相关法律规定要求。董事长与总经理兼任（Dual）的样本比率为 29.9%，大部分的上市公司还是选择了更为稳妥的两职分离。虚拟变量企业产权性质（State）的平均值为 0.191，说明样本中发生过控股股东股权质押的企业近 4/5 为非国有企业。

2. 相关性分析

为得知模型中各变量之间的相关性，并检验变量间是否存在多重共线性，本节使用 Stata 16.0 对这些变量（除年度虚拟变量外）进行 Pearson 相关性检验，结果如表 5 - 3 所示。

表中数据显示，控股股东股权质押比例（Pledge - R）与企业价值（TQ）的相关系数在 1% 的水平上显著负相关，说明控股股东的质押比例越高，企业价值越可能呈下降趋势，控股股东高比例质押行为应当受到投资者和质权人的谨慎对待，尽早发现风险、及时应对风险。

相关性分析

表 5－3

变量	TQ	ROA	Pledge－R	Pay	Size	Lev	Cash	Top1	Top2～10	Growth	Turn	Indep	Dual
TQ	1												
ROA	0.293 ***	1											
Pledge－R	－0.060 ***	－0.090 ***	1										
Pay	－0.137 ***	0.116 ***	－0.009	1									
Size	－0.457 ***	0.015	0.041 ***	0.495 ***	1								
Lev	－0.412 ***	－0.282 ***	0.117 ***	0.196 ***	0.585 ***	1							
Cash	0.307 ***	0.242 ***	－0.099 ***	－0.013	－0.239 ***	－0.400 ***	1						
Top1	0.028 ***	0.139 ***	－0.070 ***	－0.098 ***	0.111 ***	0.079 ***	0.032 ***	1					
Top2～10	0.090 ***	0.067 ***	0.009	0.117 ***	0.008	－0.116 ***	0.065 ***	－0.377 ***	1				
Growth	0.113 ***	0.255 ***	0.065 ***	0.023 **	0.055 ***	0.011	0.01	0.019 *	0.138 ***	1			
Turn	－0.054 ***	0.113 ***	－0.072 ***	0.104 ***	0.042 ***	0.140 ***	－0.025 **	0.064 ***	－0.002	0.073 ***	1		
Indep	0.090 ***	－0.003	－0.014	－0.025	－0.054 ***	－0.047 ***	0.046 ***	0.045 ***	－0.021 **	0.002	－0.041 ***	1	
Dual	0.136 ***	0.029 ***	0.036 ***	0.023 *	－0.138 ***	－0.086 ***	0.044 **	0.005	0.021 **	0.034 ***	－0.033 ***	0.102 ***	1

注：*、**、*** 分别表示在10%、5%和1%的水平上显著，后面各表含义相同。

高管薪酬（Pay）与企业价值（TQ）的相关性系数为负数，在1%的水平上显著。现金占总资产比率（Cash）、股权集中度（Top1）、股权制衡度（Top2~10）、企业成长性（Growth）、独立董事比例（Indep）与企业价值（TQ）在1%的水平上显著正相关，资产负债率（Lev）显示与其的相关性在1%的水平上显著为负，符合前面变量选取中分析的预期。同时董事长与总经理兼任（Dual）与企业价值（TQ）在1%的水平上显著正相关，企业规模（Size）、总资产周转率（Turn）与其在1%的水平上显著负相关。

以上所有变量间的相关系数的绝对值最大为0.585，低于可能存在严重共线的经验判断数值0.6，因此本章采用多元线性回归分析检验假设的方法较为合理。

3. 实证结果分析

（1）控股股东股权质押对企业价值影响的检验。使用模型（5.1）检验假设1，回归结果如表5-4所示。

表5-4　　　　　　　　　模型（5.1）回归结果

变量	TQ
Pledge - R	-0.134 *** （-2.65）
Growth	0.172 *** （4.43）
Turn	0.476 *** （4.01）
Lev	-0.406 ** （-2.08）
Size	-0.672 *** （-9.85）
Top1	0.021 *** （5.51）

变量	TQ
Top2 ~ 10	0. 026 *** (9. 63)
Cash	1. 228 *** (4. 97)
Indep	0. 583 (1. 30)
Dual	− 0. 031 (− 0. 60)
Constant	15. 120 *** (9. 79)
Code	控制
Year	控制
Observations	9309
R^2_a	0. 415
F	142. 9

表 5 - 4 中的回归结果显示,上市公司控股股东股权质押比率
(Pledge - R) 与企业价值 (TQ) 的相关系数为负数,体现股权质押对
企业价值的负向影响;系数值为 - 0. 134,即股权质押比例每提高 1%,
上市公司的企业价值就会下降 0. 134%。表明的质押比例越高,对企业
价值的负面影响程度更大,控股股东很可能在质押后做出有损企业价值
的行为,利用控制权侵占、转移企业资源。验证了假设 1,即控股股东
股权质押会负向影响企业价值,质押比例与企业价值呈负相关关系。

控制变量中,公司规模 (Size) 与企业价值在 1% 的水平上显著负
相关,可能是因为公司较大规模是盲目扩张的结果,企业乐观预判了扩
张后的经营状况,从而导致企业价值的下降;资产负债率 (Lev) 与企
业价值在 1% 的水平上显著负相关,表明企业的资产负债率越高,越不
利于企业价值的提升,这可能是企业投资决策、资本结构暗含问题的体
现;总资产增长率 (Growth) 与企业价值在 1% 的水平上显著正相关,

表明企业的扩张速度越快，企业价值就会呈增长趋势；总资产周转率（Turn）与企业价值在 1% 的水平上显著为正，表明企业的投资效益越高，销售能力越强，资金回转越快，企业价值越可能增加。第一大股东（Top1）、第二~第十大股东持股比例（Top2~10）也与企业价值在 1% 的水平上正相关，说明股权集中确实有效避免了决策的争议，提升决策的效率，帮助企业把握市场机会，同时股权制衡也发挥了对大股东的监管作用，但是这里无法判断出两者比值大小的优劣，即比率越大对企业价值更有利的是股权集中还是股权制衡无法确定。公司持有的现金比例（Cash）同样也在 1% 的水平上显著为正，表明在合理现金持有水平内，公司持有现金越多，越能应对紧急风险，提升企业价值。此外，独立董事比率（Indep）与企业价值系数为正，表明独立董事越多，能提高内部控制的有效性，控制代理成本，提高企业价值。两职合一（Dual）与企业价值系数为负，表明董事长和总经理为同一人时，权力过大，并没有很好地起到治理作用，反而容易产生代理问题，从而导致企业价值降低。这两者在统计上均不显著，但数据符号与经验相符。

（2）高管薪酬的调节作用检验。为研究高管薪酬是否在上一小节的两者关系中发挥了调节作用，这里使用加入高管薪酬（Pay）及其与控股股东质押比例的交互项（Pledge - R × Pay）的模型（5.2）检验假设 2，回归结果如表 5 - 5 所示。

表 5 - 5　　　　　　　　　　模型（5.2）回归结果

变量	TQ
Pledge - R	-0.135 *** (-2.67)
Pledge - R × Pay	-0.148 ** (-2.03)
Pay	0.133 ** (2.56)
Growth	0.176 *** (4.50)

变量	TQ
Turn	0. 438 *** (3. 65)
Lev	− 0. 383 * (− 1. 95)
Size	− 0. 712 *** (− 10. 78)
Top1	0. 021 *** (5. 52)
Top2 ~ 10	0. 026 *** (9. 61)
Cash	1. 213 *** (4. 95)
Indep	0. 599 (1. 34)
Dual	− 0. 036 (− 0. 69)
Constant	14. 151 *** (8. 77)
Code	控制
Year	控制
Observations	9309
R^2_a	0. 417
F	127. 4

表 5 – 5 结果显示，加入调节变量高管薪酬及其与控股股东股权质押的交互项后，控股股东股权质押比例（Pledge – R）的回归系数为 − 0. 135，通过了 1% 的水平上的显著性检验，高管薪酬与控股股东股权质押比例的交互项（Pledge – R × Pay）与企业价值呈负相关，且在 5% 的水平上显著，表明高水平的高管薪酬没有增加企业的治理效果，反

而增强了控股股东股权质押比例对企业价值的损害，即高管薪酬较高的情况下，控股股东股权质押对企业价值的负面影响会变大，验证了假设2。

高管薪酬调节作用仅在5%的水平上显著，可能与企业战略、企业所处的生命周期等影响因素相关。

如果企业采用产品差异化等激进型战略，为了实现战略目标，会与高管签订高水平薪酬合约，在这种情况下，高管出于自身各方面利益的考虑，与控股股东合谋侵占企业利益的可能性较小。因为完成企业战略目标，高管不仅会获得更多的奖励，也会提升自己在行业内的知名度，能够拥有更好的事业发展机会，而与控股股东合谋，高管获取的利益一定不会多于控股股东，并且被发现侵占企业利益，不仅会被要求赔偿企业损失，还会影响高管声誉和未来职业发展，得不偿失。在此情景下，高管薪酬可能不会加剧这种负向影响。

企业如果处于生命周期中的衰退期，那么企业价值下降会成为必然趋势，控股股东自然有动机侵占企业利益、转移资产到其他可获得更多红利的企业。高管薪酬越高，可能高管的权力也越大，对控股股东行为动机和企业财务信息也更为了解。处于衰退期的上市公司，极有可能被恶意并购，控股股东、高管为自身利益考虑，会达成统一战线选择合谋掏空企业，尽可能让自己有脱离企业能继续发展的机会，且发生恶意并购后追责的可能性不高。所以，处于衰退期的企业，高管薪酬对两者关系的调节作用可能存在。

综合考虑，可能有企业的高管薪酬并不发挥调节作用，最终导致高管薪酬的调节作用在5%的水平上显著，没有达到在1%的水平上显著的预期。

（3）产权异质性检验。经过回归系数的差异性检验，如表5-6所示，被解释变量和交互项的分组差异均显著，可以进行分组分析。在模型（5.2）的基础上，分成国有与非国有两组检验假设3，回归结果如表5-7所示。

表5-6　　　　　　　　　　似无相关检验

[a_mean] cx_Pld − [b_mean] cx_Pld = 0	[a_mean] cx_interact − [b_mean] cx_interact = 0
chi2（1）= 13.78	chi2（1）= 5.31
Prob > chi2 = 0.0002	Prob > chi2 = 0.0212

表 5 − 7 模型（5.2）产权性质分组结果

变量	国企		非国企	
	TQ	TQ	TQ	TQ
Pledge − R	0. 146 (1. 42)	0. 147 (1. 44)	− 0. 182 *** (− 3. 20)	− 0. 188 *** (− 3. 28)
Pledge − R × Pay		− 0. 012 (− 0. 08)		− 0. 169 ** (− 1. 99)
Pay		0. 078 (0. 77)		0. 145 ** (2. 39)
Growth	− 0. 119 (− 1. 28)	− 0. 119 (− 1. 27)	0. 185 *** (4. 35)	0. 190 *** (4. 42)
Turn	0. 346 ** (2. 08)	0. 336 ** (2. 04)	0. 473 *** (3. 47)	0. 431 *** (3. 11)
Lev	− 0. 399 (− 0. 78)	− 0. 371 (− 0. 72)	− 0. 294 (− 1. 40)	− 0. 268 (− 1. 27)
Size	− 0. 371 *** (− 2. 83)	− 0. 390 *** (− 2. 83)	− 0. 714 *** (− 9. 13)	− 0. 757 *** (− 10. 20)
Top1	0. 005 (0. 84)	0. 005 (0. 95)	0. 020 *** (4. 39)	0. 020 *** (4. 38)
Top2 ~ 10	0. 009 ** (2. 05)	0. 010 ** (2. 10)	0. 029 *** (8. 86)	0. 029 *** (8. 91)
Cash	0. 688 (1. 52)	0. 684 (1. 52)	1. 315 *** (4. 74)	1. 303 *** (4. 74)
Indep	0. 180 (0. 39)	0. 204 (0. 45)	0. 451 (0. 76)	0. 461 (0. 79)
Dual	− 0. 007 (− 0. 07)	− 0. 008 (− 0. 08)	− 0. 045 (− 0. 77)	− 0. 051 (− 0. 89)
Constant	13. 939 *** (9. 60)	12. 955 *** (8. 28)	13. 833 *** (12. 35)	12. 470 *** (10. 15)
Code	控制		控制	
Year	控制		控制	
Observations	1780	1780	7529	7529
R^2_a	0. 222	0. 222	0. 447	0. 448
F	15. 68	14. 36	135. 9	120. 8

将企业进行国有和非国有分类后，根据表5－7可以看出，国有企业的交互项系数为负且不显著，控股股东质押比例的系数为正，但不显著，此处系数符号的转变可能缘于国有企业发生控股股东质押的样本较少，以及国有企业质押管理更加严格等原因。非国有企业的解释变量的系数在1%的水平上显著，交互项系数在5%的水平上显著。数据表明，国有企业控股股东股权质押与企业价值不存在显著关系，高管薪酬的调节作用也未能发挥；非国有企业两者的负相关关系十分显著，为1%水平上显著，高管薪酬的调节作用也存在。两列数据对比，验证了假设3。

这反映了假设1中的两者负向影响关系，主要来自非国有企业的样本，同样，假设2的总样本中高管薪酬调节作用的发挥也依赖于非国有企业样本。分析可知，非国有企业因监管制度或内部控制不完善等问题的存在，使委托代理问题较为严重，高水平的高管薪酬更有可能是股权质押发起人和他所属上市公司的高管合谋产生侵占行为的表现，从而增强了假设1中的两者负相关关系。

4. 稳健性检验

为对上述结果进行稳健性检验，本小节采用以下三种方式：使用总资产收益率（ROA）替代被解释变量进行回归、滞后一期解释变量回归、使用工具变量法进行检验。

（1）替代变量检验。采用另外可代表企业价值的被解释变量进行回归。这里，采用总资产收益率（ROA）作为被解释变量进行回归检验，回归结果如表5－8和表5－9所示。

表5－8　　　　　替代变量检验模型（5.1）、模型（5.2）结果

变量	模型（5.1）	模型（5.2）
	ROA	ROA
Pledge－R	-0.466^{*} (-1.78)	-0.471^{*} (-1.80)
Pledge－R × Pay		-0.802^{**} (-2.50)
Pay		0.923^{***} (4.37)

变量	模型（5.1）	模型（5.2）
	ROA	ROA
Growth	3.343 *** （17.70）	3.371 *** （17.73）
Turn	2.686 *** （4.83）	2.426 *** （4.34）
Lev	−17.353 *** （−18.18）	−17.189 *** （−18.06）
Size	2.231 *** （8.93）	1.951 *** （7.76）
Top1	0.080 *** （4.92）	0.079 *** （4.89）
Top2~10	0.002 （0.15）	0.001 （0.08）
Cash	5.579 *** （5.94）	5.475 *** （5.89）
Indep	3.803 * （1.86）	3.928 * （1.93）
Dual	0.261 （1.17）	0.230 （1.03）
Constant	−44.430 *** （−8.04）	−51.205 *** （−8.92）
Code	控制	控制
Year	控制	控制
Observations	9309	9309
R^2_a	0.234	0.238
F	54.45	50.87

观察表 5 – 8 中的数据可得，控股股东股权质押比例对企业价值的影响为负向影响，控股股东股权质押比例（Pledge – R）在 10% 的水平上显著与总资产收益率（ROA）负相关，调节效应检验中，其与高管

薪酬的交互项（Pledge – R × Pay）在 5% 的水平上显著与总资产收益率（ROA）负相关。

表 5 – 9　　替代变量检验模型（5.2）产权性质分组结果

变量	国企		非国企	
	ROA	ROA	ROA	ROA
Pledge – R	2. 073 *** （3. 12）	2. 103 *** （3. 40）	– 0. 748 *** （ – 2. 58）	– 0. 777 *** （ – 2. 67）
Pledge – R × Pay		0. 896 （0. 94）		– 0. 933 *** （ – 2. 59）
Pay		2. 005 *** （5. 46）		0. 704 *** （2. 76）
Growth	1. 787 *** （6. 65）	1. 775 *** （6. 85）	3. 484 *** （16. 36）	3. 505 *** （16. 32）
Turn	2. 216 *** （2. 71）	2. 086 *** （2. 66）	2. 502 *** （3. 97）	2. 294 *** （3. 62）
Lev	– 13. 621 *** （ – 6. 15）	– 12. 805 *** （ – 6. 28）	– 17. 569 *** （ – 16. 73）	– 17. 442 *** （ – 16. 66）
Size	1. 159 ** （2. 33）	0. 755 （1. 55）	2. 409 *** （8. 48）	2. 199 *** （7. 64）
Top1	– 0. 004 （ – 0. 14）	0. 012 （0. 49）	0. 092 *** （4. 90）	0. 091 *** （4. 82）
Top2 ~ 10	– 0. 046 ** （ – 2. 00）	– 0. 040 * （ – 1. 87）	0. 010 （0. 69）	0. 010 （0. 68）
Cash	6. 804 *** （3. 01）	6. 676 *** （3. 05）	5. 241 *** （5. 08）	5. 185 *** （5. 06）
Indep	0. 459 （0. 18）	1. 067 （0. 41）	3. 170 （1. 26）	3. 210 （1. 29）
Dual	– 0. 459 （ – 1. 27）	– 0. 465 （ – 1. 29）	0. 319 （1. 28）	0. 286 （1. 15）

变量	国企		非国企	
	ROA	ROA	ROA	ROA
Constant	−19.611 ** （−2.03）	−42.252 *** （−4.02）	−52.328 *** （−9.11）	−59.408 *** （−9.69）
Code	控制		控制	
Year	控制		控制	
Observations	1780	1780	7529	7529
R^2_a	0.168	0.195	0.241	0.244
F	8.880	9.538	48.24	44.26

按照产权性质分组后的数据表 5 - 9 显示，控股股东股权质押比例（Pledge - R）和交互项（Pledge - R × Pay）在非国有企业样本中与总资产收益率（ROA）显著负相关。但国有企业质押比例与替换过的被解释表变量显著正相关，不过 F 值较小，说明国有企业中的这种显著的正相关关系并不具有很强的说服力。总体来说，回归结果与上一条的实证结果一致，说明模型具有一定的稳健性。

（2）内生性检验。

①滞后一期解释变量回归。为防止反向因果引起的内生性问题，即可能存在：企业财务状况不佳引起企业价值下降，控股股东急需资金注入上市公司选择了股权质押。采用滞后一期的解释变量替换原本的解释变量，进行回归，结果如表 5 - 10 和表 5 - 11 所示。

表 5 - 10　滞后一期解释变量检验模型（5.1）、模型（5.2）结果

变量	模型（5.1）	模型（5.2）
	TQ	TQ
L. Pledge - R	−0.144 ** （−2.51）	−0.136 ** （−2.32）
L. Pledge - R × Pay		−0.152 * （−1.89）

变量	模型（5.1）	模型（5.2）
	TQ	TQ
Pay		0.135 ** （2.37）
Growth	0.129 *** （2.93）	0.131 *** （2.97）
Turn	0.454 *** （3.13）	0.416 *** （2.85）
Lev	-0.636 *** （-2.85）	-0.617 *** （-2.75）
Size	-0.701 *** （-8.25）	-0.742 *** （-8.79）
Top1	0.025 *** （5.05）	0.025 *** （5.07）
Top2~10	0.029 *** （8.11）	0.029 *** （8.14）
Cash	1.264 *** （4.62）	1.251 *** （4.61）
Indep	0.674 （1.39）	0.716 （1.47）
Dual	-0.049 （-0.84）	-0.055 （-0.95）
Constant	16.043 *** （8.28）	-0.136 ** （-2.32）
Year	控制	控制
Code	控制	控制
Observations	7913	7913
R^2_a	0.439	0.440
F	139.0	123.1

由回归结果可得，控股股东股权质押比例在5%的水平上显著与企业价值负相关。加入交互项后，控股股东股权质押比例与企业价值同样在1%的水平上显著负相关，交互项系数为负，在10%和1%的水平上显著。

表5-11　滞后一期解释变量检验模型（5.2）产权性质分组结果

变量	国企		非国企	
	TQ	TQ	TQ	TQ
L. Pledge - R	0.240 (1.57)	0.255 (1.65)	-0.157 * (-1.85)	-0.146 * (-1.71)
L. Pledge - R × Pay		-0.319 ** (-2.01)		-0.242 * (-1.87)
Pay		-0.078 (-0.61)		0.196 * (1.87)
Growth	-0.044 (-0.92)	-0.045 (-0.94)	-0.002 *** (-5.46)	-0.002 *** (-5.43)
Turn	0.400 *** (2.67)	0.375 ** (2.59)	0.090 (0.26)	0.047 (0.14)
Lev	-0.757 (-0.99)	-0.772 (-1.01)	-0.215 (-0.60)	-0.196 (-0.55)
Size	-0.163 (-0.87)	-0.167 (-0.83)	-0.943 *** (-5.93)	-1.002 *** (-6.26)
Top1	0.001 (0.19)	0.001 (0.24)	0.027 *** (3.34)	0.027 *** (3.35)
Top2 ~ 10	0.006 (1.09)	0.005 (0.98)	0.043 *** (6.65)	0.043 *** (6.62)
Cash	0.743 (1.43)	0.743 (1.43)	1.462 *** (3.13)	1.444 *** (3.12)
Indep	0.859 (0.98)	0.875 (1.02)	1.144 (1.09)	1.204 (1.14)

变量	国企		非国企	
	TQ	TQ	TQ	TQ
Dual	−0.060 （−0.33）	−0.070 （−0.39）	−0.077 （−0.96）	−0.089 （−1.14）
Constant	8.198 ** （2.24）	8.273 ** （2.27）	18.308 *** （8.97）	16.969 *** （7.88）
Code	控制		控制	
Year	控制		控制	
Observations	1531	1531	6382	6382
R^2_a	0.163	0.165	0.367	0.369
F	15.92	14.15	110.8	97.16

在非国有企业样本中，控股股东股权质押行为和比例与企业价值分别在 5% 和 1% 的水平上显著负相关；在国有企业样本中，控股股东股权质押及交互项均不显著。这与前面的结论一致，说明模型具有稳健性。

②使用工具变量检验。由于存在遗漏某些重要影响因素的可能性，在参考其他学者的研究方法后，本章采用工具变量法，并选择工具变量为各年度的行业平均控股股东股权质押率（Ind‑Pledge），并使用两阶段回归缓解该内生性问题。选择该变量的原因是：它剔除了各样本自身的质押率，保证了外生性。表 5 ‑12 列示了使用工具变量进行检验的具体结果。

表 5 ‑12　　　　　　工具变量检验模型（4.1）结果

变量	第一阶段	第二阶段
	Pledge‑R	TQ
Ind‑Pledge	0.191 ** （2.56）	−9.355 ** （−2.36）
Growth		0.139 ** （2.40）

变量	第一阶段	第二阶段
	Pledge - R	TQ
Turn		0.098 (0.40)
Lev		0.398 (0.79)
Size		- 0.576 *** (- 2.86)
Top1		0.021 *** (4.05)
Top2 ~ 10		0.007 (0.78)
Cash		1.963 *** (4.60)
Indep		1.688 * (1.86)
Dual		- 0.076 (- 0.88)
Constant	- 0.796 *** (- 5.27)	15.768 *** (4.78)
Ind	控制	控制
Year	控制	控制
Observations	9309	9309
R^2_a	0.069	0.359
第一阶段 F 值	50.87	

在表 5 - 12 中,第一阶段数据显示,各年度的行业平均控股股东股权质押率(Ind - Pledge)与控股股东股权质押比率(Pledge - R)在5% 的水平上显著正相关,符合工具变量检验要求。第二阶段,控股股东股权质押比率(Pledge - R)在5% 的水平上与企业价值(TQ)显著

负相关，与实证结果分析阶段的结论一致。所以，该工具变量检验的结果减少了存在内生性问题的可能性。

5. 小结

本小节首先对筛选的在 2013～2020 年 A 股发生过控股股东股权质押的上市公司进行描述性统计，共有 1196 个上市公司、9309 个观测样本。相关性分析后认为存在严重共线性问题的可能性较小。其次进行了回归分析，检验了企业价值与控股股东股权质押比例之间的关系，也检验了高管薪酬的调节作用，并按照产权性质分组检验调节作用。本章采用了替换被解释变量、滞后一期解释变量、工具变量法这三种方法检验回归结果的稳健性。综合实证结果和稳健性检验，结果表明：（1）控股股东质押比例与企业价值负相关，也就是说，高比例的质押会引发控股股东对企业和中小股东利益的觊觎，产生侵占行为，导致企业价值下降；（2）高管薪酬水平不同，企业价值受到控股股东股权质押的影响也会不同，通常高管薪酬水平越高，控股股东股权质押对企业价值的负向影响越明显；（3）条件一定的情况下，在国有企业和非国有企业中，高管薪酬调节作用会有所区别，差异主要来自高管产生机制和薪酬设置方式不同，最终导致非国有企业中高管薪酬的调节作用更明显。

5.1.5　结论与政策启示

1. 研究结论

2013 年以来，股权质押因为融资方便快捷，控股股东大多愿意使用这种融资方式。但是，这种融资不仅会改变控股股东现金流，也对质权人、中小股东、投资者、质押股票所属的上市公司产生了一定的影响。质权人在接受质押股票的同时，也承担了股票价格变化的风险；中小股东的利益可能受到发生质押的控股股东的侵占；投资者根据发布的控股股东质押信息需要做出是否投资的决策；上市公司的发展战略随时有可能因控股股东变化而变化。总体看来，该融资方式摆脱资金困境的同时，伴随着一系列风险。所以，本节以 2013～2020 年 A 股进行过控股股东股权质押的公司作为样本，探讨该融资方式对企业价值的影响，以及高管薪酬的调节效应，最终得到以下结论。

（1）控股股东股权质押与企业价值负相关，即质押比例越高，企业价值下降幅度越大。这主要是由于信息不对称下控股股东希望利用控制权获取私人收益的心理引起的。在控股股东股权质押后，虽然股票移交给质权人，但是这部分股票附有的上市公司控制权并没有转移，控股股东的货币性资金也因质押而收回，发生侵占行为的成本降低，易产生恶意动机。在中小股东的利益得不到有效保障的情况下，如果侵占行为严重，终将引发市场投资者的负面情绪，导致企业价值下降。质押比例越大，控股股东面临补仓和平仓的风险也越大，控股股东越有动机防范风险、保障自身利益，侵占他人和企业财产的程度也越高，企业价值下滑也越严重。

（2）高管薪酬水平越高，控股股东股权质押对企业价值的负面影响越大。一方面，高水平薪酬下，高管更善于利用信息不对称，传递利好信息，提升股价，却可能不注重改善企业经营状况，导致控股股东股权质押下企业实际盈利能力下降；另一方面，高水平薪酬下，高管的在职消费和无效投资增加，不利于控股股东股权质押下的经营状况改善。这两种情况都会增加未来补仓和平仓风险，使控股股东动机倾向于发展为恶意动机，侵占中小股东利益、掏空企业。发展到控股股东决定掏空企业的阶段，高水平的高管薪酬可能是控股股东与高管达成合谋的标志，即高管为控股股东掏空企业提供便利，控股股东对高管承担的风险给予薪酬上的补偿。最终，在时间的推移和高水平高管薪酬的影响下，第一个结论中的负向作用会被加强。

（3）在其他条件一定的情况下，非国有企业比国有企业的高管薪酬发挥的调节作用更加显著。国有企业的各方面优势和限制，使其控股股东不常考虑股权质押融资方式，且控股股东多为非自然人，一般以企业利益为先；非国有企业恰恰相反。国有企业的高管，入职前会有严格的考察，任职期间管理活动受控股股东干预较小，离职后还会被核查在职期间的活动，使其受薪酬影响而与控股股东合谋掏空企业的可能性极度降低；且国有企业因存在职位晋升激励，其高管受薪酬激励作用较小，对薪酬水平敏感度不高，因此也无意于合谋带来的薪酬水平提高。非国有企业的状况则与国有企业恰恰相反，这些条件为高管与控股股东合谋提供了可能。所以非国有企业比国有企业的高管薪酬调节作用更显著。

2. 政策启示

根据前面的结论，本节提出以下政策建议。

（1）控股股东股权质押后，企业内部需要对控股股东和高管行为进行密切关注，必要时对控股股东的权力加以限制，构建高管间的检举机制。根据控股股东参与企业经营活动的频繁程度，酌量限制质押后的控股股东权力，能减少其控制权与现金流权的分离程度，减少其对高管管理活动的干预，降低其侵占中小股东和企业利益的可能性；如果发生合谋，由于控股股东付不起大量与风险对等的报酬和为了保证合谋的隐蔽性，一般只是极个别高管参与。高管参与企业事务最为频繁，对内部控制的漏洞也相当了解，极大可能其他高管会最先发现有高管与控股股东合谋掏空企业，因此构建高管间检举机制、给予揭发者一定的奖励应当可以有效阻止高管协助控股股东侵害企业利益。

（2）监管机构应定期检查和披露质押资金去向，直至控股股东质押资金无所剩余，并提供相应证据，为企业其他利益相关者预估风险提供信息帮助。目前针对控股股东质押股权获取资金的去向，只要求在发生质押时进行一次披露，并没有后续追踪，所以控股股东可能隐瞒或谎报资金去向，减少发布对其不利的消息，使投资者对该事件的风险预估出现偏差。长此以往，会造成投资者对上市公司形象的固化，使投资者不能信任发生控股股东股权质押的上市公司，对该类上市公司均以消极对待。为了改善上市公司形象和维护投资者利益，可以根据控股股东与质权人协商的质押期限，规定披露资金去向的次数。只有建立起明确严苛的披露流程，才能更好地维护投资者利益，充分发挥股权质押的融资功能，改善股权质押市场环境。

（3）针对控股股东股权质押事件，完善非国有企业的高管薪酬体系。高管薪酬确实对高管存在激励作用，但它并不能完全杜绝高管一切有损股东和企业利益的行为。如果薪酬体系设定不合理，很有可能加剧高管各种不正当操作。根据本章的研究，高水平的高管薪酬不利于改善非国有企业控股股东股权质押对企业价值的负面影响。因此，对于控股股东质押时期的高管薪酬，可以适当降低货币薪酬，转换为如股权等其他形式的薪酬，并给予高管未来企业经营状况好转后的适当奖励承诺，从精神上肯定高管、鼓励其以企业利益为重，为企业创造实际价值。

（4）对于企业内部控制制度，要动员全体员工进行定期改良，增加董监高谋私的难度。控股股东寻找高管与其合谋，主要是因为高管不仅拥有一定的管理权力，而且还熟知企业内部控制的漏洞，能够帮助控股股东隐蔽地进行掏空操作。对于这些企业内部控制的漏洞，应当要求企业内部工作人员发现后及时上报，但仅有单纯的要求，是不足以推动内部控制制度改良工作进行的，所以改良企业内部控制制度也需要对工作人员施加一定的激励，如提供的建议达到一定数量可以拥有职位晋升的机会、给予一定的奖金或者满足员工其他合理的要求等。

5.1.6　分析的局限性与未来展望

本节在研究控股股东股权质押、高管薪酬和企业价值之间关系的过程中，虽然在研究视角、研究内容层面上都有一定程度的创新，但是仍然存在一些不足和局限性。

（1）本节实证部分样本选取时间段为 2013～2021 年，以整个时间段为整体进行的研究，但时间跨度中存在一次重要政策的变更，本书研究没有进行详细检验。在以后的研究中，可以按该政策发布的时间 2018 年为划分，研究该时间点前后主假设是否存在变化。

（2）本节将自变量选择为年末累计控股股东手中处于质押状态股票占其总持股票的比率，对其质押频繁度和时间期限没有进行研究，研究内容不够丰富。未来可以按质押次数划分频繁度、3 年上下划分时间长短进行相关研究。

5.2　基于控股股东股权质押的企业价值评估研究：基于生物医药企业的分析

5.2.1　概念界定

1. 股权质押及风险

股权质押在本节中是指控股股东为融集资金将自己持有的公司股权

质押给质权人的行为。

本节所分析的股权质押风险主要指公司控股股东进行股权质押后由于公司内外部不确定事件的发生可能给公司带来风险。其中主要表现为下列四种风险。

（1）股价崩盘风险。股价崩盘风险主要指股权质押可能造成股票的价格在短期内大幅下跌，促使股权价值存在潜在损失的风险。

（2）控制权转移风险。当公司股价发生下跌现象，并且可能触及甚至跌破平仓线时，然而控股股东不能及时补充质押或者按要求偿还借款，此时质权人有权利对该质押的股权进行处置，造成控制权转移。

（3）财务风险。财务风险指企业因股权质押募集的资金，向外界传递了企业面临资金难题的消极信号，而给公司的正常经营和利润等诸多方面所造成的不利影响。

（4）道德风险。道德风险主要指控股股东进行股权质押后为了谋取私利，凭借自身优越地位以及话语权做出对其他利益相关者不利的行为，同时还无须为这一后果负责而产生的风险。

2. 生物医药企业

生物医药企业由生物技术企业与医药企业组成，其中生物技术企业涵盖了多种应用领域、涉及多项工程技术，如医疗、海洋、农业等产业以及基因工程、细胞工程、组织工程、生物信息技术等。现代医疗企业则包括制药、生物医学工程企业。生物医药企业具有以下特征。

（1）高投入。生物医药企业新产品的成功问世需要经历研发、临床试验、生产、销售等环节。研发往往需要较长的时间，对技术水平的要求高，并且需要专业的科研人员进行研发活动，无论是物力还是人力都需要一笔巨大的资金支撑研发工作；此外，临床试验和生产也与资本投入密不可分；另外，药品的营销还需要支出宣传费用，所以医药研发要不断地涌入资金。

（2）高风险。生物医药企业面临的风险是远远超过其他行业的，从产品研发到成功问世，各个环节都存在较多的不确定性，与此同时，医药产品更新换代速度快，仿制药层出不穷，加大了企业的成本，使公司面临更高的财务风险。

（3）高收益。生物医药企业的发展需要较高的知识水平和先进的科学技术，现代生物技术的快速发展拓宽了生物医药研发空间。也正是因为技术门槛高，使拥有该项技术的企业在市场中具有垄断优势，申请专利后可提高企业的核心竞争力，对企业未来发展以及企业价值的提升做出了巨大贡献。

3. 企业价值

本节基于资产评估的视角，认为企业价值由两部分组成，分别是股权质押下现有资产产生市场价值，以及企业在研项目产生的潜在价值。其中现有资产产生的市场价值的确定中主要是考虑了股权质押对企业现金流量以及资本成本的影响，潜在项目产生的价值主要根据企业现处于研发阶段以及未来上市概率较大的产品带来的未来价值。

5.2.2 股权质押影响企业价值的路径

本小节旨在分析股权质押对生物医药企业价值的影响路径。第一，股权质押带来的各种风险，导致企业资本成本的提升，对企业价值不利；第二，股权质押的企业为保持股价相对稳定、降低控制权转移风险，会进行盈余管理，自由现金流量也会因此受到影响，进而影响企业价值。本章的理论分析为下一小节模型的选择以及修正做了铺垫。

1. 路径一：股权质押增加企业风险进而导致资本成本的变化

（1）股权质押对权益资本成本的影响。股权质押后，控股股东仍然享有对公司的控制权，但部分现金流权转移至质权人，使这两权分离。质押后，企业股价加之经营活动都会受到影响，控股股东出于对自己的利益的保护，将利用仍然持有的控制权，进行所谓的"掏空"上市公司的行为，使中小股东遭受不公平的待遇，也进一步加深了大股东与中小股东之间的矛盾，引发第二类代理问题。中小股东也要维护自己的利益，那么就要花费更多的时间、精力去监督控股股东，为弥补自己的付出可以向公司要求更高的收益补偿，从而加大了公司的权益资本成本。

《担保法》规定，如果债务人的行为与合同规定相悖，债权人有权力处置担保物，在股权质押中担保物是指被质押的股权。并对于处置所得具有优先受偿权，对于不足偿还的部分，质权人有权向债务人追讨。2013年出台的《股权质押式回购交易及登记结算业务办法》也做出了与上方一致的规定，但股权一旦被处置将会危及控股股东对上市公司的控制权，股东为规避控制权转移的风险，大概率会使用股权质押的两权分离特点侵占利益相关者的利益，获得更多收益；控股股东为规避股价下降、控制权转移，实施盈余管理、信息操纵。但是这些手段会损害公司的信息质量，使投资者对未来的收益非常忐忑，不仅要求更高的收益率，还提升了企业的权益资本成本。

（2）股权质押对债务资本成本的影响。控股股东进行股权质押会进一步激励企业采取措施稳定股价，比如盈余管理、信息操纵，但是这些行为对披露的信息质量是不利的，导致信息不可靠、不真实。

金融机构作为质权人，处于信息不利地位，获取有效信息的路径较少，可能会面临较高的信息风险。并且股权质押行为加剧了大股东变相收回资金、进行利益占款的可能性，那么金融机构要求的报酬也会变多，从而增加上市公司的债务资本成本。影响路径如图5－1所示。

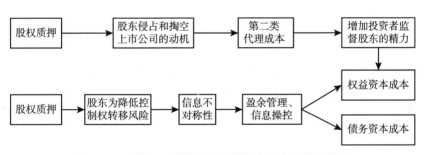

图5－1　路径一：股权质押风险催生资本成本的改变

2. 路径二：抑制股权质押风险的盈余管理行为影响企业现金流

股权质押后控股股东非常关注公司的盈余，为了防止股价偏低向市场传递不好的信号，也为了降低控制权被转移的风险，控股股东倾向于寻找盈余管理这样的方法使公司股价不发生大幅度降低。并且像生物医药这类资金需求多、融资难度大的企业，控股股东进行盈余管理的动机就更强。因为与应计盈余管理比较，操控销售、关联方交易、减少管理与研发费用等的真实性盈余不易被发现。即使被外界投资者或监管机构发现蛛丝马迹也很难准确评价其行为是否合理得体，因此控股股东为了稳定股价多数会选择真实盈余管理。

（1）降低酌量性费用进行真实盈余管理。进行股权质押后控股股东为了保持股价相对稳定可能会采取下述两种做法：一种是努力提高公司的真实业绩来提高市值，但这种方式往往需要投入更多的精力和较长的时间；另一种是通过调节酌量性费用实施盈余管理，其中酌量性费用主要包括研发、宣传、广告等不与产量直接相关的费用。对酌量性费用进行调控虽不会影响本年度的生产经营状况，却能够影响费用支出，最终影响企业当期利润，影响现金流，尤其是生物医药企业，需要较高的研发投入，因此通过调节研发投入，达到降低酌量性费用的目的是非常容易实现的。股权质押企业面临着融资压力和质押风险，自然而然会更加关注企业的短期收益而非长期收益，但研发活动的周期较长、不确定性大、风险高，不符合企业短期利益需求，因此，质押企业往往会减少研发活动和研发支出，降低风险，粉饰财务报表，稳定股价，同时吸引更多的外部投资。

（2）销售操纵，增加当期利润。科技在不断发展变化，相似功能的替代药品如雨后春笋般接连不断地出现，为了扩大药品销量，向市场传递利好消息，生物医药企业多会采取一些增加销量的销售方式，尤其进行股权质押的公司更为明显，它们多会采用销售折扣方式、降低企业信用门槛等增加销量和企业营业收入，最终达到影响企业的现金流量的目的，向外界传递利好的消息，稳定股价，进而规避丧失控制权的风险。

抑制风险的盈余管理行为影响企业现金流的影响路径如图 5 - 2 所示。

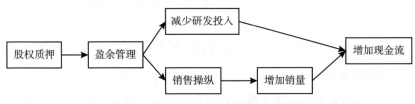

图 5 - 2　路径二：抑制风险的盈余管理行为影响企业现金流

3. 小结

本小节主要介绍生物医药企业股权质押影响企业价值的具体路径，通过理论分析得出股权质押对企业价值的影响主要集中在股权质押催生资本成本的改变和通过真实盈余管理影响企业现金流两个方面。对于前者主要表现在股权质押会使企业风险增加进而引起资本成本的变化；对于后者主要从采取盈余管理抑制股权质押风险的角度，分析了这一行为对企业现金流的影响，这为选择和修正生物医药企业的价值评估模型提供了理论基础和铺垫。

5.2.3 股权质押下企业价值评估模型的构建

本小节旨在前面分析股权质押对生物医药企业价值影响路径的基础上选择和构建能完整、准确反映股权质押下生物医药企业的价值评估模型。

1. 股权质押下生物医药企业价值评估模型构建思路

根据生物医药企业的行业特征分析可以看出，生物医药企业具有较多在研产品，可以给企业带来潜在价值，以及企业现有资产也会给企业创造价值，所以生物医药企业价值主要由现有资产形成的企业价值和潜在价值组成。根据股权质押对生物医药企业价值影响路径，可知股权质押对企业资本成本和现金流量有影响，以及国家宏观政策、税率等不确定性因素也会影响企业资本成本和现金流量进而对企业资产创造的价值产生影响，结合上述情况对股权质押下生物医药企业价值评估模型进行构建，模型的选取、改进的原因和步骤后面详细介绍。

（1）生物医药企业现有资产的市场价值评估——收益法。

第一步：收益法的两阶段模型。由于收益法中具有代表性的企业自由现金流量折现模型的应用需要三个基本要素：预期收益额（本章中指企业自由现金流量）、折现率（本章中指加权平均资本成本）以及收益年限，同时根据第 4 章股权质押下生物医药企业价值评估的影响路径可知股权质押对企业自由现金流量和资本成本产生影响，那么股权质押对生物医药企业价值的影响正好对应收益法的前两个要素，因此股权质押下生物医药企业价值评估比较适用收益法。同时生物医药企业是国家支持的企业，企业未来收益会不断增长，是可持续发展的，而收益法两阶段模型可以体现企业未来的收益，所以应选择企业自由现金流量折现的两阶段模型分别计算企业的预测期收益和永续期收益。其中股权质押具有时效性，对预测期价值的影响是显而易见的，主要集中在股权质押风险会增加资本成本，所以引入股权质押风险量化系数对预测期的资本成本进行修正，同时在计算永续期企业价值也要使用经股权质押风险系数修正的资本成本将永续期现金流折现到评估基准日，而股权质押风险量化系数的构建在后面详细介绍。对于股权质押对企业自由现金流的影响，现有研究尚未对其量化形成一致结论，因此本章结合具体案例运用营业收入比例法考虑股权质押对现金流的影响。

第二步：收益法的改进——蒙特卡洛模拟。运用收益法评估企业价值时，会出现由于人为因素或客观外部因素使被评估企业的自由现金流量和折现率存在不确定性的现状，但该不确定性不是"无药可救"的，一般会采用概率的方法解决。

蒙特卡罗模拟方法正是通过概率、统计理论，将问题概率化，再借助计算机的大容量计算功能，对这种问题，即不确定性进行大量模拟或抽样得到近似解。其基本思路是：首先人为构造数学模型，使该数学模型符合某种概率分布，并且所求问题的参数中包含所求问题的解；其次利用计算机进行大量模拟得到模拟结果；最后将该结果作为近似解。其中概率分布的选择与确定是能否运用蒙特卡罗模拟方法求解不确定问题的关键一步，目前来说，在收益法评估中一般会选择的概率分布是三角分布、均匀分布和正态分布。其中，使用三角分布时要确定所求变量的最大值、最小值和最可能值；均匀分布的特点是在相应区间内每个值出现的概率是相等的，运用均匀分布同样也要明确所求变量的最小值、最大值；运用正态分布要知晓所求变量的最佳估计值。

通过利用蒙特卡洛模拟，在修正股权质押下生物医药企业价值评估所运用的收益法时，首先需要选择数学模型、确定收益法中考虑股权质押风险而修正过的资本成本、企业自由现金流量的概率分布以及所需要进行的模拟次数 N；其次利用计算机进行模拟，形成大量的随机数；最后将产生的随机数代入数学模型中算出最终结果，循环重复上述过程直至模拟结束。在实际应用中人们发现三角分布十分拟合自由现金流量，所以采用的三角分布模拟自由现金流量；折现率受不确定性因素影响的力度不大，一般可以知道折现率的最大值、最小值和区间长度，符合采用均匀分布需要知道的三个条件，因此本章采用折现率符合均匀分布。

（2）对生物医药企业潜在价值评估——B－S 模型。梅尔斯（Myers）教授对实物期权法进行了系统的解释，指出某个投资方案创造的利润，包括两部分：企业目前持有资产带来的利润和未来投资机会的选择带来的利润。生物医药企业具有较多在研产品，企业对这些在研产品的投资选择可看作期权，若选择继续研发，将给企业带来较大的潜在价值。

计算实物期权价值的模型有连续和离散之分，分别以 B－S 模型和二叉树模型为代表，两者原理基本相同，但 B－S 模型具有简化数据的优点并且在实务中应用广泛。因此，本章也选用 B－S 模型评估潜在价值。具体公式如下：

$$V_{潜} = SN(d_1) - Xe^{-rT}N(d_2) \tag{5.3}$$

其中，$N(X)$ 服从标准正态分布，且：

$$d_1 = \frac{\ln\left(\dfrac{S}{X}\right) + \left(r + \dfrac{\sigma^2}{2}\right) \times T}{\sigma\sqrt{T}} \tag{5.4}$$

$$d_2 = \frac{\ln\left(\dfrac{S}{X}\right) + \left(r - \dfrac{\sigma^2}{2}\right) \times T}{\sigma\sqrt{T}} = d_1 - \sigma\sqrt{T} \tag{5.5}$$

其中，$V_{潜}$ 为潜在价值；S 为标的资产的现值；X 为标的资产的执行价格；T 为期权执行期限；σ 为波动率；r 为无风险利率。

2. 股权质押下生物医药企业价值评估模型

经过前面分析，股权质押下生物医药企业价值由三部分构成，分别是：运用收益法两阶段模型计算的企业预测期价值 $V_{预}$、企业永续期价值 $V_{永}$，以及运用 B—S 模型计算的企业潜在价值 $V_{潜}$。预测期价值 $V_{预}$ 中较关键的指标是受股权质押影响的企业自由现金流量和折现率即资本成本，对于折现率，由于在股权质押存在风险会加大资本成本，此处引入股权质押风险量化系数 I 确定折现率，该量化系数 I 采用 AHP——模糊综合评价法得出风险评分值，再将该分值百分制得到；对于永续期价值的确定前面已分析，在此期间可不考虑股权质押的影响，但是要考虑企业是不断成熟、发展的，未来收益是不断增长的，因此引入自由现金流量增长率 g，其中 g 的确定要考虑所处行业、公司自身未来发展情况以及国家经济增长趋势等，股权质押下生物医药企业价值评估模型的具体构建情况如图 5－3 所示。

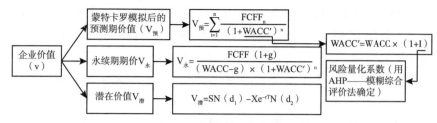

图 5 – 3　评估模型构建情况

因此，股权质押下生物医药企业价值评估模型为：

$$V = V_现 + V_潜$$

$$= V_预 + V_永 + V_潜$$

$$= \sum_{i=1}^{n} \frac{FCFF_n}{(1 + WACC')^n} + \frac{FCFF(1 + g)}{(WACC - g) \times (1 + WACC')^n} + V_潜$$

$$(5.6)$$

其中，FCFF 为企业自由现金流量；WACC 为加权资本成本；C 为企业潜在价值；g 为增长率。

$$WACC' = WACC \times (1 + I) \qquad (5.7)$$

$$I = F/100 \qquad (5.8)$$

其中，WACC'是受股权质押风险影响进行修正的资本成本；F 是股权质押风险评分值；I 是股权质押风险量化系数，根据式（5.8）可知股权质押风险的量化成为模型的关键。

3. 模型的关键——股权质押风险的量化

（1）风险量化方法：AHP——模糊综合评价法。

①层次分析法。层次分析法（简称 AHP），是指首先分析与决策有关的各类因素；其次分成目标层、因素层等不同的层面；最后计算各层级的权重，进行决策的方法。

首先，层次结构模型的建立。依照决策目的，以及各个因素之间的关系，划分出不同的层次，比如划分出最低层、中间层和最高层，再画出层次结构图。

其次，判断矩阵的构造。两两比较每一层的因素，根据两者之间的重要程度写出标度，形成判断矩阵。重要性等级表及其赋值如表 5 – 13 所示。

表 5 – 13　　　　　　　　　　　重要性等级及其赋值

标度	含义
1	X_i 元素和 X_j 元素的影响相同
3	X_i 元素比 X_j 元素的影响稍强
5	X_i 元素比 X_j 元素的影响强
7	X_i 元素比 X_j 元素的影响明显的强
9	X_i 元素比 X_j 元素的影响绝对的强
2，4，6，8	X_i 元素比 X_j 元素的重要程度在上述两个相邻重要性等级之间
1，1/2，…，1/9	X_i 元素比 X_j 元素的重要程度是 X_{ij} 的倒数

再次，进行判断矩阵的最大特征值 λ_{max}、特征向量的计算，并将特征向量单位化，经过单位化后的特征向量，便是所求层次的权重 W。

最后，一致性的检验。其步骤如下：

第一步，计算一致性指标 CI：

$$CI = \frac{\lambda_{max} - n}{n - 1}（n 为阶数）$$

第二步，确定随机一致性指标 RI 的数值。

根据矩阵阶数查表便可得到 RI 的数值，RI 的取值情况如表 5 – 14 所示。

表 5 – 14　　　　　　　矩阵阶数为 1 ~ 10 的 RI 取值

阶数	1	2	3	4	5	6	7	8	9	10
RI	0.00	0.00	0.52	0.89	1.12	1.26	1.36	1.41	1.46	1.49

第三步，一致性比率 CR 的计算：

$$CR = \frac{CI}{RI}$$

当 $CR \leqslant 0.10$ 时，说明判断矩阵满足一致性，通过了检验；相反若 $CR > 0.10$，表示无法通过检验。

②模糊综合评价法。模糊综合评价法是利用模糊数学相关理论，对目标对象，进行综合评价的方法。

为了将定性与定量相结合，首先利用 AHP 方法得到权重 W；其次利用模糊综合评价法；最后将两者结合，其运算步骤如下：

第一步：根据层次分析法得出的各层级指标做出评价因素集合 $U = (U_1, U_2, \cdots, U_n)$。

第二步：评价等级的确定。对每一个指标设定 n 个不同级别评价语，即 $M = [M_1, M_2, M_3, M_4, \cdots, M_n]$，此处的评价语可以结合不同的情况，有不同的设定。

第三步：被评价指标其评语的隶属度的确定。过程首先是把支持第 i 项元素为第 j 等级评语的票数与对第 i 项进行评价的全部票数（专家总人数）的比值作为第 i 项元素对第 j 项等级评语的隶属度；其次对同一层次的其他元素逐个确定隶属度；最后得到该层次的模糊矩阵 R，通常使之满足 $\sum r_{ij} = 1$。

$$R = \begin{pmatrix} r_{11} & r_{12} & \cdots & r_{1m} \\ r_{21} & r_{22} & \cdots & r_{2m} \\ \vdots & \vdots & \ddots & \vdots \\ r_{n1} & r_{n2} & r_{n3} & r_{nm} \end{pmatrix}, \quad 0 \leq r_{ij} \leq 1$$

第四步：模糊矩阵的综合运算。根据下述公式先逐层计算各指标层的评价向量，直至再得出最高层的评价向量。

$$B = W \times R = (w_1, w_2, \cdots, w_n) \times \begin{pmatrix} r_{11} & r_{12} & \cdots & r_{1m} \\ r_{21} & r_{22} & \cdots & r_{2m} \\ \vdots & \vdots & \ddots & \vdots \\ r_{n1} & r_{n2} & r_{n3} & r_{nm} \end{pmatrix}$$

第五步：根据最高层的评价向量 B，计算最终评价值。

$$F = VB^T$$

③AHP—模糊综合评价法在股权质押风险量化中的适用性。AHP—模糊综合评价法适用于多因素、多层级事物；难以量化事物；模糊事件的评价。而股权质押风险同样具有以下特点。

第一，多因素、多层级性。股权质押风险的影响因素有很多种，包括上层大类因素和下层小类因素，具有多因素、多层级的特征，并且大类因素与小类因素之间具有反作用，它们之间有机组合，共同构成层次体系。

第二，计量受限。股权质押风险概念以及影响因素的抽象性，使股权质押风险难以计量，并且股权质押风险的影响因素根据企业的经营情况不同也会有差异，使股权质押风险量化的难度升级，所以选择合适的方法将困难进行定量化处理是非常必要的。

第三，模糊性。股权质押风险因素中有很多界定比较模糊的概念，比如"信用政策"，很难用具体数值界定清楚信用政策是松还是紧。因此，我们需要选择找到可以解决这种模糊性的方法。

（2）股权质押风险量化指标体系的构建。

本条主要是对生物医药企业股权质押风险进行量化，根据层次分析法（AHP）的基本原理，确定目标层为股权质押风险；股价崩盘风险、财务风险、道德风险、控制权转移风险作为指标层。其中造成每个指标层中风险的因素也很多，以下选取四个研究较多的原因进行分析，这些原因便构成因素层。

①股价崩盘风险形成原因。第一，经济政策不确定性。经济政策不确定性主要表现在国家制定的战略方针、对宏观政策导向以及对经济实施的调控等方面的不确定性。比如，2020年我国发布的《药品生产监督管理办法》，加强了对生物医药企业的监管力度，若企业违规生产被处罚，则短期内会使股价下跌，加大股价崩盘风险。第二，利率水平。基于供需理论，对于生物医药企业来说，当利率水平较高时，将增加投资者的融资成本，那么投资股票的成本也会同样变高，使股票市场资金供给收紧，但股票供给与以往持平。一旦股票与资金供给不平衡，股价会下跌，甚至股价崩盘。第三，股权质押信息披露质量。由于研发活动周期长，甚至可能研发失败。生物医药企业通过高比例股权质押融集的资金，可能不用于研发活动，此时企业就存在压制、遮掩信息的动机，在有效资本市场上一旦发生误导信息质量的行为，就会立刻传递到股价上，股价崩盘风险会不可避免地发生。第四，投资者情绪。生物医药企业研发成果转化周期长，短期内使投资者看不到收益，此时会加大投资者情绪变化，尤其以投机为目的的投资者会具有更强烈的情绪变化，并且市场中的"羊群效应"会使这种情况加剧，造成投资者急于抛售股票，短期内造成股价下跌的局面，增加股价崩盘风险。

②财务风险的形成原因。第一，投资偏好。股权质押后控股股东将背负巨大的债务，偿债压力大，会使投资者偏向高收益项目，无可

置疑高收益与高风险相伴随，使企业不可避免地发生财务风险。第二，信息传递。生物医药企业的股权质押比例较高，这种普遍行为会传递出企业资金周转困难的信号，引发债权人对企业的怀疑，给企业筹资带来困难，进而使企业陷入财务困境。第三，信用政策。生物医药行业内产品替代性强、仿制性强，排他性弱，企业为了提升市场地位，多会采用宽松的信用政策以满足自己的欲望。通过增加企业赊销业务，使应收账款增加，既占用企业资源又存在大额坏账的可能性，增加财务风险。

③道德风险的形成原因。道德风险形成的根本原因是契约的不完备性和信息的不对称性，但这种根本原因在股权质押下生物医药企业价值中会有各种各样的直接表现。第一，质押人的道德品质。契约的不完备性和信息的不对称性导致对质押人百分之百的监管几乎是不可能的，这就会出现对质押人监管的漏洞，当质押人的道德品质较差时，可能出现不还款现象，加大公司的道德风险。第二，权责不对等。控股股东持有公司较高比例的股份，在公司话语权较大，可以决定公司的未来经营战略，有责任为企业创造最大利益。但若控股股东不正视自己的责任，滥用拥有的较大权力掏空公司，结果将会增大公司的道德风险。第三，公司前景不确定。生物医药企业产品更新换代快，当公司的主营业务得不到国家的支持并且市场上同行企业较多，创新能力有限，导致公司发展前景差，有可能面临无法偿还贷款的风险。

④控制权转移风险的形成原因。第一，企业经营状况。生物医药企业进行股权质押融集资金，若不发展企业主营业务，将可能使企业无稳定收益甚至造成亏损，引起股价下跌，当企业无资金满足质权人补充质押的要求时，则可能发生控制权转移。第二，研发创新。只有不断创新，企业才能在日新月异的市场中不被淘汰，生物医药企业是所谓的"技术密集的企业"，企业通过股权质押融集资金不用于研发创新，研发支出较少，将使企业难以立足市场，不能偿还借款，会引发金融机构等质权人收回控股股东对公司的控制权。第三，股权结构。当股权结构较集中，控股股东持有较高的股权，得到股权质押带来的好处后会加大股权质押的比例，一旦难以补仓，将增大控制权转移风险。第四，公司抗风险能力。公司抗风险能力越强，控制权转移风险越小。

股权质押风险量化层次结构如表5-15所示。

表 5 − 15　　　　　　　股权质押风险量化层次结构

目标层	指标层（权重 W）	因素层（权重 W_{ij}）
股权质押风险	股价崩盘风险	经济政策不确定性
		利率水平
		股权质押信息披露质量
		投资者情绪
		……
	财务风险	投资偏好
		信息传递
		信用政策
		……
	道德风险	质押人的道德品质
		权责不对等
		公司前景不确定性
		……
	控制权转移风险	企业经营状况
		研发创新
		股权结构
		公司抗风险能力
		……

4. 小结

本小节阐述了股权质押下生物医药企业价值评估的思路，构建了评估模型，同时对该模型中股权质押风险系数 I 的量化所采用的 AHP——模糊综合评价法做了介绍，同时根据股权质押下生物医药企业的共性构建出股权质押风险指标体系，为下一小节案例分析提供评估方法、指标体系。

5.2.4　案例分析：上海莱士

本小节将前面构建的股权质押下生物医药企业价值评估模型运用到上海莱士中，结合具体案例论证模型的适用性。

1. 上海莱士基本情况

上海莱士血液制品股份有限公司（002252）（简称"上海莱士"）是中国的一家血液制造企业，其产品驰名亚洲，目前在国内具有出口血液制品资格的企业屈指可数，然而上海莱士是其中之一。其主要产品为人血白蛋白、乙型肝炎人免疫球蛋白、人凝血酶原复合物、人凝血因子Ⅷ等。

2. 案例选择依据

将上海莱士作为研究对象，主要源于其股权质押情况具有的代表性，反映了上市公司近几年来股权质押的走向和规律，并且该公司股权质押信息披露不清晰，比如股权质押融资用途表述不清，企业具有掩藏股权质押动机的行为，加大企业风险。

（1）股权质押的走势与规律具有代表性。根据东方财富网公布的数据详细整理了上海莱士 2014～2020 年各年末股权质押比例、股权质押股数、质押市值和质押笔数，如表 5－16 所示。

表 5－16　　　　上海莱士 2014～2020 年股权质押情况统计

日期	股权质押比例（％）	股权质押股数（亿股）	质押市值（亿元）	质押笔数
2014 年 12 月 31 日	60.10	8.21	370.2	99
2015 年 12 月 31 日	56.77	15.65	622.3	119
2016 年 12 月 31 日	63.05	31.31	722.9	137
2017 年 12 月 31 日	67.99	33.79	670.7	144
2018 年 12 月 31 日	72.06	35.85	287.1	173
2019 年 12 月 31 日	65.66	32.66	238.5	161
2020 年 12 月 31 日	39.27	26.47	195.9	104

根据东方财富网整理了整个生物医药行业 2014～2020 年每年年末股权质押比例情况，如图 5－4 反映了 2014～2020 年上海莱士与生物医药行业股权质押比例对比情况。

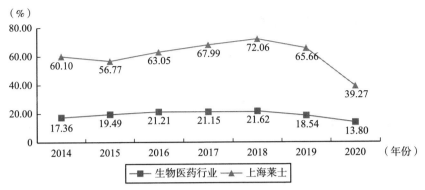

图 5 - 4　上海莱士与生物医药行业股权质押比例对比情况

从图 5 - 4 可以看出，2015 ～ 2018 年上海莱士的质押比例一直呈上升趋势，2019 ～ 2020 年质押比例开始下降，并且从图 5 - 4 可以看出，上海莱士股权质押比例几乎与整个生物医药行业变化趋势一致，但是上海莱士的质押比例远超过行业平均情况，因此上海莱士股权质押在整个生物医药行业具有代表性。

（2）股权质押信息披露不完善。从历年上海莱士公布的股权质押公告可了解到，主要披露的信息为质权人、质押的股数、本次质押占其所持股份比例、质押开始的日期、用途等，但对股权质押的用途披露不明确，只是披露诸如为第三方担保融资、获得融资等信息，并没有将被担保对象的详细情况、融资额、获得融资的具体用途、实际融资人等明确信息进行披露，这种简单的信息披露是不完善的，会降低信息质量，增加企业经营风险。

（3）股权质押的不合理用途影响企业业绩。上海莱士作为中国血液制品制造企业，享有国家较多的优惠，并且近年来国家对血液制造企业批准门槛提升，上海莱士有较少的竞争者，本可以利用大好资源提升企业业绩，但近年来上海莱士进行高比例质押，并且将融集资金更多地用于证券投资，用于企业研发活动的资金较少，尤其是 2018 年高比例证券投资，瞬间使企业市值亏损 600 多亿元，截至目前上海莱士股价仍然低迷，未来不确定性较高，风险较大，因此选择上海莱士分析股权质押不合理用途以及存在的风险对企业业绩具有一定的警示意义。

143

3. 上海莱士股权质押风险识别

（1）股价崩盘风险。图 5 - 5 列示了根据东方财富网整理的上海莱士 2015～2021 年股价变动情况。

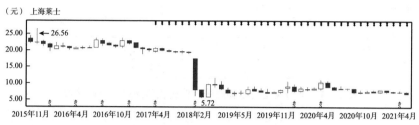

图 5 - 5 2015～2020 年股价变动

根据表 5 - 16 可看出，上海莱士 2015～2018 年股权质押比例一直处于上升状态，同时据图 5 - 5 可了解到 2015～2017 年股价相对稳定，但 2018 年股价暴跌，短短几个月内跌幅达到 59%，之后股价有所回升，但长期来看股价仍处于低迷状态，市场对上海莱士未来持消极态度，在这种情况下，企业一旦被爆出不利新闻，会增加股价崩盘风险。

经分析，上海莱士股价下跌的原因主要有：①经济政策不确定性。2018 年 3 月出台了《股票质押式回购交易及登记结算业务办法（2018 年修订）》，对股票质押率上限以及单只 A 股股票市场的整体质押比例做了规定，分别要求不得超过 60% 和 50%。但由表 6 - 1 可知，2018 年以及 2019 年末上海莱士的质押比例仍然高于 50%，与政策的背离使得上海莱士股价下跌。②股权质押信息披露质量。上海莱士对通过股权质押得到的资金的用途披露不到位、不具体，降低了信息质量，引发投资者对公司股权质押动机的怀疑，然而我国市场监管严格，监管机构、投资者一旦发现负面信息，都会使原本不利的市场局面更加低迷，使股价进一步下跌。③投资者情绪。当公司股价一直处于降低水平并且回升乏力，会降低投资者的自信心，对该股票不看好，加重市场悲观情绪，最终导致股价下跌。

（2）财务风险。经分析发现，上海莱士的投资偏好、信息传递、信用政策都会加大财务风险。

①投资偏好。上海莱士具有强烈的证券投资偏好，在 2015 年时就

开始证券投资，当时宣称投资金额以 10 亿元为最大额，但 2016 年金额却达到 40 亿元，仅 1 年时间，证券投资金额增长了 3 倍，并且投资收益占净利润的比率从 2015 年 0.66% 上升到 2016 年的 40.74%。表 5－17 展示了上海莱士 2015～2020 年证券投资收益及其占当年净利润的比重。

表 5－17　　　　　　　2015～2020 年上海莱士投资收益与净利润

年份	投资收益（万元）	净利润（万元）	投资收益占净利润的比率（%）
2015	970.5	148000	0.66
2016	67230	165000	40.75
2017	42690	83200	51.31
2018	− 112500	− 152300	73.87
2019	1792	60590	2.96
2020	55520	131900	42.09

上海莱士从证券投资获利后，继续增加证券投资的力度，2018 年上海莱士根据金鸡报晓 3 号和陕国投持盈 79 号这两种资金信托计划分别向兴源环境进行补仓 15820.56 万元和 6320 万元，最终导致投资收益损失 11.25 亿元，净利润损失 15.23 亿元，并出现 2018 年股价短期下跌的局面。根据上述分析可知，上海莱士高比例股权质押后盲目进行证券投资给企业带来了巨大损失，因此投资偏好会增加公司投资风险，进而增加财务风险。

②信息传递。根据图 5－4 可以看出，上海莱士股权质押比例几乎每年是生物医药行业股权质押比例的 2～3 倍，并且根据东方财富网公布的生物医药行业股权质押的相关数据可知，上海莱士的控权质押比例一直处于行业前端，这种现象便向市场传递了上海莱士财务状况不佳；并且企业要有社会责任感、要言而有信，但是 2015～2016 年上海莱士证券投资言而无信现象向市场传递了不利消息，增加了企业经营、融资困难，加大了财务风险。

③信用政策。上海莱士进行股权质押后，为了稳定股价，急于采用赊销的方式刺激销售增长提高公司业绩。表 5－18 展示了 2015～2020 年公司应收账款以及营业收入情况。

表 5 - 18   上海莱士应收账款及营业收入相关指标

项目	2015 年	2016 年	2017 年	2018 年	2019 年	2020 年
应收账款（万元）	12030	36490	95750	83810	68000	40340
应收账款增长率（%）	5. 80	203. 33	162. 40	- 12. 47	- 18. 86	- 40. 68
营业收入（万元）	201300	232600	192800	180400	258500	276200
营业收入增长率（%）	52. 50	15. 55	- 17. 11	- 6. 43	43. 29	6. 85
应收账款占营业收入比重（%）	5. 98	15. 69	49. 66	46. 46	26. 31	14. 61

根据表 5 - 18 可以得知，2015～2017 年该公司应收账款急速上升，相反营业出入在下降，应收账款占营业收入的比率在 2017 年最高达到 49.66%，说明公司采用宽松的信用政策会加大资金回笼压力，增大企业财务风险。

（3）道德风险。上海莱士造成道德风险的直接原因有质押人的道德品质、权责不对等、公司前景不确定。具体有：①质押人的道德品质。上海莱士存在关于公司重大事项不及时公布、隐藏重大消息的现象。比如 2018 年 12 月 19 日，司法机关依法冻结了科瑞天诚投资控股有限公司、RAAS CHINA LIMITED 所持有的上海莱士的股票，其实上海莱士在 2018 年 12 月 20 日便知道股票被冻结的事项，但迟迟未进行相关信息披露，直至 2019 年 4 月 26 日才披露，可见质押人为了稳定股价，故意压制、延缓不利消息的传递，存在严重的诚信问题，道德品质较差，在一定程度上增加了道德风险。②权责不对等。上海莱士控股股东的股权质押比例较高，获得利益后，当股价暴跌，控股股东无法补仓则利用权力，不负责地放弃控制权，因此会侵害中小股东利益，掏空公司资金，增加公司的道德风险。③公司前景不确定性。上海莱士的产品在市场中有较多替代品，以及 2018 年股价暴跌后一直处于低迷状态，未来经营状况存在不确定性，存在无法赎回被质押股权的风险。

（4）控制权转移风险。经分析，上海莱士有控制权转移风险的原因主要是公司经营状况不佳、研发创新不足、股权结构集中。

①经营状况不佳。根据前面分析上海莱士通过高比例募集资金不用于主营业务，而较多地进行证券投资，风险性较大，同时采用大量赊销

的方式美化财务报表，企业处于萎靡状态，股价下跌，经营状况不佳难以进行补仓，进而加大控制权转移风险。

②研发创新不足。图 5 - 6 整理了上海莱士研发投入占营业收入比例。

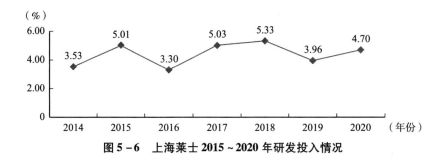

图 5 - 6　上海莱士 2015 ~ 2020 年研发投入情况

从图 5 - 6 可以看出，股权质押后 2016 年和 2019 年上海莱士的研发投入占营业收入的比例明显下降，上海莱士对研发创新投入不足，对于生物医药行业，研发创新是立足之本，而上海莱士偏偏逆道行之，因此将会面临资金周转困难，加大控制权转移风险。

③股权结构集中。截至 2020 年 12 月 31 日，上海莱士的前五大股东所持有的股份情况如表 5 - 19 所示。

表 5 - 19　　　　　　　　上海莱士前五大股东持股情况

股东	持股比例（%）	期末持股股数（万股）
科瑞天诚投资控股有限公司	20.13	135682.54
RAAS CHINA LIMITED	17	93157.04
深圳莱士凯吉投资咨询有限公司	4.59	22811.92
宁波科瑞金鼎投资合伙企业（有限合伙）	2.77	13782.62
国泰君安证券股份有限公司	1.64	8177.53
合计	46.13	273611.70

由表 5 - 19 可知公司的前五大股东持股总量占公司总股本的 46.13%，股权较多地集中在这五大股东中，因此具有较高的话语权，尤其是前两大股东持股比例比其他三个股东高出较多，进行股权质押的

比例也较高,面临不能满足质权人的要求的风险也较高,存在发生控制权转移的可能。

4. 上海莱士股权质押风险量化——风险量化系数

量化需要设置指标层次体系、确定权重以及评价综合得分。结合表5-15,采用AHP—模糊综合评价法对上海莱士股权质押风险进行评价,具体为使用层次分析法(AHP)确定股权质押风险的各项指标权重,使用模糊综合评价法计算评价得分。

(1)上海莱士股权质押风险指标体系构建。结合上海莱士案例的具体情况主要从股价崩盘风险、财务风险、道德风险,控制权转移风险这四个角度构建股价质押风险评价指标体系,由1个目标层、4个指标层和12个因素层组成,因素层分别是:经济政策不确定性、股权质押信息披露质量、投资者情绪;投资偏好、信用政策、信息传递;质押人的道德品质、权责不对等、公司前景不确定性;企业经营状况、研发创新、股权结构。具体层次构建情况如表5-20所示。

表5-20 　　　　　　　　股权质押风险层次结构

目标层	指标层	因素层
股权质押风险	股价崩盘风险	经济政策不确定性
		股权质押信息披露质量
		投资者情绪
	财务风险	投资偏好
		信息传递
		信用政策
	道德风险	质押人的道德品质
		权责不对等
		公司前景不确定性
	控制权转移风险	企业经营状况
		研发创新
		股权结构

（2）运用层次分析法（AHP）确定指标权重。

①指标层权重向量确定。通过整理由参加上海莱士股权质押风险评价指标的重要性调查问卷（见附录 A）的 30 名资产评估师以及专家的打分情况，并且运用 MATLAB 软件计算指标层的判断矩阵，如表 5 - 21 所示。

表 5 - 21　　　　　　　　　　股权质押风险判断矩阵

评价指标	股价崩盘风险	财务风险	道德风险	控制权转移风险
股价崩盘风险	1	1	3	1/3
财务风险	1	1	4	1/3
道德风险	1/3	1/4	1	1/4
控制权转移风险	3	3	4	1

根据 MATLAB 软件计算上述判断矩阵的最大特征根为 $\lambda_{max} = 4.1241$，一致性检指标 $CI = \dfrac{\lambda_{max} - n}{n - 1} = \dfrac{4.1241 - 4}{4 - 1} = 0.0414$，查表 5 - 14 得 $RI = 0.89$，计算得出 $CR = \dfrac{CI}{RI} = \dfrac{0.0414}{0.89} = 0.0465 < 0.10$，权系数分配合理，再运用 MATLAB 软件计算指标层权重，如表 5 - 22 所示。

表 5 - 22　　　　　　　　　　指标层权重

指标层指标	股价崩盘风险	财务风险	道德风险	控制权转移风险
权重（W）	0.1995	0.2187	0.0790	0.5028

因此股权质押风险指标层权重向量为 W =（0.1995，0.2187，0.0790，0.5028）。

②因素层权重向量确定。第一，股价崩盘风险权重向量确定。运用 MATLAB 软件得出上海莱士的股价崩盘风险层判断矩阵，如表 5 - 23 所示。

表 5 - 23   股价崩盘风险判断矩阵

因素层指标	经济不确定性	会计信息质量	投资者情绪
经济政策不确定性	1	1/3	1/3
股权质押信息披露质量	3	1	1/2
投资者情绪	3	2	1

计算出最大特征根为 $\lambda_{max} = 3.0536$，$CI = \dfrac{\lambda_{max} - n}{n - 1} = \dfrac{3.0536 - 3}{3 - 1} = 0.0268$，根据 $RI = 0.52$，计算 $CR = \dfrac{CI}{RI} = \dfrac{0.0268}{0.52} = 0.0516 < 0.10$，结果满足一致性，该层权重如表 5 - 24 所示。

表 5 - 24   股价崩盘风险层权重

因素层指标	经济不确定性	会计信息质量	投资者情绪
权重（W_{11}）	0.1396	0.3325	0.5278

因此股价崩盘风险的权重向量为 $W_{11} = (0.1396, 0.3325, 0.5278)$。

第二，财务风险权重向量确定。上海莱士财务风险层判断矩阵如表 5 - 25 所示。

表 5 - 25   财务风险判断矩阵

因素层指标	投资偏好	信息传递	信用政策
投资偏好	1	2	5
信息传递	1/2	1	3
信用政策	1/5	1/3	1

最大特征根为 $\lambda_{max} = 3.0037$，一致性指标 $CI = \dfrac{\lambda_{max} - n}{n - 1} = \dfrac{3.0037 - 3}{3 - 1} = 0.0018$，根据 $RI = 0.52$，计算 $CR = \dfrac{CI}{RI} = \dfrac{0.0018}{0.52} = 0.0036 < 0.1$，结果满

足一致性，该层权重如表 5 - 26 所示。

表 5 - 26 财务风险层权重

因素层指标	投资偏好	信息传递	信用政策
权重（W_{22}）	0.5816	0.3090	0.1095

因此财务风险的权重向量为 $W_{22} = (0.5816，0.3090，0.1095)$

第三，道德风险权重向量确定。运用上述软件得出上海莱士的道德风险层判断矩阵如表 5 - 27 所示。

表 5 - 27 道德风险判断矩阵

因素层指标	借款人的道德品质	集中的股权结构	股权质押动机
质押人的道德品质	1	1/4	1/6
权责不对等	4	1	1/2
公司前景的不确定性	6	2	1

最大特征根为 $\lambda_{max} = 3.0092$。一致性指标 $CI = \dfrac{\lambda_{max} - n}{n - 1} = \dfrac{3.0092 - 3}{3 - 1} = 0.0046$，由于 $RI = 0.52$，计算随机一致性比率 $CR = \dfrac{CI}{RI} = \dfrac{0.0046}{0.52} = 0.0088 < 0.10$，结果满足一致性，该层权重如表 5 - 28 所示。

表 5 - 28 道德风险层权重

因素层指标	质押人的道德品质	集中的股权结构	股权质押动机
权重（W_{33}）	0.0890	0.3234	0.5876

因此道德风险的权重向量为 $W_{33} = (0.0890，0.3234，0.5876)$

第四，控制权风险权重向量确定。运用上述软件得出上海莱士控制权风险层判断矩阵，如表 5 - 29 所示。

表 5 – 29　　　　　　　　　控制权转移风险判断矩阵

因素层指标	关联交易	真实盈余管理	税收规避
企业经营状况	1	1/7	1/2
研发创新	7	1	2
股权结构	2	1/2	1

最大特征根为 $\lambda_{max} = 3.0349$，$CI = \dfrac{\lambda_{max} - n}{n - 1} = \dfrac{3.0349 - 3}{3 - 1} = 0.0174$，

根据 $RI = 0.52$，得出随机一致性比率 $CR = \dfrac{CI}{RI} = \dfrac{0.0174}{0.52} = 0.0336 < 0.10$，

因此结果有满意的一致性，其指标权重如表 5 – 30 所示。

表 5 – 30　　　　　　　　　控制权转移风险层权重

因素层指标	关联交易	真实盈余管理	税收规避
权重（W_{44}）	0.1085	0.6301	0.2614

因此控制权转移风险的权重向量为 W_{44} ＝ （0.1085，0.6301，0.2614）。

③综合权重的确定。用指标层权重乘以因素层权重算出综合权重，如表 5 – 31 所示。

表 5 – 31　　　　　　　　　股权质押风险综合权重

指标层	权重	因素层	权重	综合权重
股价崩盘风险	0.1995	经济政策不确定性	0.1396	0.0279
		股权质押信息披露质量	0.3325	0.0663
		投资者情绪	0.5278	0.1053
财务风险	0.2187	投资偏好	0.5816	0.1272
		信息传递	0.3090	0.0676
		信用政策	0.1095	0.02395

指标层	权重	因素层	权重	综合权重
道德风险	0.0790	质押人的道德品质	0.0890	0.0070
		权责不对等	0.3234	0.0255
		公司前景不确定性	0.5876	0.0464
控制权转移风险	0.5028	企业经营状况	0.1085	0.0546
		研发创新	0.6301	0.3168
		股权结构	0.2614	0.1314

（3）模糊综合评价法——计算综合评价结果。首先根据股权质押风险评价指标的评级标准调查问卷（见附录 B）确定每个被评价的对象的模糊矩阵 R，其中 M 是对于每一层次的指标设定的五个评价级别，即 $M = [M_1, M_2, M_3, M_4, M_5] = [$很高风险，较高风险，一般风险，较低风险，很低风险$]$，赋值为 $M = [100, 80, 60, 40, 20]$。

其次结合指标权重值 W 及模糊矩阵 R，确定指标的总体评判向量，即：

$$B = W \times R = (w_1, w_2, \cdots, w_n) \times \begin{pmatrix} r_{11} & r_{12} & \cdots & r_{1m} \\ r_{21} & r_{22} & \cdots & r_{2m} \\ \vdots & \vdots & \ddots & \vdots \\ r_{n1} & r_{n2} & r_{n3} & r_{nm} \end{pmatrix}$$

再次建立某个具体因素的模糊评判矩阵：

①股价崩盘风险评价向量计算。经计算的股价崩盘风险对应模糊矩阵为：

$$R_{11} = \begin{bmatrix} 0.1000 & 0.1333 & 0.3333 & 0.2000 & 0.2333 \\ 0.1667 & 0.2000 & 0.4000 & 0.1333 & 0.1000 \\ 0.2333 & 0.2000 & 0.1667 & 0.1333 & 0.2667 \end{bmatrix}$$

由于股价崩盘风险权重是 $W_{11} = (0.1396 \quad 0.3325 \quad 0.5278)$，因此股价崩盘风险的评价向量为 $B_1 = W_{11} \times R_{11} = (0.1925, 0.1907, 0.2675, 0.1426, 0.2066)$。

②财务风险评价向量计算：

$$B_2 = (0.5816, 0.3090, 0.1095) \times \begin{bmatrix} 0.2000 & 0.2333 & 0.2667 & 0.1333 & 0.1667 \\ 0.1333 & 0.2667 & 0.1333 & 0.3000 & 0.1667 \\ 0.1667 & 0.1667 & 0.2000 & 0.3333 & 0.1333 \end{bmatrix}$$

$$= (0.1758, 0.2364, 0.2182, 0.2067, 0.163)$$

153

③道德风险评价向量计算：

$$B_3 = (0.0890, 0.3234, 0.5876) \times \begin{bmatrix} 0.2333 & 0.2667 & 0.2000 & 0.1667 & 0.1333 \\ 0.2333 & 0.2667 & 0.3000 & 0.1667 & 0.0333 \\ 0.1667 & 0.2333 & 0.3000 & 0.1333 & 0.1667 \end{bmatrix}$$

$$= (0.1942, 0.2471, 0.2911, 0.1471, 0.1206)$$

④控制权转移风险向量计算：

$$B_4 = (0.1085, 0.6301, 0.2614) \times \begin{bmatrix} 0.1667 & 0.3333 & 0.2333 & 0.1667 & 0.1000 \\ 0.1333 & 0.3333 & 0.2667 & 0.1667 & 0.1000 \\ 0.2000 & 0.2333 & 0.2667 & 0.1667 & 0.1333 \end{bmatrix}$$

$$= (0.1544, 0.3072, 0.2631, 0.1667, 0.1087)$$

⑤股权质押风险评价向量计算：

$$B = (0.1995, 0.2187, 0.0790, 0.5028) \times \begin{bmatrix} 0.1925 & 0.1907 & 0.2675 & 0.1426 & 0.2066 \\ 0.1758 & 0.2364 & 0.2182 & 0.2067 & 0.1630 \\ 0.194 & 0.2471 & 0.2911 & 0.1471 & 0.1206 \\ 0.1544 & 0.3072 & 0.2631 & 0.1667 & 0.1087 \end{bmatrix}$$

$$= (0.1698, 0.2634, 0.1241, 0.1691, 0.1410)$$

最后根据五级评级计算股权质押风险整体评分值：

$$F = VB^T = \begin{bmatrix} 100 & 80 & 60 & 40 & 20 \end{bmatrix} \times \begin{bmatrix} 0.1698 \\ 0.2634 \\ 0.1241 \\ 0.1691 \\ 0.1410 \end{bmatrix} = 55.11$$

将结果百分制得到资本成本的修正系数 $I = F/100 = 55.11\%$。

5. 股权质押下上海莱士的企业价值评估

股权质押下上海莱士的企业价值由现有资产的市场价值和企业潜在价值两部分组成，其中，现有资产的市场价值采用收益法中的两阶段模型进行确定，同时考虑到很多不确定性因素都会影响或改变企业自由现金流和资本成本，并且这些因素的影响不会长期存在，因此在预测期运用蒙特卡罗模拟，确保结果更合理；潜在价值采用 B–S 模型进行计算。股权质押对企业价值的影响主要集中在股权质押风险对企业自由现金流和资本成本的影响，通过引入股权质押风险系数调整资本成本，为了降低股权质押风险对企业价值影响考虑的重复性，对于股权质押对自由现金流的影响主要通过在计算营业收入比例时酌情考虑，并且股权质押具有时效性，因此在预测期要考虑股权质押的影响，并且在计算永续期价值以及潜在价值过程需要将现金流进行预测期折现时，用到的折现率也要用该修正后的折现率。

（1）上海莱士现有资产的市场价值的确定。本章评估基准日为2020年12月31日，并且以上海莱士2020年的公布的数据作为预测数据的基准。预测期间为2020～2025年，2025年之后为永续期。由此，上海莱士现有资产的市场价值计算公式为：

$$V = V_{预} + V_{永} = \sum_{i=1}^{5} \frac{FCFF_i}{(1 + WACC')^i} + \frac{FCFF \times (1 + g)}{(WACC - g) \times (1 + WACC')^5}$$

$$(5.9)$$

①预测期企业价值的确定。

第一，企业自由现金流量的确定。计算公式为：自由现金流量＝税后净营业利润＋折旧与摊销－营运资本净增加－资本性支出，由于营业收入具有可靠预测性，当企业可持续稳定经营时，其他指标与营业收入的关系较稳定，故本章采取营业收入比例法进行预测。

a. 营业收入预测。根据2014～2020年上海莱士财务报表数据可获悉企业营业收入，并可计算营业收入增长率，如表5－32所示。

表5－32 2014～2020年营业收入

项目	2014年	2015年	2016年	2017年	2018年	2019年	2020年
营业收入（万元）	132000	201300	232600	192800	180400	258500	276200
营业收入增长率（%）	165.91	52.50	15.55	－17.11	－6.43	43.29	6.85

根据表5－32可知，2014年的增长比例高达165.91%，主要因为2013年水灾使闵行厂区受损，严重影响企业的营业收入。2014年公司转移了生产基地，安置到奉贤新厂。厂区问题解决了，营业收入也实现大幅度增长，因此2014年可视为异常年份。2017年、2018年营业收入下降有多种原因，比如受"两票制"影响，使药品销售过程受到严格的监管，郑州莱士进行停产改造，进口蛋白竞争加剧、采浆量增速快，

导致供过于求、行业处于去库存状态；上海莱士高比例股权质押后，国家出台《股票质押式回购交易及登记结算业务办法（2018年修订）》，上海莱士不得大幅度降低股权质押比例，导致公司资金流转困难，生产、销售受困，造成营业收入降低。

近年来公司进行股权质押，采取宽松的信用政策增加营业收入，也反映了公司的营业收入受到股权质押的影响，现金流也受股权质押影响。剔除2014年营业收入非正常增长，计算2015～2020年营业收入增长率的平均值15.78%，以此为基础对预测期的营业收入进行，如表5-33所示。

表5-33　　　　　　　　2021～2025年营业收入预测

项目	2021年	2022年	2023年	2024年	2025年
营业收入（万元）	319784.36	370246.33	428671.20	496315.52	574634.11

b. 成本费用预测。从上海莱士2014～2020年度财务报表中得出成本费用的具体数值及其变动情况，如表5-34所示。

156

表5-34　　　　上海莱士2014～2020年营业成本及占营业收入比重

项目	2014年	2015年	2016年	2017年	2018年	2019年	2020年
营业收入（万元）	132000	201300	232600	192800	180400	258500	276200
营业成本（万元）	49420	77750	84340	70000	60010	92660	105000
营业成本占营业收入比重（%）	37.44	38.62	36.26	36.31	33.26	35.85	38.02
期间费用（万元）	25105	35843	33518	34627	41865	60892	49549
期间费用占营业收入比重（%）	19.02	17.81	14.41	17.96	23.21	23.56	17.94
期间费用占营业收入比重（%）	19.02	17.81	14.41	17.96	23.21	23.56	17.94
税金及附加（万元）	741.80	773.10	1439	1621	1622	1865	2036
税金及附加占营业收入比重（%）	0.56	0.38	0.62	0.84	0.90	0.72	0.74

续表

项目	2014 年	2015 年	2016 年	2017 年	2018 年	2019 年	2020 年
研发费用（万元）	4657.97	10089.41	7671.19	9693.31	9618.30	10240	12970
研发费用占营业收入比重（%）	3.53	5.01	3.30	5.03	5.33	3.96	4.70

营业成本、期间费用、税金及附加、研发费用占营业收入的比重较平稳，因此采用它们各自占营业收入的均值36.54%、19.13%、0.68%、4.41%预测未来5年的成本费用，如表5-35所示。

表5-35　　　　　2021~2025 年成本费用预测值　　　单位：万元

项目	2021 年	2022 年	2023 年	2024 年	2025 年
营业收入	319784.36	370246.33	428671.20	496315.52	574634.11
营业成本	116838.34	135275.43	156621.90	181336.83	209951.79
期间费用	61168.86	70821.30	81996.91	94936.02	109916.92
税金及附加	2175.99	2519.36	2916.91	3377.20	3910.12
研发费用	14095.82	16320.14	18895.46	21877.16	25329.38

c. 资产折旧与摊销预测。上海莱士2014~2020年折旧和摊销及其占营业收入比例，如表5-36所示。

表5-36　　　　2014~2020 年折旧和摊销及其占营业收入比例

项目	2014 年	2015 年	2016 年	2017 年	2018 年	2019 年	2020 年
折旧与摊销（万元）	27139.92	37111.71	51118.49	63046.3	155919.5	90543.68	102122.1
营业收入（万元）	132000	201300	232600	192800	180400	258500	276200
占营业收入比重（%）	20.56	18.44	21.98	32.70	42.65	35.03	36.97

将折旧和摊销占营业收入比重的平均值 29.76%，作为预测依据。预测 2021～2025 年上海莱士折旧与摊销如表 5-37 所示。

表 5-37 　　　　　2021～2025 年折旧与摊销预测情况　　　单位：万元

项目	2021 年	2022 年	2023 年	2024 年	2025 年
营业收入	319784.36	370246.33	428671.20	496315.52	574634.11
折旧与摊销	95167.57	110185.01	127572.21	147703.10	171010.65

d. 资本性支出。资本支出指企业为取得收益，进行购置、建造资产的支出。其资本性支出如表 5-38 所示。

表 5-38 　　　　　　　　2014～2020 年资本性支出

项目	2014 年	2015 年	2016 年	2017 年	2018 年	2019 年	2020 年
资本性支出（万元）	6505.90	14538.73	14748.52	15784.45	15693.98	15483.57	25176.21
占营业收入比重（%）	4.93	7.22	6.34	8.19	8.70	5.99	9.12

由表 5-38 数据可知，资本性支出占营业收入的比重趋于平缓，所以本章采用该比例的平均值 7.21%，进行预测，预测情况如表 5-39 所示。

表 5-39 　　　　　2021～2025 年资本性支出预测　　　单位：万元

项目	2021 年	2022 年	2023 年	2024 年	2025 年
营业收入	319784.36	370246.33	428671.20	496315.52	574634.11
资本性支出	23062.55	26701.82	30915.36	35793.81	41442.07

e. 营运资金增加额。由于在资产评估时往往需要剔除非经营性因素的影响，因此本案例中的营运资本是由企业经营性流动资产与经营性流动负债的差计算得出的，其计算公式为：

$$A = A_1 + A_2 + A_3 + A_4 + A_5 + A_6 + A_7 \tag{5.10}$$

$$B = B_1 + B_2 + B_3 + B_4 + B_5 + B_6 \tag{5.11}$$

$$C = A - B \tag{5.12}$$

$$\Delta C = C_1 - C_0 \tag{5.13}$$

其中，A、A_1、A_2、A_3、A_4、A_5、A_6、A_7 分别表示经营性流动资产、货币资金、应收账款、应收票据、预付账款、其他应收款存货、其他流动资产；B、B_1、B_2、B_3、B_4、B_5、B_6 分别表示经营性流动负债、应付票据、应付账款、预收账款、应付职工薪酬、应交税费、其他应付款；C 表示营运资金；ΔC 为营运资金增加；C_1 为本年营运资金；C_0 为上年营运资金。

相关数据经整理财务报表得出如表 5－40 所示。

表 5－40　　　　　　　2014～2020 年营运资金增加情况

项目	2014 年	2015 年	2016 年	2017 年	2018 年	2019 年	2020 年
经营性流动资产（万元）	264749.6	318298	391508	379249	358365	412056.1	455819.4
经营性流动负债（万元）	27312	21259.3	38008.8	19451.99	27464	30939	31161
营运资金（万元）	237437.60	297038.70	353499.20	359797	330901	381117.08	424658.4
营运资金增加（万元）	198996.40	59601.10	56460.50	6297.81	－28896	50216.08	43541.32
占营业收入比重（%）	179.88	29.61	24.27	3.27	－16.02	19.43	15.76

从表 5－40 可以看出，除 2014 年、2017 年、2018 年占比异常外其余几年较为稳定，结合上海莱士正处恢复期，以及生物医药这类企业未来的发展趋势，本案例以 2015 年、2016 年、2019 年、2020 年营运资金增加额占收入比的平均值 22.27% 预测 2021～2025 年营运资金增加额，如表 5－41 所示。

表 5 – 41 2021～2025 年营运资金增加额

项目	2021 年	2022 年	2023 年	2024 年	2025 年
营业收入（万元）	319784.36	370246.33	428671.20	496315.52	574634.11
营运资金增加额（万元）	71209.67	82446.55	95456.62	110519.68	127959.68

f. 企业自由现金流量。根据上述指标计算得出的上海莱士自由现金流量表如表 5 – 42 所示。

表 5 – 42 2021～2025 年自由现金流量 单位：万元

项目	2021 年	2022 年	2023 年	2024 年	2025 年
营业收入	319784.36	370246.33	428671.20	496315.52	574634.11
营业成本	116838.34	135275.43	156621.90	181336.83	209951.79
期间费用	61168.86	70821.30	81996.91	94936.02	109916.92
研发费用	14095.82	16320.14	18895.46	21877.16	25329.38
税金及附加	2175.99	2519.36	2916.91	3377.20	3910.12
利润总额	125505.35	145310.10	170815.34	194788.31	225525.90
减所得税	18825.80	21796.52	25622.30	29218.25	33828.89
税后利润	106679.55	123513.59	145193.04	165570.06	191697.02
累计折旧与摊销	95167.57	110185.01	127572.21	147703.10	171010.65
资本性支出	23062.55	26701.82	30915.36	35793.81	41442.07
营运资本增加额	71209.67	82446.55	95456.62	110519.68	127959.68
企业自由现金流量	107574.90	124550.23	144204.25	166959.67	193305.92

第二，折现率的确定。企业的债务资本成本即企业债权人的回报率，随着国家对生物医药行业给予很多利好政策、上海莱士最近处于业务回暖的上升期，以及股权质押比例的下降，降低了对债务资本成本的影响。因此，本节采用最新的中国人民银行公布的五年期的贷款基准利率4.75%。同时由于该公司是高新技术企业，可适用15%的企业所得税率，由此估算其最终考虑税收后的债务资本成本为4.04%。

无风险利率 R_f 选取截至2020年12月31日剩余10年的国债到期利益率3.29%，上海莱士的 β 系数经万德数据库查询为0.57。中国的股票指数有很多，其中，沪深 300 指数代表股市上 300 只流动性好的股票，可以代表我国 A 股市场的股票价格的整体情况。故本案例根据沪深 300 指数 2005 ~ 2020 年各年末的收盘价的几何平均值来计算市场期望报酬率，即 $R_m = 12.22\%$。

据此，上海莱士的权益资本成本为：

$$R_e = R_f + \beta(R_m - R_f) = 3.29\% + 0.57 \times (12.22\% - 3.29\%) = 7.99\%$$

其中，上海莱士资产负债率如表 5 - 43 所示。

表 5 - 43　　　　　　　2014 ~ 2020 年资产负债率

项目	2014 年	2015 年	2016 年	2017 年	2018 年	2019 年	2020 年
资产总计	937900	1156000	1323000	1446000	1139000	1185000	2549000
负债总计	75520	84360	149500	197500	49520	36200	36370
债务资本比重（%）	8.05	7.30	11.30	13.66	4.35	3.05	1.43
所有者权益	862380	1071640	1173500	1248500	1089480	1148800	2512630
权益资本比重（%）	91.95	92.70	88.70	86.34	95.65	96.95	98.57

根据表 5 - 43，可计算出上海莱士 2014 ~ 2020 年的平均资产负债率为 7.02%，所有者权益占资本总额的比重为 92.98%。经计算，上海莱士加权资本成本为：

$$WACC = 7.02\% \times 4.04\% + 7.99\% \times 92.98\% = 7.71\%$$

考虑股权质押风险经修正后的资本成本为：

$$WACC' = WACC \times (1 + I) = 7.71\% \times (1 + 55.11\%) = 11.96\%$$

第三，上海莱士预测期企业价值。根据公式 $V_预 = \sum_{i=1}^{5} \dfrac{FCFF_i}{(1 + WACC')^i}$，可以得出预测期企业价值为 515227.14 万元，如表 5 - 44 所示。

表 5 - 44　　　　　　　　　预测期企业价值　　　　　单位：万元

项目	2021 年	2022 年	2023 年	2024 年	2025 年
企业自由现金流量	107574.90	124550.23	144204.25	166959.67	193305.92
预测期折现值	96083.33	99361.97	102753.49	106255.76	109882.86
预测期企业价值	514337.41				

第四，运用蒙特卡罗模拟对收益法预测期价值进行修正。上述在运用收益法对股权质押预测期企业价值进行评估时，现金流数值是在考虑股权质押的基础上根据企业过往的收益对未来收益进行预测得出，然而市场环境具有变化性，这将影响企业未来收益；同时税率、企业的资本结构、股权质押等因素也会对折现率产生影响，导致现金流量和折现率具有很强的不确定性。但是传统收益法并没有考虑该种影响，为了评估结果的合理性，本章引入蒙特卡罗模拟的方法。将传统收益法模型确定为数学模型，现金流（FCFF）和折现率（WACC）作为随机变量并确定它们的概率分布。上海莱士进行股权质押只有几年的历史，可收集的历史数据有限，因此假定自由现金流量 FCFF 服从三角分布。在 2020 年生物医药企业营业收入增长为 18.38%，在预测期内企业营业收入存在连年增长的情况，所以本章以 2020 年营业收入、该类企业营业收入的增长率为基础，计算预测期营业收入最大值为 642118.75 万元，根据上海莱士历史经营数据可知该公司存在营业收入增长率为负值的情况，一旦出现营业收入增长率为负值时企业不会任由它继续下降，会采取措施及时止损，因此，此处认为营业收入按 18.38% 连续下降 3 年，使营业收入达到最小，最小值为 150180.17 万元，根据营业收入最大值与最小值的平均值确定营业收入的可能值为 396149.46 万元。因此得出 FCFF 的最大值为 215970.22 万元，最小值为 50511.60 万元，可能值为 133240.91 万元。

折现率由于波动幅度较小，有关研究已表明折现率在一定范围内出现的概率是相等的，因此设其服从均匀分布，上下波动幅度为 10%，故折现率的最小值为：$WACC'_{min} = WACC' \times (1 - 10\%) = 10.76\%$；最大值为：$WACC'_{max} = WACC' \times (1 + 10\%) = 13.16\%$。

2005 年郭强和伍青（2005）在运用蒙特卡罗模拟技术评估企业价值时发现模拟次数对评估结果差异的影响并不显著，不过随着模拟次数的不断增加，评估结果的精确程度也会不断提高。因此，运用 MATLAB 软件进行模拟时，本章为了使计算结果更加准确，进行了 10000 次模拟，设置置信区间为 95%。通过模拟，得到现金流量 FCFF 和折现率 $WACC'$，将其代入公式 $V_{预} = \sum_{i=1}^{5} \dfrac{FCFF_i}{(1 + WACC')^i}$ 得出 10000 组预测期间企业价值计算结果，并求其均值，模拟结果如图 5-7、图 5-8 所示。

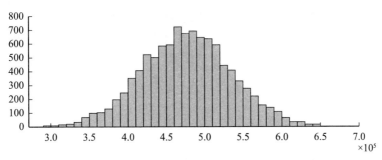

图 5 – 7　FCFF 的频数分布直方图

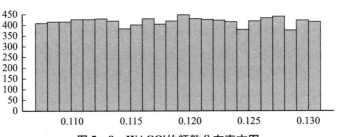

图 5 – 8　WACC′的频数分布直方图

通过借助计算机进行 10000 次模拟发现，随着模拟次数的增加，预测期间企业价值计算结果服从正态分布，且得到置信区间 95% 内企业价值的均值为 476573 万元，低于不用蒙特卡罗模拟的收益法计算的结果 514337.41 万元，这是考虑了多重不确定性因素，使计算结果更符合实际情况。

②永续期价值评估。

生物医药企业是国家重点扶持企业，未来收益是不断增长的，2018 ~ 2020 年我国 GDP 增长率平均值为 5%，并且同时期上海莱士正在进行补救，其未来收益增长率可以与国家 GDP 增长率相当，因此本章假设永续期上海莱士收益增长率略低于 GDP 增长率为 g = 5%。代入公式：

$$V_{永} = \frac{FCFF \times (1 + g)}{(WACC - g) \times (1 + WACC')^5} = \frac{193305.82 \times (1 + 5\%)}{(7.71\% - 5\%) \times (1 + 11.96\%)^5}$$

$$= 4257453.82（万元）。$$

因此上海莱士现有资产的市场价值为蒙特卡洛模拟的预测期价值和永续期价值之和，为 4771791.23 万元。

（2）B-S模型评估上海莱士的潜在价值。上海莱士拥有丰富的产品线，各项在研药品有序发展，上海莱士制造的人凝血酶原复合物主要用来治疗血友病，改善患者的生活质量，目前已经准备进入临床前研究。因此人凝血酶原复合物上市的可能性较大，如果成功上市将给企业带来潜在的收益。

①B-S模型中参数的选取。B-S模型中的五个参数都具有非常重要的地位，会影响最终评估结果，下文对其取值的合理性进行具体阐述。

第一，标的资产现值S。标的资产现值指对投资该项目产生的未来现金流量进行折现得到的现值。上海莱士潜在价值的评估主要围绕目前在研的人凝血酶原复合物，该产品2020年已获得生成批准。在未来现金流量的计算过程中，需要考虑的因素较多，所以本案例在评估的时候会参考一些专业机构发布的最新的说服力强的数据，但有时会对一些数据做些假设。

人凝血酶原复合物主要用于治疗人类先天性和获得性凝血因子Ⅱ、Ⅶ、Ⅸ、Ⅹ缺乏症，根据国内凝血因子类及其他产品的批签发量可以获悉，2019年人凝血酶原复合物达到173万支，其中上海莱士为38.76万支，市场单支价格为550元，净收益为21318万元。假设2021~2025年这5年预测期内人凝血酶原复合物给公司带来的净收益按照预期测前3年（2018~2020年）国家GDP平均值5%增长。可以预测出人凝血酶原复合物在预测期内的收益以及现值，如表5-45所示。

表5-45　　　　　人凝血酶原复合物税后收益及现值　　　　单位：万元

年份	人凝血酶原复合物税后收益	人凝血酶原复合物收益现值
2021	22383.90	19992.77
2022	23503.10	18749.98
2023	24678.25	17584.62
2024	25912.16	16490.91
2025	27207.77	15465.99
合计		88284.27

因此计算得出标的资产现值 S = 88420.26 万元。

第二，执行价格 X。B – S 模型中的执行价格一般根据成交价格计算。那么上海莱士在研产品的执行价格应为项目完工前各阶段所有投入资金总和的现值，折现求和得出执行价格，如表 5 – 46 所示。

表 5 – 46 执行价格 X 单位：万元

项目	2021 年	2022 年	2023 年	2024 年	2025 年
研发费用	14095.82	16320.14	18895.46	21877.16	25329.38
折现值	12590.05	13019.66	13464.06	13922.97	14398.24
执行价格 X	67394.88				

第三，波动率 σ。标的资产的波动率是指项目未来收益率的标准差。由于债务价值具有相对稳定的特征，所以一般会忽略它的波动率。然而权益资本的波动较大并且主要表现为股价波动，所以本章选择标的资产的波动率时用股价的波动率进行替代。由于 2018 年前上海莱士股权质押比率较高，受《股票质押式回购交易及登记结算业务办法（2018 年修订）》的影响，此后一段时间股价波动较大。直至 2020 年 4 月第一个交易日，上海莱士的质押比率控制在了政策要求的 50% 以内。因此本章选取了从 2020 年 4 月 3 日至 2020 年 12 月 31 日共 183 个交易日的股票收盘价格。公式的推导过程如下：

第一步：计算日收盘价的对数收益率 R_i 公式为：

$$R_i = \ln \frac{u_{i+1}}{u_i} (i = 1, 2, 3, \cdots, n)$$

其中，u_{i+1} 为被评估公司第 $i+1$ 期股票价格；

u_i 为被评估公司第 i 期股票价格。

第二步：求取标准差即日收益波动率，公式为：

$$\sigma_日 = \sqrt{\frac{n \sum R_i^2 - (\sum R_i)^2}{n(n-1)}}$$

第三步，求取年收益波动率，如表 5 – 47 所示。

表 5 - 47　　　　　　　　　　　年收益波动率计算情况

交易日期	日收盘价（元）	R_i（%）	日收益波动率（%）	年收益波动率
2020 年 4 月 3 日	7.82	0.38		
2020 年 4 月 7 日	8.05	2.90		
2020 年 4 月 8 日	7.99	-0.75		
2020 年 4 月 9 日	8.19	2.47		
2020 年 4 月 10 日	7.94	-3.10		
2020 年 4 月 13 日	7.95	0.13	2.11	$\sigma_{年} = \sqrt{\sigma_{日}^2 \times 年交易天数}$
2020 年 4 月 14 日	8.03	1.00		$= 2.11\% \times \sqrt{250} = 33.36\%$
2020 年 4 月 15 日	8.24	2.58		
……	……	……		
2020 年 12 月 29 日	7.29	1.24		
2020 年 12 月 30 日	7.24	-0.69		
2020 年 12 月 31 日	7.4	2.19		

第四，期权执行期限 T。期权的执行期限为从项目投资开始，到项目正式执行为止所经历的时间。该公司的专利权以及非专利技术的预计使用年限分别为 20 年、8 年，截至 2020 年 12 月 31 日该公司产品以及工业流程优化仍在进行中，因此假设该产品的平均执行期限为 10 年。

第五，无风险利率 r。关于 B - S 模型中的无风险收益率 r 的具体数值的判断，人们通常以与项目执行年限相同或者接近的国债到期收益率作为参考，所以本章中选择了截至 2020 年 12 月 31 日到期的 10 年期国债平均收益率 3.29%，作为无风险利率。

②B - S 模型下的期权价值评估。根据前面测算，S 为 88284.27 万元，X 为 67394.98 万元，σ 为 33.36%，T 为 10 年，r 为 3.29%，代入 B - S 模型中，具体过程如下：

$$d1 = \frac{\ln\left(\dfrac{S}{X}\right) + \left(r + \dfrac{\sigma^2}{2}\right) \times T}{\sigma\sqrt{T}} = 1.095$$

$$d2 = \frac{\ln\left(\dfrac{S}{X}\right) + \left(r - \dfrac{\sigma^2}{2}\right) \times T}{\sigma\sqrt{T}} = d1 - \sigma\sqrt{T} = 0.0403$$

$$V_{潜} = S(d1) - Xe^{-rT}N(d2) = 51352.2$$

③评估结果。股权质押下生物医药企业价值包括预测期价值、永续期价值、潜在价值，根据上述分析得出企业价值为：

$$V = V_{预} + V_{永} + V = \sum_{i=1}^{5} \frac{FCFF_i}{(1 + WACC')^i} + \frac{FCFF(1 + g)}{(WACC - g) \times (1 + WACC')^5}$$

$$+ V_{潜} = 482.31（亿元）$$

未考虑股权质押时根据上海莱士每年披露的财务报表以及其他相关数据按照企业自由现金流量模型的两阶段模型对上海莱士的企业价值进行评估，得出结果：

$$V' = \sum_{i=1}^{5} \frac{FCFF_i}{(1 + WACC)^i} + \frac{FCFF(1 + g)}{(WACC - g) \times (1 + WACC)^5}$$

$$+ V_{潜} = 580.36（亿元）$$

通过国泰安数据库查询的上海莱士 2020 年 12 月 31 日的总市值超过 498.82 亿元，比较两者结果，发现考虑股权质押的企业价值更接近市值并且低于市值。因此得出，上海莱士股权质押仍然存在风险，并且市场高估该企业价值。

6. 小结

本小节以上海莱士作为研究对象进行个案分析，构建上海莱士股权质押风险指标体系并运用 AHP—模糊综合评价法量化股权质押风险，得到股权质押风险量化系数，对资本成本进行修正，然后运用前述构建的评估模型计算股权质押下上海莱士的企业价值，并且与若不考虑股权质押时上海莱士的企业价值做对比，发现运用构建的模型计算的企业价值更符合实际，还反映出股权质押对企业价值有负面影响，对进行股权质押的企业具有指导意义。

5.2.5　结论、不足与展望

1. 结论

（1）本部分分析了股权质押影响生物医药企业价值的机理。股权质押会影响企业自由现金流量以及股权质押会带来较大风险，并且这些风险增加了企业的资本成本，最终对价值产生负面影响。

167

（2）本部分结合股权质押、生物医药企业的特征认为股权质押下生物医药企业价值包括两部分：企业现有资产带来的市场价值和在研项目带来的潜在价值，并且根据股权质押的背景和生物医药企业的特征，分别对市场价值和潜在价值选取不同的评估方法。

（3）本部分研究股权质押风险对资本成本的影响时，创新性地引入了股权质押风险系数，运用 AHP——模糊综合评价法对该系数进行识别和量化，为股权质押风险的研究提供新的思路。同时为降低经济社会中不确定性对资本成本以及现金流的影响提供了蒙特卡罗模拟的方法，使评估结果更加准确。

（4）本部分选取生物医药行业进行股权质押具有代表性的企业——上海莱士，通过分析上海莱士企业进行股权质押后的特征，将构建的模型运用到具体案例中，得出运用该模型计算的企业价值与市值较接近且略低于市值，反映了该模型充分考虑了股权质押对企业价值的负面影响，具有较强的适用性。

2. 研究不足与展望

为了使所建立模型更符合实际，可以在实务中得以应用，本部分通过理论的研究，充分结合实践来进行验证与分析。从最终的评估结果可以看出，根据股权质押风险修正的收益法与 B－S 模型相结合的方法评估股权质押下生物医药企业价值具有一定说服力，但仍存在一些不足需要继续深入研究。

（1）股质质押对现金流量的影响。本部分确定出股权质押对现金流量影响的具体数值，但只是结合具体案例进行分析，不具有普适性，后续继续深入挖掘股权质押对现金流量的影响时应摆脱个性化，量化出具有普遍适用性的比例。

（2）问卷调查范围受限。在结合案例实际情况确定完各项指标后，采用问卷调查的方法对各指标的重要性做出判断并进行赋值。问卷调查的内容和结果直接决定评估结果，但问卷调查的范围是有限的，为了使调查数据更具有说服力和代表性，在日后的研究中应加大问卷调查的覆盖面。

（3）股权质押的时效性。本部分认为，股权质押对企业价值的影响是短暂的，因此只对预测期考虑股权质押的影响，没有考虑股权质押的长效性，后续需要对股权质押的时效性加强研究。

第6章 基于融资约束间接破解机制的企业价值效应研究

6.1 间接破解方式之———高管薪酬差距的企业价值效应研究

6.1.1 概念界定

1. 国有企业

国有企业是指由一个国家的行政机构参与部分投资管理或能够实施控制的企业。我国的国有企业包括由国务院或地方政府代表国家履行股东职责的国有独资公司、国有资本控股公司和其他国有独资企业。国有企业作为我国国有经济不可或缺的组成部分，同时兼具营利法人与非营利法人的特点，这决定了国有企业不仅具有追求利润最大化的目标，还要兼顾提供公共产品服务等非营利性目标。本章研究的国有企业是由其他国有企业、中央机构、地方机构、政府机关、事业单位实际控制的沪深 A 股上市企业。

国有企业可以按照不同的分类标准进行不同的分类。按照所处行业市场化程度，可以分为垄断性国企和竞争性国企。垄断性国企通常掌控国家的经济命脉，位处规模宏大、地位重要的行业，如交通、石油、通信、军工等；竞争性国企则在经济活动中更加具有活力，因为其行业不受国家垄断。按照实际控制人性质，可以分为央企和地方国企，分别由中央和地方政府监督管理。其中，央企通常规模大、效益高；地方国企还能进一步区分为省属国企和市属国企等。

2. 高管薪酬

（1）高管人员。作为企业的最高管理层，高管人员需要统筹企业整体日常运营、参与企业宏观战略制定、决策企业重大经营活动。大多数国外学者将 CEO 视为高管人员进行研究，这和国内学者对高管人员的划分和定义方式有所区别：部分学者仅将总经理定义为高管人员；部分学者则因为董事长同样参与企业经营决策，认为董事长同样属于高管人员；还有学者则将概念扩大化，增加其他管理人员，把董事会成员、董事会秘书、财务总监、总裁等都包括在高管人员这一概念中进行研究。

我国《公司法》对高管人员组成进行了如下界定："高级管理人员，是指公司的经理、副经理、财务负责人，上市公司董事会秘书和公司章程规定的其他人员。"参考这一界定方法，本节将董事会、监事会成员及其他高级管理人员均定义为高管人员，在后续实证研究中则选取企业年报所披露的薪酬水平处于前三位的高管成员。

（2）高管薪酬。高管薪酬是高管人员向企业提供劳务得到的回报，同时包含高管的货币薪酬和非货币薪酬，包括工资、奖金、津贴、福利、股票、期权等。但是，考虑到股票价值与期权的不确定性以及其他福利收入在现实中难以观察并获取可信数据，学者们大多选择将货币薪酬部分代表整体高管薪酬进行研究。

我国要求上市公司从 2005 年起披露在报告期内现任董事、监事与其他高管人员所获得的薪酬，同时包括基本工资、各项奖金、各项福利及其他津贴。因此本章所指的高管薪酬概念为短期薪酬，即报告期内高管人员取得的基本工资、各项奖金、各项福利及其他津贴等的货币性薪酬。本章选取企业年报所披露的薪酬数值之均值作为高管薪酬的衡量方式，这是同时考虑高管薪酬数据可获取性和企业高管人数差异的结果。

3. 高管薪酬差距

企业会根据员工职位等级、工作表现和能力给予对应薪酬，内部薪酬差距在企业中普遍存在；而每一家企业之间又因自身在所处行业内的地位以及自身规模、经济状况的不同，出现同行业间薪酬差距。高管薪酬差距在不同的文献中包含三个不同方面的含义：高管团队内部薪酬差距、高管与普通员工间薪酬差距以及同行业间高管薪酬差距。因此，本节研究同样按照这三个不同方面的国有企业高管薪酬差距展开。

第一，本节参考先前学者研究采用的分类方式，将国有企业的高管人员进一步分为核心和非核心两大类。具体而言，将我国国有企业年报披露的"薪酬前三名的高管"定义为核心高管，将其余的高管人员定义为非核心高管。按照这种分类，本节高管团队内部薪酬差距具体指国有企业中核心高管与非核心高管薪酬的差额。同时，本节分别将核心高管和非核心高管的薪酬均值作为核心与非核心高管薪酬的衡量指标。

第二，本节中的高管—员工薪酬差距指国有企业内高管团队与普通员工的薪酬之差。其中，用前面所述的核心高管薪酬代表高管团队薪酬，用支付给员工的现金流量扣除全部高管人员薪酬的差额部分代表普通员工薪酬，这两者的衡量方式均同样是薪酬均值。

第三，本节提到的高管行业薪酬差距指按照证监会 2012 年颁布的行业分类标准进行分类后，该国企高管团队薪酬与同行业之比。其中高管团队薪酬仍然用该国企核心高管薪酬进行代表，而行业高管团队薪酬则用行业内核心高管薪酬来代表，在衡量方式上都同样是均值形式。值得注意的是，此处选择采用相对指标的衡量方式，这是考虑到国企内高管人员薪酬均值并非一定高于行业整体高管薪酬平均水平，不方便采用直接作差的方式进行衡量。

4. 企业价值

企业价值不仅是衡量公司财务价值创造的指标之一，更是体现企业财务决策效果的最优指标，能够考虑资金的风险与时间价值因素并体现企业可持续长期发展能力；现代企业进行财务活动的最终目标正是实现企业价值最大化。

企业价值的衡量指标通常包含净资产收益率（ROE）、总资产收益率（ROA）等会计指标，以及 Tobin Q 等市场指标。其中，会计指标通常易受盈余管理等的操纵，仅反映企业历史财务信息而不能反映企业未来价值；市场指标不仅可以反映公司未来价值，而且还能更加全面地反映企业资产情况。由于上市国有企业的投资者大多属于价值型投资者，且国企流通市值相对高，所以国企股票的投机性相对较弱，满足使用Tobin Q 度量企业价值的条件，这也是学者普遍采用 Tobin Q 指标衡量国有企业价值的主要原因。参照这些学者的做法，本章同样选取 Tobin Q 值衡量企业价值。当 Tobin Q 值大于 1 时，表明企业在市场中的价值相对高，该企业的投资者能够获得较好的收益；若 Tobin Q 值小于 1，投资者对该企业的发展前景悲观，可能使企业价值被低估。

6.1.2　我国国有企业薪酬差距的基本判断

1. 全时间维度的总体判断

通过筛选，本节确定 812 家国有沪深 A 股上市企业作为研究样本，其中采用前面概念界定的三个方面作为薪酬差距的内容与计量方式，2012～2018 年连续 7 年我国国有企业高管薪酬差距的变化情况如表 6－1 所示。

表 6－1　　　　　　　　　国有企业高管薪酬差距的变化趋势

薪酬差距	2012 年	2013 年	2014 年	2015 年	2016 年	2017 年	2018 年
高管团队（万元）	36.07	38.48	40.99	41.81	44.42	49.66	53.33
高管—员工（万元）	41.09	43.82	46.69	47.49	49.93	55.29	54.72
高管行业（％）	26.44	38.40	38.35	36.32	36.07	36.47	35.70

表 6－1 的数据表明，首先，国企高管人员内部薪酬差距由 36.07 万元扩大到 53.33 万元，总体呈不断扩大趋势：2012～2014 年一直维持 2.4 万元/年的扩大速度；2015 年增加额则明显减少，大约不足 1 万元；2016～2018 年扩大程度又开始呈现加速上升趋势，达 4 万元/年。其次，国企高管—员工薪酬差距整体同样呈现不断扩大的趋势，差距由 41.09 万元逐步扩大到 54.72 万元：2012～2014 年的薪酬差距以每年 2.5 万元的速度均衡增长，2015 年差距增幅依然最小，为 0.8 万元；2016～2018 年的增速又再次提升。最后，国企高管行业薪酬差距整体由 26.44% 上升到 35.7%，但转折出现在 2015 年：2012～2013 年薪酬差距上升并达到高点，但 2014 年基本保持不变；薪酬差距从 2015 年开

始波动下降，并且之后每年的薪酬差距始终小于 2014 年。

综上所述，我国国企高管团队内部薪酬差距、高管—员工薪酬差距虽然在 2015 年政策推行后增幅明显缩小，但始终仍在上升；与行业平均薪酬水平相比，高管薪酬水平确实在逐渐降低。总体来看，对限制我国国有企业薪酬差距的作用而言，2015 年我国推行的政策作用显得非常有限。

2. 政策时间节点前后行业对比分析

国企高管薪酬差距受到的愈发增长的关注在接连出台的国家政策中可见一斑，以下采用柱状图的形式以便直观展示 2015 年政策推行前后我国各行业国有企业高管薪酬差距变化情况。其中，按照政策正式推行的年份 2015 年前后作为分组依据，分为 2012～2014 年和 2015～2018 年两个组；行业分类依据则是我国证监会 2012 年版行业分类标准。

（1）国有企业高管团队内部薪酬差距。我国国企高管团队内部薪酬差距按行业分布与政策实施前后变化情况如图 6－1 所示。

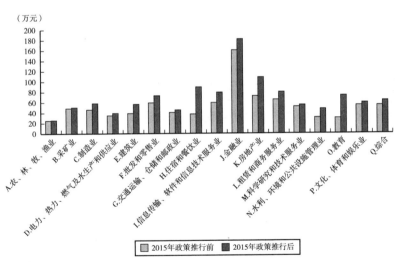

图 6－1　国有企业高管团队内部薪酬差距变化趋势

图 6－1 的柱形分布表明，国企高管员工内部薪酬差距的行业差异性十分明显，其中以金融业超过 120 万元的薪酬差距为最，且与其他行业差别巨大，这一现象主要是金融行业自身高风险和高收益兼具的特殊

性质所导致；观察 2015 年政策推行前后的差距可以发现，增幅排行前三的行业包括住宿和餐饮业、房地产业以及教育行业，而农林牧渔业基本保持了不变的薪酬差距，此外其他行业都存在一定程度的薪酬差距增加。可以看出，虽然理论上 2015 年政策的推行应该使薪酬差距减小，但是从图中可以看出，我国国有企业高管内部薪酬差距并未因为政策的推行受到较好的限制，高管内部薪酬差距依然不降反增。

（2）国有企业高管—员工薪酬差距。图 6 - 2 为我国不同行业中国有企业高管与员工薪酬差异的具体分布及变化情况。

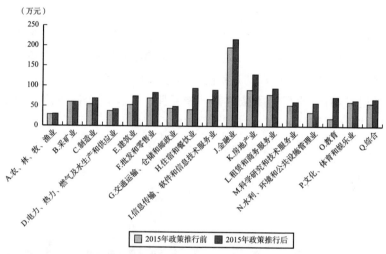

图 6 - 2　国有企业高管—员工薪酬差距变化趋势

图 6 - 2 呈现的结果可以发现，不同行业的国有企业中高管—员工薪酬差距具有明显的差异性，这种差距在金融行业中尤为突出，2015 年政策推行后该行业中国有企业高管—员工薪酬差距超过 200 万元。另外，从图中可以看出，2015 年推出相关政策后，各行业国有企业中高管—员工薪酬差距均有所增加，增长幅度依据行业特点存在明显差异。其中，住宿和餐饮业以及教育行业增长幅度超过 100%，农、林、牧、渔业和采矿业没有明显变化。可见，同国有企业高管团队内部薪酬差距结果类似，相关政策的推行对约束或缩小高管薪酬差距并未产生良好的效果。

（3）国有企业高管行业薪酬差距。图 6 - 3 为我国不同行业中国有企业高管行业薪酬差距的具体分布及变化情况。

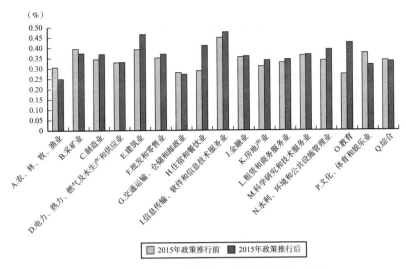

（%）

2015年政策推行前　　2015年政策推行后

图 6 - 3　国有企业高管外部薪酬差距变化趋势

图 6 - 3 呈现的结果可以发现，2015 年相关政策的推行和实施对限制国有企业高管外部薪酬差距扩大起到一定的积极效果。虽然教育业等个别行业高管薪酬差距依旧明显增加，但大部分行业增长幅度较小，甚至农、林、牧、渔业及文化、体育和娱乐业中的国有上市企业中高管外部薪酬差距呈缩小的趋势，由此可见，政策发挥了一定的约束作用。

6.1.3　理论分析与研究假设

通过经典理论研究与文献研读，可以发现个人行为会受到心理状态的影响。本节认为，国有企业的高管以及员工都不仅关注自身投入与收益而且会关注其他人的收益，并进行比较从而产生攀比心理以及公平感，最终影响甚至改变他们的工作动机与行为来应对薪酬差距。因此将心理因素与相关行为学理论结合，会更有利于本节后面的内容分析。

同时单纯的理论分析并不能捕捉现实当中的每一种情况，当我们把问题具体聚焦到中国国有企业的时候，就必须要充分考虑相关的特点及现实因素。我国对国有企业进行了不断的改革，同时实施了多项与限薪相关的政策，使货币薪酬在企业中的激励效果降低，职位晋升激励显得更重要。

1. 高管内部薪酬差距对企业价值的影响

基于锦标赛理论，高层管理人员为获得职位晋升或更丰厚的薪酬，会主动加大对工作的投入程度和对公司的忠诚度以获得"比赛奖励"，由此可以在高管团队中形成积极的竞争氛围，激励高管努力工作，提高工作效率。同时高层管理人员之间能够自发进行互相监督和激励，在一定程度上有利于缓和股东和管理层直接的代理冲突，降低部分代理成本，从而有利于企业价值的提升。与锦标赛理论不同，行为理论强调了一个组织中团队合作和公平的重要性。因为高管的付出和回报的平衡性能够影响高管的行为，如果公司中高管薪酬差距过大，通过与他人薪酬比较，可能会滋生不满情绪和落差感，一方面不利于薪酬相对较低的高管的工作积极性和主动性；另一方面可能诱发高管的道德风险和逆向选择，通过自利行为弥补薪酬差距，使其做出不利于公司价值的行为，不利于企业价值增加。

与非国有企业相比，国有企业的高管兼具"经济人"和"政治人"的双重身份，使其在工作中不仅会受到经济激励还会受到政治激励。由于我国国有企业中高层管理团队人数和组成相对固定且政治因素浓厚，使部分管理者基于晋升空间较小而产生消极的工作态度。当公司现有的薪酬制度给予国有企业高管人员的正向激励不足时，一方面可能诱发高管公款吃喝、过度在职高消费，加剧代理冲突；另一方面使高管丧失积极主动性，出现"懒政"等不作为的行为。不利于企业的良好发展。因此，国有企业为发挥更好的晋升激励效应，应制定公平合理的薪酬体系，通过提供多样性的职位和薪酬待遇，合理增加高管团队内部的薪酬差距，以此形成团队内部的良性竞争和有效激励，进而促进企业发展和价值提升。基于上述分析，提出本章的假设 1。

H1：高管团队内部的薪酬差距有利于促进企业价值的提升。

2. 高管—员工薪酬差距对企业价值的影响

在薪酬体制完善的公司中，不同级别的岗位会匹配不同的薪资待遇，高层管理人员的薪资水平明显优于普通职员。基于锦标赛理论，员工会为了争取更高的地位和薪资而自发地努力投入工作，更加勤勉尽责以期升职加薪。普通职工会享受高管的地位和待遇奋发工作，例如基于薪酬差距的激励，公司研发人员会主动开发、研制新产品来增加对公司的贡献和价值创造，从而提高企业的自主创新能力和核心竞争力，促进企业的可持续发展。同样地，高管人员为了维护自身职位或更上一层楼，也会更加勤勉尽责地投身于公司事业，主动为公司战略目标的实现而奋斗。反之，如果高管和员工之间的薪酬待遇差距较小，当员工努力工作晋升后发现薪酬与之前相差无几，回报远不如付出，这时就无法对员工起到很好的激励作用；对于高管人员来说也是如此，努力工作得到的薪酬与普通员工差别不大，会磨灭高管的工作积极性，滋生不满情绪，甚至为了获得额外利益做出有损公司整体价值的自利行为。因此，可以认为，较大的薪酬差距可以提高员工对公司的忠诚度和对工作的积极性，有利于提升经营业绩，增加企业价值。

而行为理论对此持有不同观点。该理论认为，薪酬差距过大会影响企业内部的和谐和稳定，破坏员工之间的协作关系，甚至可能产生恶性竞争，不利于企业的发展。基于相对剥削理论，当人们感觉自己的付出多于得到的回报时，就会产生一种被剥削感，影响其对工作的热情。企业员工不仅将付出和回报进行纵向比较，还会横向与他人进行比较。若高管—员工薪酬差距过大，可能使薪酬较低的普通员工其产生不公平感，从而因负面情绪影响工作；若高管—员工薪酬差距较小，虽然可以一定程度上维护团队合作和稳定，但容易使高管人员不作为或谋取私利。

不管是高管人员还是普通员工都是影响企业高质量发展的重要因素。薪酬差距较小时有利于团队的和谐稳定，但同时容易诱发高管的懒政和自利行为；当高管—员工薪酬差距过大时，薪酬较低的普通员工可能滋生不满情绪，降低工作热情，但也可能起到激励普通职工为升职加薪努力工作的效果。因此，基于锦标赛理论和行为理论，国有企业中高管—员工薪酬差距对企业价值的影响可能并非简单的线性关系。由此，提出本章的假设2。

H2：高管—员工薪酬差距对企业价值的影响呈"U"型。

3. 高管公平感及行为是高管行业薪酬差距和企业价值的重要纽带

社会比较理论认为，人们往往倾向于与自己职业、地位相当的人进行比较。公司的高级管理人员可能根据网上披露的同行业其他公司管理人员薪酬情况或自身社交网络得到的信息，将自己的薪资待遇与他人薪资水平进行比较，来衡量自己的投入产出比。当比较结果令高管不满意时，可能影响高管人员对公司的忠诚度和工作热情。为了弥补这部分差异可能使他们产生超额在职消费等自利行为，增加代理冲突和代理成本，不利于增加企业价值；当企业高管薪酬水平逐渐趋近甚至超过行业平均水平时，高管人员工作会更加积极以维持或增加自身的满足感和荣誉感，从而对企业价值产生积极的影响。

在非国有企业中，高管人员的能力素质和职业声誉是其获得晋升和提高薪资待遇的关键因素，而对于国有企业的高管，行政提拔是他们晋升的重要途径。面对国家推行的政策文件，国有企业的高管人员会更积极主动地严格贯彻落实，通过响应相关政策文件来使自己得到晋升。也就是说，由于对自身所能掌握的权力以及社会地位的向往，当薪酬差距大时，他们的不公平感会受到影响。

当其薪酬远低于行业平均时，他们会产生不满意的感觉，这会使他们去寻求别的途径进行弥补；反之，其会产生满意的感觉，这会给企业带来正向影响。综上所述，高级管理人员的报酬的正向差距越大，企业的发展也会越好。由此提出本章的假设3。

H3：高管行业薪酬差距对企业价值的影响呈正相关关系。

6.1.4　实证设计

这部分主要参考一系列研究理论，结合本章提出的假设，研究高管的薪酬差距如何影响企业价值。

1. 样本选取与数据来源

选取2012~2018年A股国有上市企业，并剔除财务或其他状况异常的上市公司、能够预示公司连续3年亏损的即将要退市的企业、数据异常或缺失、高管团队人数≤3以及未在财报中披露有关重要指标的企业。

最终从5684个样本中得到812家样本企业，数据来源于CSMAR和Wind数据库，运用Stata 14.0等软件进行数据的处理，并对连续变量在1%和99%水平上缩尾。

2. 变量的选择与衡量

（1）被解释变量。本部分企业价值 Tobin Q 的衡量方式主要参考张思宁（2006）等学者的研究，其值越大表示企业的价值越高，具体计算公式如下：

$$Tobin\ Q = 企业市值/总资产$$

其中，分子＝股权市值＋净债务市值，另外公司的非流通股权市值用净资产代替。

（2）解释变量。

①高管团队内部薪酬差距（GAP1）。主要依据前面所描述的定义，同时参考方军雄（2011）等学者的研究，计算公式如下：

$$GAP1 = \ln(核心高管薪酬均值 - 非核心高管薪酬均值)$$

其中，前者是指公司高管薪酬的 Top3 的均值；后者的计算公式如下：

$$非核心高管的\ 薪酬均值 = \left(\frac{企业董监高的}{年薪酬总和} - \frac{高管薪酬}{Top3\ 之和}\right)\Big/\left(\frac{所有有工}{资的人数} - 3\right)$$

②高管—员工薪酬差距（GAP2）。参考以往的研究及结合前面定义的描述，GAP2 计算公式为：

$$GAP2 = \ln(核心高管薪酬均值 - 普通员工薪酬均值)$$

其中，后者的测量方式主要参考刘春和孙亮（2010）等学者，具体公式为：

$$普通员工\ 薪酬均值 = \left(\frac{支付给职工以及}{为职工支付的现金} - \frac{高管团队}{获得的报酬}\right)\Big/\left(\frac{企业员}{工数} - \frac{高管团队}{人数}\right)$$

为了使计算结果更为精确，本节将两者差距取对数处理。

③高管行业薪酬差距（GAP3）。其采用相对值的比例形式，公式如下：

$$GAP3 = 公司核心高管薪酬均值/行业高管薪酬均值$$

其中，分母的衡量方式是同一行业的国有企业的 Top3 高管薪酬总额的均值。

（3）控制变量。通过大量阅读相关文献，不难发现上市公司的企业价值也会受到其他因素的影响。因此，本节还在基础模型中加入了一系列的控制变量。

①经济因素。

a. 企业规模（Size），将企业年末资产总额取对数。其大小会显著影响企业治理等，并且会通过扩大融资途径等多种方式影响企业业绩。一般来说，其越大，企业对高级管理人员的领导能力便会有着更高的要求，从而使其薪酬也会越高。综上所述，将企业规模纳入控制变量中。

b. 资产负债率（Lev），其值 = 负债总额/资产总额。反映了债权人所提供的资本占全部资本的比例，一般来说 Lev 比例越小越好，这样能保证企业按时收回资金及利息，另外 Lev 也可以体现公司的总体财务状况，Lev 越高企业面临的财务风险也越高，因而在这种情况下，企业的决策者很有可能趋向保守，进而会对企业未来的发展带来不利的影响。综上所述，将 Lev 纳入企业控制变量中。

c. 可持续增长率（Growth），以公司主营业务收入增长率来衡量。增长率的可持续性可以暗示公司将来有成长的潜在可能性，其值越高意味着企业的发展潜力便越大，从而可以促进企业业绩的提升。

②公司治理因素。

a. 董事会规模（Bsize），将公司董事会成员人数取对数。在公司中，董事会一大重要作用便是监督作用，规模越大便意味着其拥有更多的资源，这可以提高其解决经营问题的效率。此外，规模越大的企业管理层进行同谋的概率也会被降低。

b. 独立董事比例（Idr），其值 = 公司独立董事/董事会总人数。独立董事由于其自身的独立性以及专业性，使其本身与管理层的利害关系较少，从而可以保证其判断的独立性。这样也可以加强独立董事对于公司的监督作用，减轻委托代理问题，提高企业运营效益。综上所述，将 Idr 纳入企业控制变量中。

c. 股权集中度（Sc），用企业第一大股东的持股比例衡量。一家上市公司存在很多的股东，由于人的自利性，大股东很有可能会选择牺牲部分小股东的利益来获利，这会对企业价值产生一定的影响。因此，将 Sc 纳入企业控制变量。

另外，本节也对 Year 和 Ind 进行了控制。变量具体定义如表 6 - 2 所示。

表6-2			主要变量的定义及衡量
变量类型	变量名称	变量符号	变量描述
被解释变量	企业价值	Tobin Q	市值/资产总计
解释变量	高管团队内部薪酬差距	GAP1	ln(企业核心高管薪酬均值 - 非核心高管薪酬均值)
	高管—员工薪酬差距	GAP2	ln(企业核心高管薪酬均值 - 普通员工薪酬均值)
	高管行业薪酬差距	GAP3	企业核心高管薪酬均值/行业高管薪酬均值
控制变量	企业规模	Size	ln(公司年末总资产)
	股权集中度	Sc	第一大股东的持股比例
	可持续增长率	Growth	(当期主营业务收入 - 上期主营业务收入)/上期主营业务收入
	资产负债率	Lev	总负债与总资产的比值
	董事会规模	Bsize	ln(董事会人数)
	独立董事比例	Idr	独立董事在董事会所占的比例

181

3. 模型构建

在前面分析的基础上，建立了如下模型。

本节假设1通过建立模型（6.1）来检验：

$$TobinQ = \beta_0 + \beta_1 GAP1 + \beta_2 Idr + \beta_3 Bsize + \beta_4 Lev + \beta_5 Growth$$
$$+ \beta_6 Size + \beta_7 Sc + \varepsilon \tag{6.1}$$

鉴于两者之间并非简单的线性关系，本章建立模型（6.2）来检验：

$$TobinQ = \beta_0 + \beta_1 GAP2 + \beta_2 (GAP2)^2 + \beta_3 Idr + \beta_4 Bsize + \beta_5 Lev$$
$$+ \beta_6 Growth + \beta_7 Size + \beta_8 Sc + \varepsilon \tag{6.2}$$

本节假设3通过模型（6.3）来检验：

$$TobinQ = \beta_0 + \beta_1 GAP3 + \beta_2 Idr + \beta_3 Bsize + \beta_4 Lev + \beta_5 Growth$$
$$+ \beta_6 Size + \beta_7 Sc + \varepsilon \tag{6.3}$$

4. 小结

首先，结合目前上市的国有企业的发展情况以及内部的高级管理人员的特色，在研读之前的论文以及进行详细的理论分析后，本节提出了假设1、假设2、假设3；其次，本节详细介绍了数据来源的数据库，并详细说明了各个变量的衡量方式；最后，本节构建了相应的模型。

6.1.5 结果分析

1. 变量的描述性统计

本节的描述性统计结果如表6–3所示。

表6–3 国有企业主要变量的基本信息

变量	样本量	均值	标准差	最小值	最大值
Tobin Q	5684	1.768	1.016	0.855	6.382
GAP1	5684	12.98	0.734	11.24	15.07
GAP2	5684	13.10	0.799	11.03	15.24
GAP3	5684	0.350	0.262	0.072	1.641
Idr	5684	0.371	0.055	0.333	0.600
Lev	5684	0.512	0.202	0.094	0.932
Sc	5684	0.385	0.151	0.116	0.770
Bsize	5684	2.214	0.205	1.609	2.773
Size	5684	22.98	1.548	20.29	28.51
Growth	5684	0.124	0.348	− 0.493	2.213

表6–3中，被解释变量企业价值（Tobin Q）的均值为1.768，最小值为0.855，最大值为6.382，标准差为1.016，表明我国不同的沪深A股国有上市公司的企业价值具有一定的差异性。

解释变量高管团队内部薪酬差距（GAP1）的均值为12.98，最小值为11.24，最大值为15.07，标准差为0.734；高管—员工薪酬差距

（GAP2）的均值为 13.10，最小值为 11.03，最大值为 15.24，标准差为 0.799；高管行业薪酬差距（GAP3）的均值为 0.350，最小值为 0.072，最大值为 1.641，标准差为 0.262。这表明，一方面，我国国有企业内部高管之间以及高管和员工之间都具有较高的薪酬差距，且高管与普通员工之间的薪酬差距要比高管团队内部薪酬的差距更大；另一方面，我国各行业国有企业高管均存在外部的薪酬差距现象，但行业薪酬差距的标准差更小，表明我国国有企业高管的行业薪酬差距波动较小。

对于控制变量而言，企业规模（Size）的最小值为 20.29，最大值为 28.51，均值为 22.98，标准差为 1.548，说明我国国有企业规模较大，但不同企业间仍有一定的规模差异。股权集中度（Sc）的均值为 0.151，最小值为 0.116，最大值为 0.770，表明对于国有企业而言，股权集中度普遍较高。独立董事比例（Idr）的最小值为 0.333，最大值为 0.600，均值为 0.371，表明我国国有企业的独立董事占比最少为董事会成员的 1/3。资产负债率（Lev）的均值为 0.512，最小值为 0.094，最大值为 0.932，标准差为 0.202，表明我国国有企业的资产负债率具有一定的差异性。可持续增长率（Growth）的均值 0.124，最小值为 -0.493，最大值为 2.213，标准差为 0.348，说明我国国有企业的可持续增长能力具有较大差异。

2. 相关性检验

在进行回归分析之前，本部分对各主要变量进行了 Pearson 相关系数检验，各变量之间的 Pearson 相关系数如表 6-4 所示。首先，企业价值（Tobin Q）与高管团队内部薪酬差距（GAP1）、高管—员工薪酬差距（GAP2）、高管行业薪酬差距（GAP3）的相关系数分别为 -0.074、-0.101、-0.032，且分别在 1%、1% 和 5% 的水平上显著，表明高管薪酬差距与企业价值存在相关性。其次，企业价值（Tobin Q）与独立董事比例（Idr）、资产负债率（Lev）、股权集中度（Sc）、董事会规模（Bsize）、企业规模（Size）呈显著的负相关关系。最后，由表 6-4 可知，解释变量与控制变量之间的相关系数绝对值均小于 0.5，说明模型不存在严重的多重共线问题。

表 6 - 4　全样本下各变量相关系数

变量	Tobin Q	GAP1	GAP2	GAP3	Idr	Lev	Sc	Bsize	Size	Growth
Tobin Q	1									
GAP1	-0.074***	1								
GAP2	-0.101***	0.940***	1							
GAP3	-0.032**	0.796***	0.804***	1						
Idr	-0.069***	-0.0130	0.023*	0.0150	1					
Lev	-0.391***	0.110***	0.128***	0.063***	0.076***	1				
Sc	-0.087***	-0.044***	-0.077***	-0.055***	0.084***	0.0140	1			
Bsize	-0.104***	0.158***	0.119***	0.078***	-0.377***	0.131***	-0.028**	1		
Size	-0.484***	0.400***	0.416***	0.309***	0.158***	0.510***	0.208***	0.270***	1	
Growth	-0.0210	0.072***	0.073***	0.062***	-0.00200	0.034**	0.0130	-0.00800	0.055***	1

3. 回归分析

（1）高管团队内部薪酬差距的回归分析。企业价值与高管团队内部薪酬差距的回归结果如表 6 – 5 所示。高管团队内部薪酬差距（GAP1）对企业价值（Tobin Q）的影响系数为 0.154，且在 1% 的水平上显著，表明高管团队内部薪酬差距的增加有助于企业价值的提升，本部分假设 1 得到验证。

表 6 – 5　　　　　高管团队内部薪酬差距的回归分析

变量	GAP1	Idr	Bsize	Size	Lev	Sc	Growth	_cons
Tobin Q	0.154 ***	0.549 **	0.172 ***	– 0.329 ***	– 0.859 ***	0.329 ***	0.031	6.744 ***
T 值	9.13	2.54	2.84	– 31.24	– 13.09	4.38	1.04	24.84
N = 5684　　R^2_a = 0.408　　F = 136.149								

注：* 表示 p < 0.1，** 表示 p < 0.05，*** 表示 p < 0.01。

（2）高管—员工薪酬差距的回归分析。企业价值与高管—员工薪酬差距的回归结果如表 6 – 6 所示。高管—员工薪酬差距（GAP2）和高管—员工薪酬差距的二次项（GAP2^2）对企业价值（Tobin Q）的影响系数分别为 – 0.873 和 0.037，且均在 1% 的水平上显著，表明我国国有企业高管—员工薪酬差距与企业价值的关系呈"U"型，假设 2 得到验证。这表明，在一定范围内，随高管与员工薪酬差距的增大，员工的负面情绪可能不利于员工价值的发挥，这将不利于企业价值的提升；但随国有企业中高管与员工薪酬差距的进一步扩大，反而会激发员工的工作积极性，提高员工的竞争意识，此时便发挥了薪酬差距对企业高管和普通员工的激励效果，进而有助于企业价值的提升。

表 6 – 6　　　　　高管—员工薪酬差距的回归分析

变量	GAP2	GAP2^2	Idr	Bsize	Size	Lev	Sc	Growth	_cons
Tobin Q	– 0.873 ***	0.037 ***	0.521 **	0.197 ***	– 0.326 ***	– 0.901 ***	0.357 ***	0.034	13.579 ***
T 值	– 2.95	3.32	2.41	3.24	– 30.36	– 13.70	4.69	1.11	6.96
N = 5684　　　R^2_a = 0.406　　F = 130.309									

注：* 表示 p < 0.1，** 表示 p < 0.05，*** 表示 p < 0.01。

（3）高管行业薪酬差距的回归分析。为研究国有企业高管薪酬与行业水平之间的差距对企业价值的影响，表6－7列示了回归结果。

表6－7 高管行业薪酬差距的回归分析

变量	GAP3	Idr	Bsize	Size	Lev	Sc	Growth	_cons
Tobin Q	0.389 ***	0.528 **	0.201 ***	−0.331 ***	−0.881 ***	0.355 ***	0.033	8.527 ***
T值	8.75	2.45	3.31	−30.97	−13.48	4.69	1.09	34.26
N = 5684 R^2_a = 0.407 F = 135.759								

注：＊表示 $p < 0.1$，＊＊表示 $p < 0.05$，＊＊＊表示 $p < 0.01$。

企业价值与高管行业薪酬差距的回归结果如表6－7所示。高管行业薪酬差距（GAP3）对企业价值（Tobin Q）的影响系数为0.389，且在1%水平上显著，表明高管行业薪酬差距的增加有助于企业价值的提升，本部分假设3得到验证。

4. 进一步分析

（1）按国有企业实际控制人性质分组。

①分样本下变量的描述性统计。按实际控制人性质，将国有企业分为央企和地方国有企业两组，以表格的形式来对比分析，如表6－8所示。

表6－8 央企和地方国有企业主要变量的描述性统计

变量	样本量		平均值		标准差		最小值		最大值	
	央企	地方	央企	地方	央企	地方	央企	地方	央企	地方
Tobin Q	1883	3801	1.955	1.677	1.265	0.871	0.871	0.850	7.404	5.796
GAP1	1883	3801	13.16	12.89	0.689	0.740	11.73	11.12	15.19	15.00
GAP2	1883	3801	13.29	13.01	0.762	0.801	11.43	10.95	15.45	15.13
GAP3	1883	3801	0.408	0.321	0.288	0.243	0.078	0.069	1.861	1.513
Idr	1883	3801	0.373	0.370	0.061	0.052	0.333	0.333	0.625	0.571
Lev	1883	3801	0.518	0.509	0.206	0.200	0.099	0.089	0.929	0.932
Sc	1883	3801	0.381	0.386	0.147	0.152	0.116	0.117	0.731	0.771

变量	样本量		平均值		标准差		最小值		最大值	
	央企	地方	央企	地方	央企	地方	央企	地方	央企	地方
Bsize	1883	3801	2.217	2.211	0.204	0.203	1.609	1.609	2.773	2.708
Size	1883	3801	23.22	22.86	1.882	1.322	20.18	20.38	29.18	27.30
Growth	1883	3801	0.137	0.116	0.366	0.333	-0.493	-0.493	2.355	2.043

表 6-8 的数据显示，2012~2018 年央企的观测值有 1883 个，地方国有企业观测值有 3801 个。这说明我国的地方国有企业数量约为中央企业的两倍。央企的企业价值（Tobin Q）均值分别为 1.955，标准差为 1.265，最大值为 7.404，最小值为 0.871；地方国有企业的企业价值均值为 1.677，标准差为 0.871，最大值为 5.791，最小值为 0.850。这说明央企的市场价值大于地方国有企业，这可能是因为央企的社会地位高于地方国有企业。

央企和地方国有企业的高管团队内部薪酬差距（GAP1）均值分别为 13.16、12.89，标准差分别为 0.689、0.740，最小值分别为 11.73、11.12，最大值分别为 15.19、15.00；高管—员工薪酬差距（GAP2）的均值分别为 13.29、13.01，标准差分别为 0.762、0.801，最小值分别为 11.43、10.95，最大值分别为 15.45、15.13；高管行业薪酬差距（GAP3）的均值为 0.408、0.321，标准差分别为 0.288、0.243，最小值分别为 0.078、0.069，最大值分别为 1.861、1.513。通过数据之间的对比可以看出央企的高管薪酬差距大于地方国有企业。

②分样本下的回归分析。为检验央企和地方国有企业下高管团队内部薪酬差距（GAP1）与企业价值的关系是否存在差异性，本章进行了实证检验，回归结果如表 6-9 所示，组间系数的差异检验如表 6-10 所示。

表 6-9　　　　　　　分样本下高管团队内部薪酬差距回归分析

变量	央企	地方国有企业
	Tobin Q	Tobin Q
GAP1	0.071 * (1.88)	0.133 *** (7.45)

续表

变量	央企	地方国有企业
	Tobin Q	Tobin Q
Idr	1.332 *** (3.06)	0.288 (1.20)
Bsize	0.398 *** (3.03)	0.118 * (1.83)
Size	−0.359 *** (−17.73)	−0.319 *** (−25.94)
Lev	−1.309 *** (−9.04)	−0.709 *** (−10.24)
Sc	0.319 * (1.90)	0.342 *** (4.35)
Growth	−0.055 (−0.94)	0.072 ** (2.13)
年份	控制	控制
行业	控制	控制
_cons	7.664 *** (12.45)	6.986 *** (23.62)
N	1883	3801
R^2_a	0.467	0.388
F	59.986	87.127

注：括号内为 t 值，＊表示 $p < 0.1$，＊＊表示 $p < 0.05$，＊＊＊表示 $p < 0.01$。

表6-10　　　　　　　　　组间系数差异 t 检验

变量	G1（0）	Mean1	G2（1）	Mean2	MeanDiff
GAP1	3801	12.89	1883	13.16	−0.271 ***

从表6-9的结果可以得出，中央企业中高管团队内部薪酬差距（GAP1）对企业价值的相关系数为0.071，并且在10%的水平上显著；而地方国有企业 GAP1 对企业价值的相关系数为0.133，并且在10%的水平上显著。由于两组样本均显著，于是对该分组进行组间系数差异 t

检验，央企赋值为1，地方国有企业则为0，结果如表6－10所示，两组样本的系数差异在1%的水平上显著，说明地方国有企业分组的高管薪酬差距对企业价值的影响大于央企分组。

为检验央企和地方国有企业下高管—员工薪酬差距（GAP2）与企业价值的关系是否存在差异性，本章进行了实证检验，回归结果如表6－11所示。

表6－11　　　　　　　分样本下高管—员工薪酬差距的回归

变量	央企	地方国有企业
	Tobin Q	Tobin Q
GAP2	−0.329 （−0.47）	−1.360 *** （−4.31）
GAP2^2	0.013 （0.50）	0.056 *** （4.64）
Idr	1.297 *** （2.98）	0.296 （1.23）
Bsize	0.412 *** （3.13）	0.133 ** （2.07）
Size	−0.352 *** （−16.89）	−0.321 *** （−25.80）
Lev	−1.328 *** （−9.18）	−0.751 *** （−10.84）
Sc	0.309 * （1.83）	0.393 *** （4.92）
Growth	−0.052 （−0.89）	0.068 ** （2.01）
年份	控制	控制
行业	控制	控制
_cons	10.464 ** （2.22）	16.780 *** （8.08）
N	1883	3801
R^2_ a	0.466	0.389
F	57.702	84.440

从表 6 - 11 回归结果可以看出，央企中高管—员工薪酬差距
（GAP2）与企业价值的相关系数为 - 0.329，但是 P 值 > 10%，结果并
不显著，其二次项（GAP2²）的相关系数为 0.013，P 值 > 10% 其结果
也不显著；地方国有企业 GAP2 与企业价值的系数为 - 1.360，P 值 <
1%，结果在 1% 的水平上显著，其二次项的系数为 0.056，P 值 <
1%，结果在 1% 的水平上显著。这说明央企的高管—员工薪酬差距不
会对企业价值造成影响，两者之间不存在相关性；而地方国有企业的
高管—员工薪酬差距与企业价值的关系呈 "U" 型，即在一定范围
内，国有企业中员工与高管的薪酬差距越大，对企业价值越不利；而
当两者差距达到某一水平时，对企业价值的不利影响最大；当超过这
一水平时，国有企业高管与员工薪酬差距越大，将对企业价值产生正
向影响。

为检验央企和地方国有企业下高管行业薪酬差距（GAP3）与企业
价值的关系是否存在差异性，本章进行了实证检验，回归结果如表 6 - 12
所示。

表 6 - 12　　　　　　　　　分样本下高管行业薪酬差距的回归

变量	央企	地方国有企业
	Tobin Q	Tobin Q
GAP3	0.129 (1.57)	0.438 *** (8.53)
Idr	1.318 *** (3.03)	0.302 (1.26)
Bsize	0.415 *** (3.16)	0.139 ** (2.16)
Size	- 0.359 *** (- 17.37)	- 0.328 *** (- 26.34)
Lev	- 1.314 *** (- 9.07)	- 0.716 *** (- 10.42)

续表

变量	央企	地方国有企业
	Tobin Q	Tobin Q
Sc	0.318 * (1.90)	0.393 *** (4.96)
Growth	-0.053 (-0.89)	0.067 ** (1.97)
年份	控制	控制
行业	控制	控制
_cons	8.492 *** (16.42)	8.626 *** (30.63)
N	1883	3801
R^2_a	0.467	0.391
F	59.913	88.126

注：括号内为 t 值，* 表示 $p < 0.1$，** 表示 $p < 0.05$，*** 表示 $p < 0.01$。

表 6 - 12 的数据显示，央企和地方国企高管行业薪酬差距（GAP3）与企业价值的回归系数分别为 0.129 和 0.438，但是央企的系数 P 值大于 10%，并不具有显著性，所以与国有企业中高管行业薪酬差距可以促进企业价值提升不同，央企企业价值并不会受到高管中存在的行业薪酬差距的影响。同时，资产负债率、企业控制权和决策权作为控制变量与表 6 - 9 中的分析一致，资产负债率负向影响央企和国企企业价值，而控制权和决策权越集中越有利于提升企业价值。而独立董事仅会对央企的企业价值造成影响，呈现正相关关系；可持续增长率则只正向影响地方国有企业的企业价值。

（2）按政策正式推行前后分组。

①分样本下的描述性统计分析。以政策推行时间点为限，国有企业总样本可以划分为政策推行前（2012～2014 年）和政策推行后（2015～2018 年）两组。通过表 6 - 13 可以直观对比分析两组分样本相关变量的统计差异。

表 6 – 13　　　　　　　2015 年政策推行前后各变量的描述性统计

变量	样本量		平均值		标准差		最小值		最大值	
	前	后	前	后	前	后	前	后	前	后
Tobin Q	2436	3248	1.674	1.841	0.821	1.156	0.885	0.839	5.370	7.010
GAP1	2436	3248	12.86	13.07	0.715	0.735	11.12	11.41	14.88	15.13
GAP2	2436	3248	12.99	13.18	0.777	0.806	11.03	11.03	15.09	15.29
GAP3	2436	3248	0.338	0.358	0.243	0.271	0.065	0.079	1.448	1.690
Idr	2436	3248	0.368	0.374	0.052	0.057	0.333	0.333	0.571	0.600
Lev	2436	3248	0.519	0.506	0.201	0.202	0.094	0.095	0.932	0.929
Sc	2436	3248	0.395	0.377	0.155	0.147	0.120	0.116	0.788	0.763
Bsize	2436	3248	2.229	2.202	0.203	0.205	1.609	1.609	2.833	2.708
Size	2436	3248	22.75	23.16	1.519	1.545	20.23	20.38	28.41	28.55
Growth	2436	3248	0.114	0.130	0.296	0.380	-0.408	-0.540	1.724	2.446

由表 6 – 13 可知，衡量企业价值的 Tobin Q 均值从政策推行前的 1.674 增加为 1.841，这意味着政策推行可为企业带来红利，促进企业价值提升；但 Tobin Q 值的标准差也同样从 0.821 增加到 1.156，国有企业间企业价值差异也明显变大，这是因为各企业所受政策的影响可能会因自身特点而有所不同。值得注意的是，与推行政策以达到限薪目的的初衷相反，政策推行后的高管团队内部薪酬差距（GAP1）、高管—员工薪酬差距（GAP2）以及高管行业薪酬差距（GAP3）的变量均值皆增加，预期效果并未达到，薪酬差距仍存在甚至加大。其中，在控制变量中，独立董事比例（Idr）、资产负债率（Lev）、股权集中度（Sc）、董事会规模（Bsize）呈现减小趋势，企业规模（Size）和可持续增长率（Growth）则有增加的趋势。

②分样本下的回归分析。为进一步探究政策推行后国有企业高管团队内部薪酬差距影响企业价值的情况是否发生变化，得到了如表 6 – 14 所示的分组回归结果，并在表 6 – 15 中列示了相关组间系数差异检验结果。

表 6 - 14　　　　　　政策推行前高管团队内部薪酬差距回归分析

变量	政策推行前	政策推行后
	Tobin Q	Tobin Q
GAP1	0. 149 *** (6. 66)	0. 151 *** (6. 14)
Idr	0. 497 * (1. 71)	0. 592 * (1. 88)
Bsize	0. 088 (1. 13)	0. 191 ** (2. 12)
Size	- 0. 260 *** (- 18. 86)	- 0. 381 *** (- 24. 68)
Lev	- 0. 717 *** (- 8. 55)	- 0. 970 *** (- 9. 90)
Sc	0. 129 (1. 37)	0. 471 *** (4. 15)
Growth	0. 099 ** (2. 17)	0. 004 (0. 09)
年份	控制	控制
行业	控制	控制
_cons	5. 625 *** (16. 15)	8. 705 *** (21. 44)
N	2436	3248
R^2_a	0. 354	0. 432
F	54. 348	95. 826

注: 括号内为 t 值, * 表示 $p < 0.1$, ** 表示 $p < 0.05$, *** 表示 $p < 0.01$。

表 6 - 15　　　　　　　　　组间系数差异 t 检验

变量	G1 (0)	Mean1	G2 (1)	Mean2	MeanDiff
GAP1	3248	13. 06	2436	12. 86	0. 199 ***

高管团队内部薪酬差距（GAP1）的回归系数在政策推行前后分别为 0.149 和 0.151，均在 1% 的水平上显著。而且由表 6-15 中结果所知，对两组样本的解释变量（GAP1）做组间差异系数检验，政策推行前赋值为 1，政策推行后赋值为 0，两组回归系数的差异通过了检验，在 1% 的水平上显著，表明政策推行后企业价值仍然会受到高管团队内部薪酬差距的正向影响，而且这种影响比政策推行前更大。

为进一步探究政策推行后国有企业高管—员工薪酬差距影响企业价值的情况是否发生变化，得到了如表 6-16 所示的分组回归结果，并在表 6-17 中列示了相关组间系数差异检验结果。

表 6-16　　　　政策推行前后高管—员工薪酬差距回归分析

变量	政策推行前	政策推行后
	Tobin Q	Tobin Q
GAP2	-1.244 *** (-3.01)	-1.040 ** (-2.44)
GAP2²	0.052 *** (3.29)	0.043 *** (2.67)
Idr	0.520 * (1.78)	0.544 * (1.73)
Bsize	0.119 (1.52)	0.210 ** (2.32)
Size	-0.261 *** (-18.48)	-0.376 *** (-23.95)
Lev	-0.755 *** (-9.00)	-1.015 *** (-10.36)
Sc	0.175 * (1.84)	0.491 *** (4.27)
Growth	0.104 ** (2.26)	0.007 (0.17)
年份	控制	控制
行业	控制	控制

变量	政策推行前	政策推行后
	Tobin Q	Tobin Q
_cons	14.758 *** (5.47)	16.676 *** (5.88)
N	2436	3248
R^2_a	0.353	0.429
F	52.012	91.499

注：括号内为 t 值，* 表示 p < 0.1，** 表示 p < 0.05，*** 表示 p < 0.01。

表 6 - 17　　　　　　　　　组间系数差异 t 检验

变量	G1（0）	Mean1	G2（1）	Mean2	MeanDiff
$GAP2^2$	3248	174.34	2436	169.39	4.953 ***

高管—员工薪酬差距（GAP2）的回归系数在政策推行前后均显著为负，二次项（$GAP2^2$）的系数均显著为正，与企业价值的关系也都是呈现"U"型。对分组样本中高管—员工薪酬差距（$GAP2^2$）的回归系数做组间差异系数检验，同样地，政策推行前赋值为1，政策推行后赋值为0，由表6-17中结果可知，系数差异通过了检验，在1%的水平上显著，表明政策推行也未从根本上改变高管—员工薪酬差距与企业价值间的关系。

为进一步探究政策推行后国有企业高管行业薪酬差距影响企业价值的情况是否发生变化，得到了如表6-18所示的分组回归结果，并在表6-19中列示了相关组间系数差异检验结果。

表 6 - 18　　　　　　政策推行前后高管行业薪酬差距回归分析

变量	政策推行前	政策推行后
	Tobin Q	Tobin Q
GAP3	0.463 *** (7.37)	0.354 *** (5.64)

续表

变量	政策推行前	政策推行后
	Tobin Q	Tobin Q
Idr	0. 510 * (1. 76)	0. 556 * (1. 76)
Bsize	0. 124 (1. 60)	0. 212 ** (2. 35)
Size	− 0. 268 *** (− 19. 15)	− 0. 382 *** (− 24. 33)
Lev	− 0. 724 *** (− 8. 71)	− 0. 991 *** (− 10. 14)
Sc	0. 168 * (1. 78)	0. 490 *** (4. 28)
Growth	0. 100 ** (2. 19)	0. 007 (0. 16)
年份	控制	控制
行业	控制	控制
_cons	7. 414 *** (23. 57)	10. 440 *** (27. 94)
N	2436	3248
R^2_a	0. 356	0. 431
F	54. 960	95. 431

注：括号内为 t 值，＊表示 $p < 0.1$，＊＊表示 $p < 0.05$，＊＊＊表示 $p < 0.01$。

表 6 – 19　　　　　　　　　　组间系数差异 t 检验

变量	G1（0）	Mean1	G2（1）	Mean2	MeanDiff
GAP3	3248	0. 357	2436	0. 340	0. 018 **

高管行业薪酬差距（GAP3）的回归系数在政策推行前后分别为 0. 463 和 0. 354，P 值均小于 1%，表明国有企业高管团队行业薪酬差距对企业价值的影响在政策推行后仍为显著的正向促进作用；接着对分组

样本中高管行业薪酬差距（GAP3）的系数进行组间差异检验，政策推行前赋值 1，推行后则为 0。结果如表 6 - 19 所示，系数差异在 1% 的水平上具有显著性，这表明，虽然企业价值仍受到高管行业薪酬差距的正向影响，但政策推行在一定程度上会使这种薪酬差距对企业价值的正向作用减小。

综上所述，通过对比分析 2015 年政府推行政策前后的回归结果可知，国有企业高管薪酬差距对企业价值的影响并没有因为政策推行而发生实质性变化。

5. 稳健性检验

（1）被解释变量的稳健性。本章选取净资产收益率（ROE）作为被解释变量的替代衡量方式，如表 6 - 20 所示，本章将替代的被解释变量重新代入模型中进行回归检验。

表 6 - 20　　　　　　稳健性检验（一）

变量	（1）	（2）	（3）
	ROE	ROE	ROE
GAP1	0.035 *** （19.03）		
GAP2		- 0.031 （ - 0.99）	
GAP2^2		0.002 ** （2.03）	
GAP3			0.082 *** （17.94）
Idr	- 0.067 *** （ - 2.97）	- 0.068 *** （ - 3.04）	- 0.069 *** （ - 3.07）
Bsize	- 0.006 （ - 0.95）	- 0.000 （ - 0.08）	- 0.000 （ - 0.02）
Size	0.012 *** （10.42）	0.011 *** （8.94）	0.011 *** （9.53）

续表

变量	(1)	(2)	(3)
	ROE	ROE	ROE
Lev	− 0. 115 *** (− 16. 20)	− 0. 117 *** (− 16. 51)	− 0. 119 *** (− 16. 83)
Sc	0. 053 *** (6. 66)	0. 062 *** (7. 76)	0. 058 *** (7. 26)
Growth	0. 050 *** (16. 17)	0. 050 *** (16. 18)	0. 050 *** (16. 25)
年份	控制	控制	控制
行业	控制	控制	控制
_cons	− 0. 595 *** (− 18. 67)	− 0. 142 (− 0. 69)	− 0. 195 *** (− 6. 37)
N	5684	5684	5684
R^2_a	0. 251	0. 253	0. 245
F	25. 672	25. 622	25. 005

注: 括号内为 t 值，* 表示 $p < 0.1$，** 表示 $p < 0.05$，*** 表示 $p < 0.01$。

可以发现，研究结论与前面结果均一致。其中，国有企业高管团队内部薪酬差距与 ROE 在 1% 的水平上显著正相关；国有企业高管—员工薪酬差距与 ROE 在 5% 的显著性水平上呈"U"型；国有企业高管行业薪酬差距与 ROE 在 1% 的水平上显著正相关。

（2）高管薪酬的稳健性。进一步地，如表 6 - 21 所示，本章使用董事、监事及高管前三名的薪酬均值作为前三名高管薪酬均值的替代变量，再次进行回归。

表 6 - 21 稳健性检验（二）

变量	(1)	(2)	(3)
	Tobin Q	Tobin Q	Tobin Q
GAP1	0. 146 *** (8. 20)		

变量	（1）	（2）	（3）
	Tobin Q	Tobin Q	Tobin Q
GAP2		−1.050 *** （−3.29）	
GAP4		0.043 *** （3.61）	
GAP3			0.331 *** （7.92）
Idr	0.556 ** （2.57）	0.515 ** （2.38）	0.537 ** （2.48）
Bsize	0.182 *** （2.99）	0.197 *** （3.24）	0.204 *** （3.35）
Size	−0.327 *** （−30.81）	−0.322 *** （−29.91）	−0.328 *** （−30.62）
Lev	−0.870 *** （−13.23）	−0.918 *** （−13.92）	−0.891 *** （−13.63）
Sc	0.338 *** （4.48）	0.353 *** （4.62）	0.351 *** （4.62）
Growth	0.031 （1.03）	0.034 （1.12）	0.033 （1.10）
年份	控制	控制	控制
行业	控制	控制	控制
_cons	6.754 *** （24.27）	14.786 *** （6.98）	8.446 *** （34.01）
N	5684	5684	5684
R^2_a	0.406	0.405	0.406
F	135.217	129.837	134.962

注：括号内为 t 值，* 表示 $p<0.1$，** 表示 $p<0.05$，*** 表示 $p<0.01$。

可以发现，研究结论与前面结果均一致。其中，国有企业高管团队内部薪酬差距（GAP1）、高管—员工薪酬差距（GAP2）及其二次项、高管行业薪酬差距（GAP3）的 P 值均在 1% 的水平上显著为正。

6. 小结

本小节选取 2012～2018 年作为样本期间，以深沪 A 股上市的国企为研究对象，实证结果发现，本章的假设均得到了验证。具体来看，高管团队内部薪酬差距会正向影响企业价值；高管—员工薪酬差距与企业价值的关系呈"U"型；高管行业薪酬差距正向影响企业价值。从分组的结果来看：一方面，从实际控制人性质不同来看，地方国企的高管薪酬差距会对企业价值产生更显著的作用；另一方面，从政策推行的时间来看，限薪政策的颁布并没有达到预期的效果，也就是说，这一政策实施后，高管薪酬差距并没有对企业价值产生显著影响。

6.1.6 结论、政策启示与局限性

200

1. 研究结论

本节以我国 2012～2018 年深沪 A 股上市的国有企业为研究对象，实证检验高管薪酬差距对企业价值的影响。本节的研究结论如下。

（1）高管团队内部薪酬差距正向影响企业价值。高管团队内部薪酬差距越大，越能提升高管工作积极性，进而对企业价值的提升有利。具体来看，地方国企的高管团队内部的薪酬差距对企业价值的提升程度要显著高于央企。

（2）高管—普通员工薪酬差距与企业价值呈"U"型关系。依据实际控制人的性质划分，研究发现，地方国企中会呈"U"型关系，而这一现象在央企中不存在。

（3）高管行业薪酬差距正向影响企业价值。当国企高管薪酬高出行业薪酬水平越多，对企业价值的提升越有利，这一现象在国企中显著，而在央企中不存在。

（4）"限薪"政策并没有达到预期的效果，也就是说，我国国有企业高管薪酬差距与企业价值的关系并没有因为这一政策而显著改变。

2. 政策建议

国企高管薪酬激励机制改革是我国国有企业改革的重要部分之一。因此，对国有企业来说，充分认识高管薪酬差距对企业的影响对今后国家和企业制定薪酬激励政策以及更好地实施都是至关重要的。综上所述，本节提出以下四点政策建议。

（1）建立完善的薪酬激励制度。薪酬差距是影响企业投资决策和经营绩效的重要因素，所以企业必须根据自己的特征设立合理的薪酬差距。由本章的实验结果可知，企业可以增加管理团队中不同高级管理人员的工资差距，从而产生激励效应。此外，在公司所处的不同阶段，保持或动态增加高级管理人员与员工之间的薪酬差距。进一步地，努力建立真正有助于公司职员的报酬与其贡献成正比的长期激励机制。

（2）政府对企业的干预要适度。国有企业存在天然的政治关联，这就使国企高管可能也拥有政府职位，部分高管出于政治晋升的动机会做出一些对企业不利的举动，譬如进行无效率投资。因此，监管部门合理的考核制度就显得至关重要，它可以有效地引导国有企业重视资产管理质量，形成企业健康且快速发展的良好局面。综上所述，应淡化行政主导色彩，坚持市场调节与政府监管、激励与约束相结合。

（3）颁布具有特殊性与差异化的政策。结合已有文献的研究结果，政策应依据不同所有权属性与行业自身特点进行制定，以便更好地分类管理。

（4）建立有效的公司内部治理结构。从回归结果来看，政策并没有发挥预期的效果。因此，完全通过外部因素来控制薪酬差距并不是最优的解决方法，这就要求国有企业要根据自身情况因地制宜地对公司内部薪酬做出规范。切实杜绝"国家有政策、企业有对策"的不当行为，保证政策顺利实施。

3. 分析的局限性

鉴于时间与知识储备有限，本节研究可能存在如下三点不足之处。

（1）本节选取的样本是沪深 A 股上市的国有企业 2012 ~ 2018 年的数据，在此年度范围内本节将存在数据缺失的研究对象直接剔除，进而可能会在一定程度上影响本节结论的准确性。

（2）考虑到数据的可获取性，股票期权、在职消费等隐性福利未纳入本节薪酬的衡量范围内，未来研究可以进一步拓展。

（3）结合已有文献可知，国有企业的企业价值造成影响的因素有很多，但考虑到无法穷尽所有变量，因而本节仅选取了六个控制变量，进而可能造成遗漏重要变量的局限。

6.2 间接破解方式之二——董事会国际化的企业价值效应研究

6.2.1 概念界定

1. 董事会国际化

董事会负责公司整体战略和运营事务，董事会成员通过监督和咨询等职能对管理层行为进行监督和指导，维护全体股东的权益。在经济全球化背景下，越来越多的公司开始聘用外籍人士加入董事会，本节所指的董事会国际化是指公司董事会引入外籍董事与本国董事共同参与公司治理、进行管理决策，国籍多元化使董事会呈现出国际化的组织状态。本节中将聘请了外籍董事、具有国际化特征的董事会称为国际化董事会，由于"国际化董事会"是"董事会国际化"这一行为的结果，故本节中对"董事会国际化"和"国际化董事会"不做严格区分。

本节旨在通过两种指标来衡量企业的董事会国际化水平：一种衡量企业董事会是否具有国际化特征，若公司董事会中包含外籍董事则视为公司存在董事会国际化的现象；另一种是衡量董事会的国际化程度，董事会中外籍董事可能有多位，用董事会人数总规模中外籍董事人数的比重来正向衡量董事会国际化的程度。该比例越高，代表公司董事会的国际化程度越高。本节将中国国籍之外的外国人士定义为外籍董事，但由于中国港、澳、台地区在文化背景、市场化进程等方面与境内地区存在明显差别，故在稳健性检验阶段，扩展了外籍董事的定义范围，将来自中国港、澳、台地区的董事纳入外籍董事范围。

2. 股权集中度

公司治理结构研究重点包括对股权集中度的研究，可以衡量公司股权集散状态和公司稳定性。股东的持股比例是反映他们对公司经营决策和实务管理的掌控能力的重要指标，按照股权比例的集散情况，可以将股权集中程度划分低、中、高三类。随着股权的集中，企业的治理效率可能会更好，但是可能导致"一股独大"的问题，即大股东会滥用权力以便谋取私利，从而导致大小股东间的第二类代理冲突升级；反之，股权分散则会促进股东之间的平等协商和权力制衡，但是这会弱化股东监督管理层的主动性和能力，从而增加了第一类代理冲突；股权相对集中时，大股东们既可以保持相互制约，又能保持对管理层的适当监督和控制，减少两类代理冲突，促进企业稳定的发展。本节选用第一大股东持股比例指标来衡量公司股权的集中程度，第一大股东持股比例越高代表公司股权集中度越高，另外在稳健型检验替换变量法中，选择前五名大股东持股比例总和重新进行回归分析。

3. 企业价值

20 世纪 60 年代产权市场逐步兴起，企业价值理论应运而生。企业价值可以看作公司预期现金流量的贴现情况，它不仅能体现企业本身的经营状况和成长潜力，还与股东的利益密切相关。基于企业价值研究对企业整体和股东个人的重要性，学术界对企业价值领域的相关研究历久弥新。依据多元化研究视角，企业价值评估方法不尽相同。目前企业价值的衡量指标主要有 ROA、ROE、EPS 等标准会计指标、经济增加值 EVA 和 Tobin Q 值等市场价值指标。Tobin Q 是指一个公司的市场价值与该公司资产的重置成本的比率，具有适用范围广、相对指标可比性强、容易收集和理解等优点，能够从前瞻性的角度有效评估公司的价值，所以本章采用 Tobin Q 值指标对企业价值进行度量。

6.2.2 理论分析与研究假设

1. 董事会国际化对企业价值的影响

基于全球一体化的大背景，人力资本国际化俨然成为一种常态，跨国界的资本流动影响了公司董事会的组成，中国企业中逐渐出现外国董事的身影。作为公司最高决策机构，董事会负责整体战略和产品研发、投融资等事务运营，让外国人士担任董事可能是一种通过发挥他们对改善经营的贡献来提高公司价值的方式。

首先，外籍董事具有更强的独立性和客观性，国际化董事能够更好地实施监督职能，可以有效缓解代理冲突、降低代理成本，同时能够抑制公司违规行为（杜兴强和熊浩，2018），利于价值提升。在公司两权分离的制度下，通过董事会来监督约束经理层是常用的监督手段。根据代理理论，舍哈德等（Shehadeh et al.，2021）认为，吸收外籍董事会成员可以提高董事会的独立性和效率。一方面，与国内董事不同，西式文化和教育使外籍董事处事更尊重规则而非情理，能够避免本土人情关系网的束缚，以客观公正的态度进行监督和决策，强独立性可以保证其监督职能的充分发挥。另一方面，能被公司聘用的外籍董事通常具有雄厚的社会资本，庞大复杂的人脉网在提高董事身价的同时，也形成了一种外部监督。基于声誉机制，国际化董事为吸引潜在雇主、获取长远利益，在工作中会主动保持勤勉审视的态度，以维持自身良好声誉。因此外籍董事在公司治理中能表现出较强的独立性，可以更好地发挥监督效果，约束管理者和"一股独大"的大股东，减少公司或其股东发生违规行为的概率，使公司经营管理行为更加规范。

其次，国际化董事拥有先进的管理经验和治理理念，可以为企业生产经营和公司治理提供良好的战略决策咨询和经验方法，从而促进企业价值的持续实现。基于高层梯队理论，董事的个人特点可能会影响董事会的内部运作，直接表现在其专业知识库和收集分析信息能力等方面的不同，会对其咨询服务和战略决策的质量和效率产生不同影响。实践研究也证明了这一点，梁等（Liang et al.，2013）认为，外国董事会成员可以帮助公司掌握新技能，以及知识、技术和当代管理技术。如果外国董事会成员来自发达国家也可能改善公司治理。因此，我国上市公司引入不同制度文化背景的外籍董事可以增加人才储备，提升管理层的专业素养，提升公司治理水平，进而增加企业价值。另外，聘请的外籍董事相比中国本土的高管成员，更加了解境外的商业规则和经营模式，艾斯特依和尼萨尔（Estelyi & Nisar，2016）认为外籍董事拥有关于国际市场运营的经验；马萨里斯等（Masulis et al.，2012）认为外籍董事具有跨部门收购的知识，这将有助于提升企业在国际市场的竞争力，实现跨国并购、增强贸易往来；廖和赖斯（Liao & Rice，2010）认为，外籍董事可以通过增加海外业务绩效增加企业整体价值。另外，董事会国际化程度越高，它发挥的价值影响也越大。阿尔哈尔斯（AlHares，2020）认为，董事会组成的多样性和多元化，更有可能丰富讨论；米什拉（Mishra，2016）则认为外籍董事可以提供更广泛的视角，发挥更高质量的咨询功能。

最后，董事会国际化有助于帮助企业获得外部环境信息和丰富的战略资源，开拓海外市场，增强企业国际竞争力。根据资源依赖理论，一个组织可以通过聘请资源丰富的董事来强化公司对外部资源的控制，建立良好且稳定的资源获取渠道，减少社会交易的成本，从而为其实现长期稳定发展提供支撑（朱志红和刘琦雯，2020）。公司董事会招聘来自发达国家或地区的外籍董事，不仅能够享受外国董事带来的人力资源和信息资源，还能向市场传递出积极信号（如企业将改善内部治理、提升管理水平等），这一行为可能赢得投资者等的信任，获得资金支持。另外，外籍董事的海外关系可以帮助公司规避海外扩张中面临的政治风险，并可能带来多种政治资源，比如政策优待、好的投标机会以及避免不合理的寻租行为等（罗党论和黄琼宇，2008），对于跨国公司拓展海外业务具有很大助益。具备雄厚社会资本的外籍董事还能够为企业获取宝贵的商业信息和市场动态，帮助公司寻找更多更好的海外合作伙伴。从董事会国际化程度来看，国际化水平的提高可以帮助公司获得更丰富的海外资源，有利于通过外籍董事搭建连锁社会关系网络，以获得更多的外部市场信息与战略资源，从而加强对关键资源的把控，降低外部环境对其的不利影响，有利于改善企业价值。

综上所述，董事会国际化后公司董事会的监督职能得到增强、咨询职能获得延伸、资源获取能力有所提升，从多维度促进了企业价值提升，并且这种价值提升效应会随董事会国际化程度的增加而增强，如图 6 - 4 所示。

205

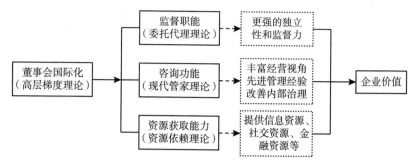

图 6 - 4　董事会国际化的价值提升机制

由此，提出本节的假设 1。

H1：董事会国际化能够促进企业价值的提升，且董事会国际化程度越高企业价值也越高。

2. 股权集中度的调节效应

公司董事会特征和股权集中度是公司治理机制不可缺少的内容，股东权力的大小可以影响董事会职能履行程度。艾伯拉姆和布尔库（Ibrahim & Burcu，2017）认为，外籍董事对企业价值的作用可能受到董事职能履行的有效性和充分度的影响。当公司股权集中程度逐渐变高时，大股东监督和控制公司的动机与能力就更强，外籍董事被迫成为"花瓶"董事，履职的有效性降低，最终无法对企业价值产生有力促进作用。

首先，股权的高度集中弱化了外籍董事的监督职能。吴育辉和吴世农（2010）指出，为了获得更多的股权收益和控制权收益，有较大话语权的股东往往倾向于插手公司经营，对管理层行为进行过度监督。而监督经理层正是外籍董事履行监督职能的重要内容，但由于高股权集中度使股东权力过高，替代了外籍董事的监督功能，此消彼长，董事会的监督权和话语权就会被削弱，无法发挥其应有的价值。并且如果公司的经营管理受到大股东的极大影响，可能发生大股东为了获得超额控制权私人收益，进行关联方交易、资金占用等"隧道挖掘"行为。此时董事会被大股东把控，董事会会议流于形式，外籍董事很难发挥其减少大股东利己行为的作用，第二类代理成本增加，将导致董事会国际化作用的进一步降低。

其次，股权的高度集中会影响外籍董事咨询功能作用的发挥，不利于真正改善公司内部治理，提高管理层决策质量。相对来说，外籍董事通常专业技术突出或者管理才能出众，可以通过咨询服务潜移默化地向管理层输送最新的管理知识和先进的治理经验，逐渐增强其专业能力，减少决策失误。但是在股权集中程度较高的企业中，大股东为了获得更多私人收益，往往有动机和能力干预公司决策，使外籍董事做出的符合公司价值但不偏向大股东利益的决策被忽视或否决，由此，外籍董事被边缘化，咨询建议职能得不到有效发挥，董事会国际化的价值贡献进一步被弱化。另外，当公司不只一位大股东时，虽然多个股东之间可以进行互相监督和牵制，但同时可能会存在股东之间的控制权争夺，通过在董事会安排董事插手、引导公司决策制定，话语权的分散会降低决策效率，使外籍董事战略咨询职能带来的价值增值同样被削弱。反之，股权适度集中。这样既能形成权力制衡，防止大股东利益侵占，又能避免股权过度分散造成的搭便车现象。股东和董事应该通力合作，就公司经营运作中的问题进行有效协商和科学决策，确保公司的发展能够满足多方的需求，实现公司的长远发展。

综上所述，过高的股权集中度会使股东拥有过高的经营决策权，无论是单一大股东的利益操作还是多个大股东进行合谋，外籍董事的权力可能被架空，无法正常履行监督和约束的职责，不利于公司治理的改善和管理层决策能力的加强，影响董事会国际化积极作用的有效发挥。股权集中度的调节作用机制如图 6 - 5 所示。

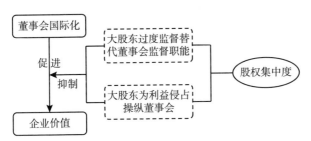

图 6 - 5 股权集中度调节作用机制

由此，提出本节的假设 2。

H2：股权集中度过高会抑制董事会国际化的企业价值提升效应。

6.2.3 实证设计

本小节首先主要介绍了样本选取与数据来源；其次对相关变量的概念进行界定并明确其衡量方式；最后构建了研究模型，为后面实证分析做好铺垫。

1. 样本选取与数据来源

近年来外专局颁布多项政策明确国外人才享有的权利和义务，吸引大批海外人才涌入。本节采用 2012～2021 年沪深交易所 A 股上市公司的10 年数据作为研究样本，并经过严格的筛选，进行以下处理：（1）排除金融类企业，因为该类企业的会计原则和财务属性的不同，缺乏可比性；（2）排除 *ST、ST 类的上市公司；（3）排除了主要变量中有缺失值或异常值的公司；（4）进行 1% 和 99% 的 Winsorize 缩尾处理，以为消除极值的干扰。最终得到 27366 个样本量。

本部分所使用的董事会国际化数据为手工整理所得，运用的数据资料包括国泰安数据库中公司董事会成员国籍的相关信息，以及在百度等网站公开披露的资料。其他数据来源于巨潮资讯网和国泰安数据库。使用软件 Excel 和 Stata 16 进行了数据处理及计算。

2. 变量定义

（1）被解释变量。Tobin Q 值理论旨在帮助企业实现价值最大化，它从前瞻性的角度有效地评估了公司的业绩，具有客观性和科学性等特征。参考唐勇军等（2021）的做法，将 Tobin Q 计算为股权的市场价值和债务的账面价值的总和与其总资产的账面价值的比率，这个数值越大代表企业价值越高。

（2）解释变量。关于解释变量，参考杜兴强等（2021）的方法，主要用董事会国际化虚拟变量（GB_Dum）和比例变量（GB_Ratio）进行衡量。GB_Dum 来衡量公司董事会中是否存在外籍董事，若至少有一名外籍人士担任董事则取值为 1，否则为 0。GB_Ratio 来衡量董事会国际化的程度，计算方式为：公司董事会中外籍董事数量与董事会总人数的比值。本节将中国国籍之外的外国董事定义为外籍董事，在稳健性检验中扩展了外籍董事的范围，将来自中国港、澳、台地区的董事纳入外籍董事范围来检验结果的稳定性。

（3）调节变量。股权集中度是衡量公司股权分布集散情况的重要指标。参考仓勇涛等（2020）的做法选用第一大股东持股比例（Top_1）进行主回归分析，并借鉴于文领等（2020）的做法用第五大持股比例（Top_5）为替代变量进行稳健性测试。

（4）控制变量。基于国内外企业价值的相关文献，从公司特征、内外部治理等方面设置了11个控制变量，同时对年份和行业进行了控制。

①公司规模。参考唐勇军等（2021）的做法，用总资产的自然对数表示公司规模（Size）。现有研究大多认为公司规模可以影响企业价值的大小。规模较大的公司获取社会资源和人力资源的能力强，内部管理体系较为完善，更容易取得良好的业绩。但是随着规模增大，公司也可能出现人员冗余、管理混乱、经营成本过高等问题，影响企业价值。

②成长能力。公司的成长能力（Growth）体现未来企业实现价值增长的可能性。成长能力好代表企业拥有强劲的发展势头和竞争能力，可能占据更多的市场份额，促进企业价值增加。关于公司成长能力的衡量借鉴高燕燕等（2021）的研究，选取营业收入增长率来衡量。

③盈利能力。良好的盈利能力（ROE）可以反映出企业拥有较低的财务风险和较高的利润创造能力，还能够使企业更快地聚集资本，向资本市场传递良好的信息，从而有效地提高企业的价值。参考胡逸凡（2018）的研究用总资产收益率ROE来衡量企业的盈利能力。

④资产负债率。资产负债率（LEV）能够反映公司财务业绩水平，进而对企业价值也存在一定影响。部分学者认为，债务利息的"税盾效应"可以增加企业价值（胡援成，2002），但也有学者研究发现，企业价值与其负债比例呈显著负相关，可能因为当债务资本的占比过高时会导致债务利息过高，公司价值的稳定性受到的影响，不利于企业价值的增加（陈文浩等，2012）。

⑤经营现金流。充足的经营现金流（CFO）可以保证企业的日常经营和持续发展，提高企业偿债能力和风险应对能力，避免陷入资金链断离的困境。丁永淦等（2015）通过实证研究，证实了现金流是企业价值驱动的重要因素。借鉴唐勇军等（2021）的做法来定义经营现金流

指标。

⑥董事会规模。本部分通过上市公司董事会总人数来衡量董事会规模（Board），该方法借鉴了杨文君等（2016）的研究。关于董事会规模对企业价值的影响存在不同的观点，一些学者认为，规模大的董事会资源获取能力变强，董事们可以集思广益，降低决策失误风险，能够对公司价值产生促进作用，但也有学者提出董事会规模过大可能产生"搭便车"的现象，并且董事们各抒己见难以形成一致意见，降低决策效率，容易被 CEO 控制进行权力寻租而损害企业价值。

⑦独立董事比例。独立董事能够保持较强的客观性和独立性，使其能发挥有力的监督和做出公正的决策，可能正向影响企业的价值。因此借鉴杨文君等（2016）的衡量方式，即根据上市公司董事会中的独立董事人数与董事会总人数的比率来确定该公司的独立董事比例（INDIR）。

⑧两职合一。两职合一（Dual）是指公司董事长和总经理是否由相同的人担任。两职兼任使管理权力过于集中，可能增大道德风险；但也可能提高沟通决策效率，抓住发展机会，增加企业价值。

⑨合格境外投资者。通常认为 QFII 资金雄厚，拥有先进的管理经验和投资技术，还具备一定监督能力，抑制"一股独大"问题，通过薪酬激励对企业价值产生影响。参考杜兴强等（2021）的研究，将合格境外投资者（QFII）变量定义为公司合格境外投资者持股与上市公司总股份的比值。

⑩交叉上市。现有研究通常认为公司在发达国家资本市场交叉上市（Cross），可以减少信息不对称性、增强投资者保护，缓解融资约束（周开国和周铭山，2014）；能够有效抑制控股股东以及内部管理人员的自利行为，减少代理成本，改善公司的治理水平；另外，王亚星等（2012）研究还发现，交叉上市的公司可以用较低的资本成本筹集较多的权益资，从多方面影响企业绩效。

⑪是否聘请了"四大"会计师事务所。审计是提高信息质量的一种制度安排，同时也是对企业管理层的一种监督机制。高质量审计具有外部监督的作用，能够规范公司信息披露，降低信息不对称，减少代理冲突，改善资源分配效率，实现价值增值（张娟等，2010）。借鉴雷光勇等（2014）的做法，用公司是否雇用国际"四大"会计师事务所（Big4）（毕马威、普华永道、德勤和安永）审计来衡量审计质量，若审

计师事务所是"四大"事务所，则变量 Big4 赋值为1，否则为0。

综上所述，各变量具体定义如表6-22所示。

表6-22　　　　　　　　　　　　变量定义

变量类型	变量名称	变量含义
被解释变量	托宾Q（Tobin Q）	企业市场价值/账面价值
	国际化董事会虚拟变量（GB_Dum）	若上市公司董事会中含有外籍董事则取值为1，否则取0
解释变量	国际化董事会比例变量（GB_Ratio）	上市公司董事会中外籍董事的比例，即外籍董事人数/董事会总人数
调节变量	第一大股东持股比例（Top_1）	公司第一大股东持股数/总股本
控制变量	公司规模（Size）	公司期末总资产的自然对数
	是否"四大"（Big4）	若公司聘请前四大事务所审计则取值为1，否则为0
	成长能力（Growth）	营业收入增长率=营业收入本年本期金额-营业收入上年同期金额/营业收入上年同期金额
	盈利能力（ROE）	净利润/股东权益平均余额
	资产负债率（LEV）	企业年末总负债/总资产
	经营现金流（CFO）	企业经营活动产生的净现金流量/年末总资产
	董事会规模（Board）	上市公司董事会总人数
	独立董事比例（INDIR）	上市公司董事会中独立董事的人数/董事会总人数
	两职合一（Dual）	若董事长兼任总经理则取值为1，否则取0
	合格境外投资者（QFII）	公司合格境外投资者持股占上市公司总股份的比例
	交叉上市（Cross）	若公司交叉上市则取值为1，否则为0

3. 模型构建

（1）董事会国际化对企业价值影响的模型。基于上述分析，为了检验董事会国际化及其程度对企业价值的影响（H1），构建了模型

（6.4）和模型（6.5）。若 GB_Dum 和 GB_Ratio 的系数为正，表示董事会国际化及其国际化程度有利于企业价值的提升，若该系数在正值水平上越显著则这种价值促进效用越明显。

$$TobinQ = \beta_0 + \beta_1 GB\_Dum + \beta_2 Size + \beta_3 Growth + \beta_4 ROE + \beta_5 LEV$$
$$+ \beta_6 CFO + \beta_7 Board + \beta_8 INDIR + \beta_9 Dual + \beta_{10} QFII$$
$$+ \beta_{11} Cross + \beta_{12} Big4 + \sum Industry + \sum Year + \varepsilon \quad (6.4)$$

$$TobinQ = \beta_0 + \beta_1 GB\_Ratio + \beta_2 Size + \beta_3 Growth + \beta_4 ROE + \beta_5 LEV$$
$$+ \beta_6 CFO + \beta_7 Board + \beta_8 INDIR + \beta_9 Dual + \beta_{10} QFII$$
$$+ \beta_{11} Cross + \beta_{12} Big4 + \sum Industry + \sum Year + \varepsilon \quad (6.5)$$

（2）股权集中度作为调节变量的调节效应模型。根据前面的分析，本部分引入股权集中度作为调节变量，讨论其对董事会国际化及其程度与企业价值关系的影响。为此，构建了模型（6.6）和模型（6.7）。若解释变量系数为正，交互项系数为负，表示假设2通过验证；在进一步分析中，根据产权性质和两职合一将全样本进行分组，再分别利用模型（6.6）和模型（6.7）进行回归检验，观察交互项系数和显著性在两组间的差异，探讨能有效弱化股权集中度抑制作用的影响因素。

$$TobinQ = \beta_0 + \beta_1 GB\_Dum + \beta_2 Top\_1 \times GB\_Dum + \beta_3 Top\_1 + \beta_4 Size$$
$$+ \beta_5 Growth + \beta_6 ROE + \beta_7 LEV + \beta_8 CFO + \beta_9 Board$$
$$+ \beta_{10} INDIR + \beta_{11} Dual + \beta_{12} QFII + \beta_{13} Cross$$
$$+ \beta_{14} Big4 + \sum Industry + \sum Year + \varepsilon \quad (6.6)$$

$$TobinQ = \beta_0 + \beta_1 GB\_Ratio + \beta_2 Top\_1 GB\_Ratio + \beta_3 Top\_1 + \beta_4 Size$$
$$+ \beta_5 Growth + \beta_6 ROE + \beta_7 LEV + \beta_8 CFO + \beta_9 Board$$
$$+ \beta_{10} INDIR + \beta_{11} Dual + \beta_{12} QFII + \beta_{13} Cross$$
$$+ \beta_{14} Big4 + \sum Industry + \sum Year + \varepsilon \quad (6.7)$$

6.2.4 实证结果分析

本小节通过描述性统计分析、相关性分析、多元回归分析以及稳健性检验进行假设验证，并在进一步分析中探讨了不同产权性质和两职合一结构对股权集中度调节效应的异质性影响。

1. 描述性统计分析

根据表6－23的数据，可以看出27366个样本中各变量的平均数、中位数、标准差以及它们的最大值和最小值。

表6－23　　　　　　　　变量描述性统计结果

变量	样本量	平均数	中位数	标准差	最小值	最大值
Tobin Q	27366	2.593	1.961	1.932	0.841	11.572
GB_Dum	27366	0.086	0.000	0.280	0.000	1.000
GB_Ratio	27366	0.013	0.000	0.047	0.000	0.286
Top_1	27366	34.144	32.000	14.660	8.648	73.984
Size	27366	3.100	3.093	0.057	2.995	3.261
Growth	27366	0.164	0.109	0.350	−0.509	1.874
ROE	27366	0.067	0.074	0.118	−0.527	0.332
LEV	27366	0.416	0.408	0.204	0.060	0.884
CFO	27366	0.049	0.048	0.066	−0.138	0.229
Board	27366	8.484	9.000	1.631	5.000	14.000
INDIR	27366	0.377	0.364	0.053	0.333	0.571
Dual	27366	0.292	0.000	0.455	0.000	1.000
QFII	27366	0.110	0.000	0.412	0.000	2.740
Cross	27366	0.049	0.000	0.216	0.000	1.000
Big4	27366	0.060	0.000	0.238	0.000	1.000

从统计结果来看，被解释变量Tobin Q的最小值为0.841，最大值为11.572，中位数为1.961，表示我国A股上市公司之间公司价值差距较为明显，且Tobin Q值较低的公司占大多数，企业价值仍有提升的空间；解释变量中，虚拟变量GB_Dum的平均值为0.086，表明我国上市公司中约有8.6%的公司引入中国国籍之外的董事，董事会国际化趋势

处于初级阶段。董事会国际化比例变量 GB_Ratio 的最小值和中位数都为 0.000，平均水平只有 0.013，外籍董事人数占比小，说明董事会的国际化程度不高；调节变量的最小值为 8.648%，最大值为 73.984%，说明企业间股权集中程度存在明显差别。第一大股东持股比例均值为 34.144%，中位数为 32%，说明我国企业股权相对集中。

从控制变量的结果来看，企业规模（Size）的中位数（3.09）和平均数（3.1）很接近，说明企业规模分布较均匀。成长能力（Growth）的最小值低至 -0.509，最大值高至 1.874，中位数是 0.109，说明大多数企业的成长能力有待提升。公司盈利能力（ROE）和经营活动现金流（CFO）的均值分别是 0.067 和 0.049，最小值均为负数。资产负债率（LEV）的均值为 41.6%，中位数为 40.8%，说明大部分样本企业的资产负债率处于安全水平。董事会规模（Board）的最小值为 5，最大值为 14。根据独立董事比例（INDIR）的数据（中位数为 0.364，平均数为 0.377）可以看出大部分公司的独董制度符合国家要求，企业的经营决策具有一定客观合理性。两权合一（Dual）的平均值为 0.292，说明样本中仅约 29.2% 的企业董事长兼任总经理；合格境外投资者持股（QFII）的最小值和中位数都为 0，平均数为 0.11，说明样本企业股东中较少有合格境外投资者，且其持股比例较低。交叉上市（Cross）的平均值为 0.049，表示样本企业中仅有 4.49% 的企业存在交叉上市的情况。是否为"四大"（Big4）的平均值为 0.06，说明样本企业中绝大部分公司的审计工作不是由国际"四大"会计师事务负责的。

2. 相关性分析

本部分 Pearson 相关性分析的检验结果由表 6 - 24 所示。通过表中数据可知，董事会国际化虚拟变量与企业价值正相关性较强且在 1% 的水平上显著，表明董事会国际化可以促进企业价值的提升。比例变量与企业价值的相关系数为 0.098***，两者在 1% 统计意义上显著为正，说明董事会国际化程度越高，企业价值越大，初步支持了本章假设 1。股权集中度与企业价值在 1% 的水平上显著负相关，相关系数为 -0.066，说明两者之间相关性较弱。

表6－24　相关性分析结果

变量	Tobin Q	GBDum	GB_Ratio	Top_1	Size	Growth	ROE	LEV	CFO	Board	INDIR	Dual	QFII	Cross	Big4
Tobin Q	1														
GB_Dum	0.085***	1													
GB_Ratio	0.098***	0.876***	1												
Top_1	-0.07***	0.010	0.026***	1											
Size	-0.448***	0.041***	0.006	0.185***	1										
Growth	0.124***	0.016***	0.016**	-0.016***	0.037***	1									
ROE	0.175***	0.042***	0.041***	0.139***	0.089***	0.280***	1								
LEV	-0.371***	-0.056***	-0.071**	0.055***	0.531***	0.014**	-0.202***	1							
CFO	0.115***	0.074***	0.073***	0.100***	0.076***	0.029***	0342***	-0.169***	1						
Board	-0.160***	0.020***	-0.20***	0.027***	0.290***	-0.030***	0016***	0.162***	0.045**	1					
INDIR	0.058***	-0.01	0.006	0.040***	-0.01*	0.000	-0.009	-0.014**	-0.005	-0.427***	1				
Dual	0.143***	0.045***	0.043***	-0.044***	-0.186***	0.043***	0.026***	-0.137***	-0.013***	-0.180***	0.109***	1			
QFII	0.041***	0.070***	0.088***	0.016	0.082***	0.024***	0.098***	-0.019***	0.100***	0.024***	-0.010	0.020***	1		
Cross	-0.108***	0.054***	0,034	0.064***	0.291***	-0.024***	0.007	0.122***	0.017	0.114***	0.029***	-0.073***	0.051**	1	
Big4	-0.069***	0.151***	0.156***	0.142***	0.333***	-0.011*	0.060***	0.111***	0.080***	0.092***	0.030***	-0.058***	0.084***	0.387***	1

215

控制变量中，成长能力、盈利能力、现金流量、独立董事比例、两职合一及合格境外投资者与企业价值正相关；董事会人数、公司规模、交叉上市、资产负债率及是否为"四大"审计与企业价值呈负相关关系。控制变量之间相关系数虽然存在几个较高的值（如 −0.448、−0.371、0.333），但都未超过 0.5。并且通过计算方差膨胀因子如表 6−25 所示，发现 VIF 都低于 5，可以得到各变量间没有显著多重共线性问题的结论，控制变量的选择是恰当合理的。

表 6−25　　　　　　　　　　　共线性检验结果

变量	VIF
Size	1.88
LEV	1.60
Board	1.58
INDIR	1.44
Big4	1.28
Cross	1.23
ROE	1.34
CFO	1.18
Top_1	1.07
Dual	1.06
QFII	1.03
Growth	1.11
MeanVIF	1.32

3. 回归结果分析

本节研究运用 2012~2021 年上市企业的样本数据，应用构建的模型进行多元回归分析，通过对回归结果的分析可以判断数据结论是否能支持本节提出的研究假设，从而探究国际化董事会的价值创造效应以及股权集中度的调节机制。

（1）董事会国际化对企业价值影响的回归结果分析。表 6−26 是对模型（6.4）和模型（6.5）进行回归检验的结果，自变量包括董事会国际化虚拟变量 GB_Dum 和比例变量 GB_Ratio 两种衡量变量，分别进行回归检验和结果分析。其中检验（1）、检验（3）为在没有控制任何变量的条件下，董事会国际化与企业价值初步回归结果，检验（2）、检验（4）引入控制变量，并控制了年份与行业。

表 6 – 26　　　　　　董事会国际化与企业价值回归结果

变量	(1)	(2)	(3)	(4)
	Tobin Q	Tobin Q	Tobin Q	Tobin Q
GB_Dum	0.419 *** (8.73)	0.440 *** (10.67)		
GB_Ratio			2.951 *** (9.46)	2.714 *** (10.04)
Size		−15.298 *** (−51.04)		−15.255 *** (−50.93)
Growth		0.442 *** (12.62)		0.441 *** (12.62)
ROE		2.403 *** (20.97)		2.402 *** (20.98)
LEV		−0.535 *** (−7.62)		−0.536 *** (−7.63)
CFO		2.271 *** (12.65)		2.266 *** (12.63)
Board		0.020 *** (2.82)		0.022 *** (3.15)
INDIR		1.540 *** (7.60)		1.550 *** (7.66)
Dual		0.121 *** (5.48)		0.122 *** (5.54)
QFII		0.153 *** (6.14)		0.149 *** (5.94)

变量	（1）	（2）	（3）	（4）
	Tobin Q	Tobin Q	Tobin Q	Tobin Q
Cross		0. 104 ** （2. 46）		0. 103 ** （2. 44）
Big4		0. 514 *** （10. 88）		0. 502 *** （10. 83）
Constant	1. 980 *** （13. 79）	48. 121 *** （53. 81）	1. 980 *** （13. 80）	47. 963 *** （53. 71）
industry	No	Yes	No	Yes
year	No	Yes	No	Yes
Observations	27366	27366	27366	27366
R	0. 227	0. 424	0. 229	0. 424
R^2_a	0. 225	0. 422	0. 226	0. 422
F	99. 36	150. 5	99. 47	150. 6

　　根据表 6 - 26 所示的结果可以看出，在既未加入控制变量，也没有控制年份和行业效应的情况下，只对董事会国际化与企业价值两个变量进行回归时，董事会国际化虚拟变量 GB_Dum 与企业价值正相关，且具有 1% 的统计学意义（系数为 0. 419，t 值为 8. 73），R^2_a 为 0. 225；在加入所有控制变量并控制了行业和年份效应后，GB_Dum 与 Tobin Q 在 1% 的水平上显著为正，R^2_a 为 0. 422，表明董事会国际化对企业价值确实存在促进作用，并且拟合优度变好说明模型构建合理。关于董事会国际化程度与企业价值的关系可以根据列（3）、列（4）数据分析，GB_Ratio 的系数均在 1% 的水平上显著正相关，说明企业价值随着董事会国际化程度的增加而增加，以上结论支持了 H1。原因可能在于：首先外籍董事比本土董事更具独立性和监督力，具有先进的管理经验和治理理念，能够带来丰富的人力和社会资源，从多维度促进了企业价值提升；其次外籍董事比例的增多能进一步维护董事会独立性，提高获取异质性资源的能力，使这种价值提升效应会随董事会国际化程度的增加而增强。

　　在控制变量方面,检验(2)和检验(4)呈现的结果可知,公司规模(Size)和资产负债率(LEV)的系数均在1%的显著性水平上负相关,说明企业规模过大带来的管理混乱和多元化成本增加的问题会影响企业价值的增加,过高的负债率也会影响企业价值的稳定性;其他控制变量与企业价值正相关,Cross的系数在5%的水平上显著,其余控制变量系数的显著性水平为1%,说明这些变量均有利于企业价值的增加,与预期假设相符。综上所述,回归分析得到的结论符合H1,董事会国际化能够增加企业价值,假设1得以验证。

　　(2)股权集中度调节作用的回归结果分析。根据前面所提出的假设2,股权集中度对董事会国际化与企业价值的关系产生抑制作用。本节运用回归模型(6.6)、模型(6.7)检验假设2。模型(6.6)、模型(6.7)在模型(6.4)、模型(6.5)的基础上加入股权集中度和董事会国际化的交乘项($GB\_Dum \times Top\_1$ 或 $GB\_Ratio \times Top\_1$),以此检验股权集中度是否对董事会国际化与企业价值之间的关系产生调节效应及其调节方向。表6-27列示了董事会国际化、股权集中度与企业价值的回归结果。

表6-27　　　　　　　　股权集中度调节效应的回归结果

变量	(1)	(2)
	Tobin Q	Tobin Q
GB_Dum	0.794 *** (10.28)	
GB_Dum × Top_1	− 0.011 *** (−5.05)	
GB_Ratio		5.062 *** (11.33)
GB_Ratio × Top_1		− 0.068 *** (−5.83)
Top_1	0.003 *** (4.16)	0.003 *** (4.20)

变量	(1)	(2)
	Tobin Q	Tobin Q
Size	−15. 389 *** （−66. 89）	−15. 350 *** （−66. 79）
Growth	0. 443 *** （16. 26）	0. 441 *** （16. 20）
ROE	2. 381 *** （26. 83）	2. 381 *** （26. 84）
LEV	−0. 525 *** （−8. 91）	−0. 522 *** （−8. 87）
CFO	2. 260 *** （14. 89）	2. 256 *** （14. 87）
Board	0. 021 *** （2. 89）	0. 022 *** （3. 14）
INDIR	1. 522 *** （7. 53）	1. 528 *** （7. 56）
Dual	0. 118 *** （5. 77）	0. 118 *** （5. 76）
QFII	0. 153 *** （6. 90）	0. 149 *** （6. 74）
Cross	0. 104 ** （2. 24）	0. 100 ** （2. 15）
Big4	0. 518 *** （12. 05）	0. 509 *** （11. 83）
Constant	48. 305 *** （69. 83）	48. 168 *** （69. 71）
industry	Yes	Yes
year	Yes	Yes
Observations	27366	27366

变量	(1)	(2)
	Tobin Q	Tobin Q
R^2	0.425	0.425
R^2_a	0.423	0.423
F	203.5	203.9

从上表数据可以看到，GB_Dum 和 GB_Ratio 系数均表现为 1% 的水平上正向关系显著，仍保持 H1 的结论。在加入调节变量股权集中度 Top_1 的影响后，GB_Dum 与企业价值 Tobin Q 的交互项 GB_Dum × Top_1 回归系数为 −0.011，t 值为 −5.05，在 1% 的显著性水平上负相关，企业董事会国际化 GB_Dum 对企业价值的促进作用被明显削弱了，即股权集中度抑制了董事会国际化与企业价值间的关系。董事会国际化程度 GB_Ratio 与企业价值 Tobin Q 的交互项 GB_Ratio × Top_1 也表现为 1% 的水平上负向关系显著（−0.068，t = −5.83），说明较高的股权集中度抑制了董事会国际化程度对企业价值的提升，上述结果综合验证了 H2。原因可能在于，股权集中度的提高增大了股东对公司的话语权和控制权，过度监督会替代外籍董事监督职能的发挥，隧道挖掘行为也会架空外籍董事的权力，弱化其战略咨询功能，进而影响董事会国际化的价值创造效应。在控制变量方面，各变量符号与显著性水平与前面一致，符合预期假设。

综上所述，回归结果符合研究假设 2，董事会国际化及其程度对企业价值的正向促进作用受到股权集中度的抑制，H2 得以验证。

4. 稳健性检验

本节通过替换变量法、倾向得分匹配（PSM）、固定效应模型以及剔除部分样本等多种方式，旨在评估前面实验的稳健性，以确保在原有参数设定变动之后，依然能够保持较高的准确度和稳定性。

（1）替换变量法。

①扩大外籍董事的定义范围。考虑到中国港澳台地区董事在行为处事、文化背景或治理理念等方面与本土董事存在一定的差异，因此参考刘孟晖等（2020）的做法将中国港澳台地区董事纳入外籍董事涵盖范围，

表 6-28 为模型（6.4）~ 模型（6.7）回归分析的结果，经过分析可知回归结果的显著性没有发生变化，因此，前面得到的结论仍然成立。

表 6-28　　　　　　替换变量——扩大外籍董事的定义范围

变量	（1）Tobin Q	（2）Tobin Q	（3）Tobin Q	（4）Tobin Q
GB_Dum	0.356 *** (10.50)		0.691 *** (10.05)	
GB_Ratio		1.716 *** (9.00)		3.856 *** (11.14)
GB_Dum × Top_1			− 0.010 *** (− 5.37)	
GB_Ratio × Top_1				− 0.059 *** (− 6.87)
Top_1			0.003 *** (4.29)	0.003 *** (4.34)
Size	− 15.271 *** (− 50.91)	− 15.197 *** (− 50.69)	− 15.357 *** (− 66.75)	− 15.295 *** (− 66.52)
Growth	0.444 *** (12.65)	0.444 *** (12.66)	0.444 *** (16.30)	0.443 *** (16.26)
ROE	2.406 *** (20.99)	2.405 *** (20.97)	2.380 *** (26.80)	2.382 *** (26.82)
LEV	− 0.538 *** (− 7.64)	− 0.543 *** (− 7.72)	− 0.529 *** (− 8.98)	− 0.529 *** (− 8.97)
CFO	2.260 *** (12.58)	2.264 *** (12.59)	2.244 *** (14.78)	2.244 *** (14.77)
Board	0.020 *** (2.81)	0.022 *** (3.17)	0.020 *** (2.84)	0.022 *** (3.10)
INDIR	1.515 *** (7.46)	1.514 *** (7.47)	1.514 *** (7.49)	1.518 *** (7.51)

变量	(1)	(2)	(3)	(4)
	Tobin Q	Tobin Q	Tobin Q	Tobin Q
Dual	0.124 *** (5.60)	0.128 *** (5.78)	0.121 *** (5.90)	0.122 *** (5.98)
QFII	0.155 *** (6.19)	0.150 *** (5.92)	0.156 *** (7.05)	0.153 *** (6.88)
Cross	0.087 ** (2.05)	0.097 ** (2.29)	0.092 ** (1.99)	0.096 ** (2.08)
Big4	0.510 *** (10.74)	0.503 *** (10.75)	0.518 *** (12.03)	0.514 *** (11.90)
Constant	48.047 *** (53.70)	47.799 *** (53.47)	48.210 *** (69.69)	48.002 *** (69.43)
Industry	Yes			
Year	Yes			
Observations	27366	27366	27366	27366
R^2	0.424	0.423	0.424	0.424
R^2_a	0.422	0.421	0.422	0.422
F	150.5	150.5	203.0	203

②替换调节变量衡量方式。本节借鉴于文领等（2020）的研究，使用前五大股东持股比例之和（Top_5）进行替代检验，不改变其他变量。回归结果如表6 – 29所示。

表6 – 29　　　替换变量——改变调节变量的回归结果

变量	(1)	(2)
	Tobin Q	Tobin Q
GB_Dum	0.854 *** (6.15)	
GB_Dum × Top_5	− 0.008 *** (− 3.28)	

变量	(1)	(2)
	Tobin Q	Tobin Q
GB_Ratio		5.534 *** (6.20)
GB_Ratio × Top_5		−0.056 *** (−3.50)
Top_5	0.007 *** (11.33)	0.007 *** (11.37)
Size	−15.457 *** (−51.63)	−15.423 *** (−51.56)
Growth	0.441 *** (12.57)	0.439 *** (12.55)
ROE	2.289 *** (19.82)	2.288 *** (19.84)
LEV	−0.482 *** (−6.85)	−0.479 *** (−6.82)
CFO	2.204 *** (12.29)	2.201 *** (12.28)
Board	0.021 *** (2.94)	0.023 *** (3.22)
INDIR	1.447 *** (7.16)	1.453 *** (7.21)
Dual	0.112 *** (5.07)	0.111 *** (5.07)
QFII	0.158 *** (6.35)	0.154 *** (6.15)
Cross	0.080 * (1.89)	0.076 * (1.80)
Big4	0.472 *** (9.83)	0.462 *** (9.82)

变量	(1)	(2)
	Tobin Q	Tobin Q
Constant	48.300 *** (53.95)	48.175 *** (53.88)
industry	Yes	Yes
year	Yes	Yes
Observations	27366	27366
R^2	0.427	0.427
R^2_a	0.425	0.425
F	150.1	150.2

如表中数据可知，交互项 GB_Dum × Top_5 回归系数为 -0.008，t 值为 -3.28，在1%的显著性水平上负相关。董事会国际化程度与企业价值的交互项 GB_Ratio × Top_5 也表现为1%的水平上负向关系显著（-0.056，t = -3.50），说明股权集中度削弱了董事会国际化与企业价值之间积极的关系，H2 得到支持。综上可证明本节的研究结果具有一定的稳健性。

（2）倾向评分匹配法。

由于价值高的企业更有能力吸引外籍董事的加入，因此公司董事会的国际化不是偶然，而是具有一定自选择性，这样就容易导致样本自选择偏差的产生。为了解决这一问题，本节应用 PSM，通过降维处理多个指标，并根据倾向得分值在控制组进行匹配，从而减少选择偏差，并消除混杂偏差带来的影响。基本步骤包括：首先根据董事会中是否存在外籍董事，将全样本组分为董事会中有外籍董事的处理组和无外籍董事控制组。利用 Logit 模型识别出能够显著影响董事会国际化的变量作为协变量；其次通过打分使每个样本都匹配到相对应的倾向得分值。并判断样本组是否符合平衡性检验要求，在通过假设检验后，本节采用 1∶3 最近邻匹配法得到匹配后的新样本，并重新进行归回分析，以排除自选择偏误的影响。

①筛选协变量。本部分借鉴周锦培（2020）的思路筛选利用 Logit 回归以检验本节研究选择的协变量是否能够很好地区分董事会国际化有

无变量（GB_Dum）。Logit 回归结果如表 6 - 30 所示。

表 6 - 30   Logit 回归结果

变量	（1）	（2）
Size	3. 144 *** （6. 10）	3. 263 *** （6. 46）
Growth	0. 065 （1. 06）	
ROE	- 0. 419 ** （- 2. 03）	- 0. 356 * （- 1. 81）
LEV	- 1. 102 *** （- 8. 10）	- 1. 094 *** （- 8. 08）
CFO	2. 504 *** （7. 20）	2. 490 *** （7. 17）
Board	0. 052 *** （3. 30）	0. 052 *** （3. 30）
INDIR	- 0. 852 * （- 1. 87）	- 0. 831 * （- 1. 83）
Dual	0. 260 *** （5. 99）	0. 259 *** （5. 98）
QFII	0. 228 *** （5. 77）	0. 226 *** （5. 72）
Cross	0. 111 （1. 20）	
Big4	1. 321 *** （18. 11）	1. 342 *** （19. 27）
MKT	0. 014 * （1. 67）	0. 015 * （1. 78）
Constant	- 27. 063 （- 0. 06）	- 27. 815 （- 0. 05）
R^2_a	0. 0806	0. 0802
LRchi2	1560. 35	1554. 09

226

　　表中 Logit 回归结果显示，公司规模（Size）、经营现金流（CFO）、董事会规模（Board）、两职合一（Dual）、合格境外投资者（QFII）、是否"四大"（Big4）及市场化进程（MKT）正向显著影响 GB_Dum，资产负债率（LEV）、盈利能力（ROE）和独立董事比例（INDIR）负向影响 GB_Dum。成长能力（Growth）和交叉上市（Cross）对发生董事会国际化的解释变量并不显著，不宜作为协变量。故本节将剔除这两个变量后剩余控制变量和市场化进程（MKT）作为 PSM 模型的匹配变量。

　　②匹配效果检验。通过平衡性检验需要满足共同支撑假设和平行假设的要求。满足共同支撑假设的目的在于，使处理组样本与控制组样本能通过倾向得分值进行有效匹配；平行假设可以确保处理组与控制组的企业除了是否发生董事会国际化（GB_Dum）之外，不存在其他明显差别，即企业价值增加或减少完全取决于董事会国际化的影响。协变量匹配前后差异情况如表 6 - 31 所示，标准差情况如图 6 - 6 所示。

表 6 - 31　　　　　　　　　　协变量匹配前后差异对比

变量	匹配状态	标准化偏差（% bias）	T 检验	
			T 值	P 值
Size	匹配前	12.4	6.83	0.000
	匹配后	-0.9	-0.33	0.739
ROE	匹配前	13.1	6.94	0.000
	匹配后	0.8	0.34	0.736
LEV	匹配前	-17.9	-9.25	0.000
	匹配后	-1.2	-0.47	0.639
CFO	匹配前	23.5	12.32	0.000
	匹配后	0.4	0.16	0.869
Board	匹配前	6.4	3.39	0.001
	匹配后	0.1	0.03	0.973
INDIR	匹配前	-3.0	-1.59	0.111
	匹配后	0.6	0.22	0.826
Dual	匹配前	14.0	7.53	0.000
	匹配后	0.1	0.05	0.961

变量	匹配状态	标准化偏差（% bias）	T 检验	
			T 值	P 值
QFII	匹配前	18.6	11.63	0.000
	匹配后	−1.7	−0.57	0.568
Big4	匹配前	37.6	25.21	0.000
	匹配后	0.0	0.00	0.998
MKT	匹配前	10.8	5.99	0.000
	匹配后	−0.1	−0.05	0.963

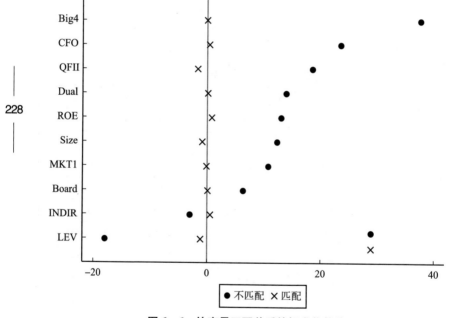

图 6−6　协变量匹配前后的标准化偏差

表 6−31 报告了最近邻匹配前后协变量的变化。相比于匹配前，变量的标准化偏差（% bias）变小，都不超过 2%；T 检验也由匹配前的显著变为不显著，这表明最近邻匹配之后处理组和控制组之间没有显著差别。从图 6−6 中可以得到相同的结论，说明通过了平行假设检验。

图 6−7 和图 6−8 展示了匹配前后的核密度分布。从图 6−7 和

图 6-8 中重叠面积的变化可知：经过匹配，处理组和参照组的差异明显缩小，重叠区域增加了。说明最邻近的匹配对倾向得分偏差具有纠偏修正作用，优化了匹配效果，满足了共同支撑假设。

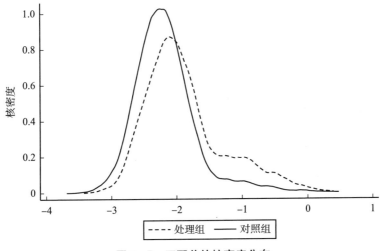

图 6-7　匹配前的核密度分布

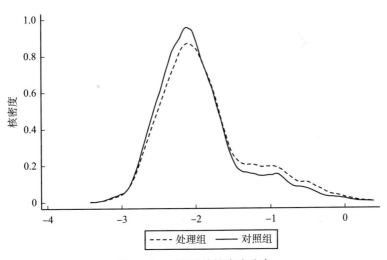

图 6-8　匹配后的核密度分布

③平均处理效应。表 6-32 列示了采用平均处理效应（ATT）检验董事会国际化（GB_Dum）对企业价值的促进效果，即匹配前后的 ATT

值。表中数据显示，有外籍董事的公司 ATT 值为 3.0469，处理组与控制组的差异为 0.4490，并显示为 1% 的水平上显著，表明董事会国际化对企业价值存在显著的正面效应，假设 1 从统计学意义上通过检验。

表 6 – 32　　　　　　　　董事会国际化对企业价值的影响

样本		实验组	对照组	差异	T 统计量
匹配前		3.0469	2.5327	0.5142	14.07
匹配后	ATT	3.0469	2.5979	0.4490	9.21
	ATU	2.5266	2.9027	0.3761	
	ATE			0.3845	

④匹配样本回归分析。对全样本进行 PSM 后得到 10，136 个匹配样本，将新样本应用于模型（6.4）~模型（6.7）的回归分析，具体结果如表 6 – 33 所示。

表 6 – 33　　　　　　　　PSM 匹配样本的回归结果

变量	(1) Tobin Q	(2) Tobin Q	(3) Tobin Q	(4) Tobin Q
GB_Dum	0.404 *** (9.39)		0.781 *** (7.34)	
GB_Dum × Top_1			− 0.011 *** (− 4.15)	
GB_Ratio		2.475 *** (8.86)		4.868 *** (7.34)
GB_Ratio × Top_1				− 0.069 *** (− 4.37)
Top_1			0.003 *** (2.65)	0.003 *** (2.60)
Size	− 13.688 *** (− 27.33)	− 13.595 *** (− 27.17)	− 13.769 *** (− 27.56)	− 0.069 *** (− 4.37)

变量	(1)	(2)	(3)	(4)
	Tobin Q	Tobin Q	Tobin Q	Tobin Q
Growth	0.635 ***	0.632 ***	0.632 ***	− 0.069 ***
	(9.96)	(9.95)	(9.90)	(− 4.37)
ROE	2.884 ***	2.884 ***	2.893 ***	− 0.069 ***
	(14.50)	(14.54)	(14.37)	(− 4.37)
LEV	− 1.003 ***	− 0.998 ***	− 0.988 ***	− 0.069 ***
	(− 8.33)	(− 8.31)	(− 8.22)	(− 4.37)
CFO	3.636 ***	3.621 ***	3.640 ***	− 0.069 ***
	(11.75)	(11.72)	(11.76)	(− 4.37)
Board	0.016	0.022 *	0.016	− 0.069 ***
	(1.35)	(1.80)	(1.30)	(− 4.37)
INDIR	1.224 ***	1.243 ***	1.191 ***	− 0.069 ***
	(3.56)	(3.63)	(3.46)	(− 4.37)
Dual	0.145 ***	0.145 ***	0.140 ***	− 0.069 ***
	(4.01)	(4.04)	(3.89)	(− 4.37)
QFII	0.099 ***	0.093 ***	0.098 ***	− 0.069 ***
	(2.95)	(2.73)	(2.91)	(− 4.37)
Cross	0.055	0.049	0.049	− 0.069 ***
	(0.98)	(0.87)	(0.85)	(− 4.37)
Big4	0.443 ***	0.422 ***	0.451 ***	− 0.069 ***
	(7.31)	(7.11)	(7.33)	(− 4.37)
Constant	43.266 ***	42.930 ***	43.445 ***	43.145 ***
	(28.46)	(28.30)	(28.64)	(28.50)
Industry	Yes	Yes	Yes	Yes
Year	Yes	Yes	Yes	Yes
Observations	10136	10136	10136	10136
R^2	0.436	0.437	0.437	0.438
R^2_a	0.431	0.431	0.432	0.433

通过对上述回归结果分析可知：GB_Dum、GB_Ratio 与 Tobin Q 均在 1% 的水平上正相关（t = 9.39，t = 8.86），说明董事会国际化及程度均对企业价值有显著影响，可以增加企业价值，假设 1 在统计意义上不能被拒绝。另外，董事会国际化与企业价值的交互项 GB_Dum × Top_1 的回归系数在 1% 的水平上显著为负（−0.011，t 值为 −4.15）。董事会国际化程度与企业价值的交互项 GB_Ratio × Top_1 的系数为 −0.069，t = −4.37，也表现为 1% 的水平上负向关系显著。说明股权集中度能够削弱董事会国际化及董事会国际化程度对企业价值的正向提升作用，假设 2 再次得到支持。综上所述，本节的研究结论较为稳健。

（3）基于固定效应模型进行内生性测试。

通过个体固定效应模型可以有效地控制个体层面不可观测、不随时间变化的因素，如领导者管理能力和前瞻性，高层对公司内部治理的认识度和重视度等，从而避免由此产生的内生性问题。表 6 - 34 中列（1）中 GB_Dum 的系数显著为正（0.534，t = 15.797），列（3）中 GB_Ratio 的系数也在 1% 的水平上正相关，假设 1 结论仍然成立。列（2）中交互项 GB_Dum × Top_1 系数显著为负（−0.010，t = −4.738），列（4）中交互项 GB_Ratio × Top_1 的回归系数为负，并在 5% 的水平上显著，假设 2 得到支持。以上回归结果综合证明在控制可能存在的内生性问题后，本节的研究假设和结论依然成立，具有一定的可靠性。

表 6 - 34　　　　　　　　基于固定效应模型的回归结果

变量	(1)	(2)	(3)	(4)
	Tobin Q	Tobin Q	Tobin Q	Tobin Q
GB_Dum	0.534 *** (15.797)	0.878 *** (10.945)		
GB_Dum × Top_1		−0.010 *** (−4.738)		
GB_Ratio			3.210 *** (16.008)	3.883 *** (13.492)
GB_Ratio × Top_1				−0.018 ** (−3.273)

变量	（1）	（2）	（3）	（4）
	Tobin Q	Tobin Q	Tobin Q	Tobin Q
Top_1		0.001 （0.778）		−0.000 （−0.023）
控制变量	控制			
Industry	Yes			
Year	Yes			
Observations	27366	27366	27366	27366
R^2	0.324	0.324	0.324	0.324
R^2_a	0.323	0.324	0.323	0.324

（4）剔除 2015 年股市动荡数据。

2015 年 A 股股市动荡事件对整个市场产生不良影响，使企业经营数据产生异常，考虑到此事件可能对结果造成干扰，参考杨兴哲和周翔翼（2022）的做法，剔除 2015 年的样本，重新对模型进行实证回归，具体结果如表 6 - 35 所示。

表 6 - 35　　　　　　剔除 2015 年数据后的回归结果

变量	（1）	（2）	（3）	（4）
	Tobin Q	Tobin Q	Tobin Q	Tobin Q
GB_Dum	0.459 *** （10.89）		0.795 *** （7.67）	
GB_Ratio		2.892 *** （10.40）		5.206 *** （7.94）
GB_Dum × Top_1			−0.010 *** （−3.80）	
GB_Ratio × Top_1				−0.068 *** （−4.31）

变量	(1)	(2)	(3)	(4)
	Tobin Q	Tobin Q	Tobin Q	Tobin Q
Top_1			0. 003 *** (4. 06)	0. 003 *** (4. 11)
Size	− 13. 803 *** (− 46. 30)	− 13. 760 *** (− 46. 20)	− 13. 884 *** (− 46. 75)	− 13. 847 *** (− 46. 66)
Growth	0. 439 *** (12. 13)	0. 438 *** (12. 15)	0. 439 *** (12. 13)	0. 437 *** (12. 12)
ROE	2. 306 *** (19. 93)	2. 303 *** (19. 94)	2. 285 *** (19. 59)	2. 285 *** (19. 61)
LEV	− 0. 513 *** (− 7. 28)	− 0. 512 *** (− 7. 28)	− 0. 503 *** (− 7. 14)	− 0. 499 *** (− 7. 10)
CFO	2. 370 *** (13. 20)	2. 365 *** (13. 18)	2. 363 *** (13. 16)	2. 358 *** (13. 14)
Board	0. 022 *** (3. 07)	0. 024 *** (3. 41)	0. 022 *** (3. 13)	0. 024 *** (3. 38)
INDIR	1. 404 *** (7. 02)	1. 415 *** (7. 09)	1. 387 *** (6. 94)	1. 394 *** (7. 00)
Dual	0. 124 *** (5. 61)	0. 125 *** (5. 67)	0. 121 *** (5. 50)	0. 121 *** (5. 49)
QFII	0. 165 *** (6. 49)	0. 161 *** (6. 26)	0. 165 *** (6. 51)	0. 161 *** (6. 27)
Cross	0. 070 * (1. 68)	0. 070 * (1. 66)	0. 069 (1. 64)	0. 066 (1. 56)
Big4	0. 510 *** (10. 53)	0. 496 *** (10. 47)	0. 515 *** (10. 49)	0. 503 *** (10. 51)
Constant	43. 598 *** (49. 06)	43. 441 *** (48. 96)	43. 762 *** (49. 39)	43. 629 *** (49. 31)
industry	Yes	Yes	Yes	Yes

变量	(1)	(2)	(3)	(4)
	Tobin Q	Tobin Q	Tobin Q	Tobin Q
year	Yes	Yes	Yes	Yes
Observations	25164	25164	25164	25164
R^2	0.390	0.390	0.390	0.391
R^2_a	0.387	0.388	0.388	0.389
F	133.9	134.2	131.7	131.9

回归结果如表 6-35 所示，在剔除 2015 年样本之后，GB_Dum 和 GB_Ratio 与企业价值 Tobin Q 均在 1% 的水平上正相关（t = 10.89，t = 10.40），董事会国际化的虚拟变量和比例变量均对企业价值产生显著影响，假设 1 得到支持。列（3）与列（4）检验股权集中度的调节作用，可以发现，董事会国际化与股权集中度的交互项系数均在 1% 的水平上负向显著，假设 2 得到支持。回归结果表明，在排除股市动荡的异常影响之后，前述结论依然表现出良好的可靠性和稳健性。

5. 进一步分析研究

（1）基于产权性质的异质性分析。我国企业按照产权性质（SOE）可以分为国有企业和非国有企业，两者在管理体系、市场参与自由度和资源获取渠道等多个方面均存在不同。不同产权性质可能会对董事会国际化与企业价值的关系，以及股权集中度的调节功能产生差异化影响。国有属性使企业最终控制权掌握在国家手里（杜勇等，2021），并且需要承担部分宏观调控的责任，其经营战略更容易受到国家政策和政府部门的影响，做出的决策可能不完全符合企业价值最大化的目标，使外籍董事效用不能充分发挥。而非国有企业不存在政治"软约束"问题，可以更为灵活自由地参与市场竞争。并且出于增加利润、提升价值的目的，非国有企业利用外籍董事增加企业价值的动机有更强（何强和陈松，2013）。此外，国有企业的大股东一般是政府机构，其通过控制董事会、限制外籍董事职能等进行利益侵占和掏空的动机不强，可能削弱股权集中度过高对董事会国际化与企业价值正向关系的抑制效应。

235

根据产权特征，将企业分为国有企业（SOE = 1）和非国有企业（SOE = 0）两组，并使用模型（6.4）~模型（6.7）进行主效应的分组回归。结果如表 6 - 36 所示。

表 6 - 36　　　　　　基于产权性质的主回归分组回归结果

变量	（1）		（2）	
	国有企业	非国有企业	国有企业	非国有企业
GB_Dum	0. 130 ** (2. 274)	0. 466 *** (11. 866)		
GB_Ratio			0. 423 (1. 034)	2. 770 *** (12. 246)
Size	− 11. 180 *** (− 38. 679)	− 17. 271 *** (− 54. 054)	− 11. 147 *** (− 38. 574)	− 17. 219 *** (− 53. 941)
Growth	0. 138 *** (3. 774)	0. 530 *** (14. 979)	0. 137 *** (3. 768)	0. 529 *** (14. 937)
ROE	1. 589 *** (13. 543)	2. 565 *** (22. 220)	1. 587 *** (13. 525)	2. 563 *** (22. 213)
LEV	− 0. 534 *** (− 7. 029)	− 0. 508 *** (− 6. 384)	− 0. 540 *** (− 7. 098)	− 0. 506 *** (− 6. 361)
CFO	0. 718 *** (3. 609)	3. 108 *** (15. 583)	0. 723 *** (3. 632)	3. 102 *** (15. 553)
Board	0. 030 *** (3. 975)	0. 011 (0. 992)	0. 031 *** (4. 018)	0. 014 (1. 331)
INDIR	1. 112 *** (4. 715)	1. 316 *** (4. 468)	1. 107 *** (4. 694)	1. 342 *** (4. 555)
Dual	− 0. 013 (− 0. 325)	0. 107 *** (4. 308)	− 0. 012 (− 0. 323)	0. 109 *** (4. 391)
QFII	− 0. 002 (− 0. 058)	0. 221 *** (7. 674)	− 0. 001 (− 0. 050)	0. 217 *** (7. 544)
Cross	0. 127 ** (3. 097)	0. 073 (0. 745)	0. 126 ** (3. 058)	0. 059 (0. 605)

续表

变量	（1）		（2）	
	国有企业	非国有企业	国有企业	非国有企业
Big4	0.210 *** （4.740）	0.810 *** （12.120）	0.216 *** （4.877）	0.786 *** （11.711）
Constant	36.264 *** （42.297）	53.557 *** （54.372）	36.163 *** （42.196）	53.359 *** （54.227）
Industry	Yes	Yes	Yes	Yes
Year	Yes	Yes	Yes	Yes
Observations	9107	18259	9107	18259
R^2	0.415	0.414	0.415	0.415
R^2_a	0.409	0.411	0.409	0.412
F	68.74	139.77	68.66	139.93
Prob > chi2	0.0000		0.0000	

在对分组回归结果进行分析前，对组间系数差异性进行 SUR 估计，GB_Dum 的系数和 GB_Ratio 的系数在两组之间均存在显著差异。回归结果显示，在国有企业样本组中，GB_Dum 系数表现为 5% 的水平上显著为正，而 GB_Ratio 系数为 0.423，并未通过显著性检验；而非国有企业组中 GB_Dum 和 GB_Ratio 的回归系数均在 1% 水平上显著正相关。这预示着董事会国际化对企业价值的促进作用在非国有企业中得到更好的呈现，这可能是由于相比于国有企业，非国有企业受政府干预较少，能更为自由地借助外籍董事的增量价值参与市场运作。

基于同样的分组方法和回归模型，对调节效应进行分组回归检验。表 6－37 列示了数据结果。

表 6－37　　　　　基于产权性质的调节效应分组回归结果

变量	（1）		（2）	
	国有企业	非国有企业	国有企业	非国有企业
GB_Dum	0.321 * （2.100）	0.790 *** （8.543）		

变量	(1)		(2)	
	国有企业	非国有企业	国有企业	非国有企业
GB_Dum × Top_1	−0.005 (−1.346)	−0.010*** (−3.873)		
GB_Ratio			0.423 (1.034)	2.770*** (12.246)
GB_Ratio × Top_1			−0.019 (−0.827)	−0.069*** (−4.874)
Top_1	0.001 (0.977)	0.004*** (4.121)	0.001 (0.853)	0.004*** (4.279)
Size	−11.216*** (−38.312)	−17.309*** (−54.170)	−11.180*** (−38.201)	−17.268*** (−54.103)
Growth	0.138*** (3.775)	0.531*** (15.001)	0.137*** (3.769)	0.528*** (14.926)
ROE	1.582*** (13.450)	2.526*** (21.725)	1.580*** (13.428)	2.527*** (21.751)
LEV	−0.529*** (−6.935)	−0.496*** (−6.239)	−0.535*** (−7.003)	−0.489*** (−6.151)
CFO	0.717*** (3.602)	3.087*** (15.474)	0.721*** (3.623)	3.080*** (15.445)
Board	0.031*** (3.991)	0.013 (1.168)	0.031*** (4.029)	0.016 (1.437)
INDIR	1.109*** (4.703)	1.306*** (4.435)	1.103*** (4.678)	1.327*** (4.509)
Dual	−0.013 (−0.328)	0.099*** (3.989)	−0.012 (−0.317)	0.099*** (3.987)
QFII	−0.003 (−0.089)	0.222*** (7.708)	−0.002 (−0.079)	0.218*** (7.591)

续表

变量	(1)		(2)	
	国有企业	非国有企业	国有企业	非国有企业
Cross	0.125 ** (3.041)	0.092 (0.941)	0.125 ** (3.024)	0.071 (0.726)
Big4	0.213 *** (4.783)	0.803 *** (11.973)	0.218 *** (4.873)	0.783 *** (11.638)
Constant	36.343 *** (42.067)	53.537 *** (54.320)	36.236 *** (41.962)	53.372 *** (54.220)
Industry	Yes	Yes	Yes	Yes
Year	Yes	Yes	Yes	Yes
Observations	9107	18259	9107	18259
R^2	0.415	0.415	0.415	0.416
R^2_a	0.409	0.412	0.409	0.413
F	67.32	137.21	67.22	137.53
Prob > chi2	0.3018		0.0802	

表 6-37 中组（1）的回归结果显示，国有企业样本中，交互项 GB_Dum × Top_1 的 t 值为 -1.346，并未通过显著性检验，说明股权集中度对董事会国际化与企业价值的关系存在一定的抑制性但作用不强；非国有企业中，交互项 GB_Dum × Top_1 的系数在 1% 的显著性水平上负相关（ -0.010，t = -3.873）。可以说明股权集中度的调节作用在不同产权性质下存在差异。由于 GB_Dum × Top_1 的系数未通过组间系数差异检验，两组变量的系数差异不显著，置信区间存在重叠部分，从统计学意义上不能确信两组数据系数的大小，故无法直接认为股权集中度对公司董事会国际化价值创造作用的抑制效应在非国有企业中更强。根据组（2）回归结果可以得到，交互项 GB_Ratio × Top_1 的系数在国有企业中不显著，在非国有企业组中表现为在 1% 的水平上负向显著，由于 GB_Ratio × Top_1 组间系数差异在 10% 水平上显著，组间系数差异显著，故可以明确得到结论：非国有企业中，股权集中度对董事会国际化与企业价值之间正向作用的抑制效应更强。可能的解释是：国有企业中

的大股东通常为政府部门或机构，通过架空外籍董事进行掏空的动机较弱。

（2）基于两职合一的异质性分析。董事会成员通过行使职能影响公司战略决策和经营管理，而领导权结构可以影响董事有效监督和约束管理层的能力。布里克利等（Brickley et al.，1997）认为，基于现代管家理论，同一人兼任董事长和总经理有利于领导权的清晰和集中，可以提高决策效率和执行能力，避免因管理冲突错失良机。而基于委托代理理论的假设认为，当总经理与董事长共同担任同一职务时，CEO权力明显变大，这可能会削弱董事会的独立性，使董事的监督作用大打折扣（马晨等，2012）。总经理拥有更多不受约束的权力很可能会进行权力寻租，另外由于两权分离，股东不能直接参与公司的日常经营管理，其内部相关事务一般由管理层管控，因此大股东进行利益侵占通常需要高管的配合（赵国宇，2019），可能会通过承诺高管更多的福利、权力等隐性利益来拉拢管理层，两者的合谋会弱化外籍董事带来的积极作用。

根据公司董事长和总经理是否兼职，将样本数据分为两职合一组和两职分离组，研究不同权力结构下董事会国际化与企业价值的关系是否存在差异。表6-38列示了两职合一的主回归分组检验结果。

表6-38　　　　　　基于两职合一的主回归分组回归结果

变量	(1)		(2)	
	两职合一	两职分离	两职合一	两职分离
GB_Dum	0.534 *** (8.802)	0.387 *** (10.034)		
GB_Ratio			3.558 *** (10.108)	2.201 *** (9.500)
Size	-17.515 *** (-35.159)	-14.429 *** (-56.960)	-17.517 *** (-35.229)	-14.377 *** (-56.776)
Growth	0.740 *** (12.883)	0.328 *** (10.878)	0.737 *** (12.848)	0.327 *** (10.850)

变量	(1)		(2)	
	两职合一	两职分离	两职合一	两职分离
ROE	2.589*** (14.007)	2.225*** (22.635)	2.590*** (14.034)	2.222*** (22.599)
LEV	-0.645*** (-5.164)	-0.545*** (-8.330)	-0.617*** (-4.944)	-0.553*** (-8.445)
CFO	3.185*** (10.164)	1.907*** (11.246)	3.194*** (10.210)	1.904*** (11.224)
Board	-0.016 (-0.903)	0.025** (3.247)	-0.011 (-0.642)	0.026*** (3.448)
INDIR	0.816 (1.860)	1.716*** (7.622)	0.876* (1.998)	1.711*** (7.598)
QFII	0.181*** (4.206)	0.136*** (5.318)	0.177*** (4.131)	0.132*** (5.162)
Cross	0.309* (2.293)	0.094* (1.989)	0.299* (2.226)	0.094* (1.977)
Big4	1.201*** (11.199)	0.351*** (7.819)	1.176*** (10.975)	0.347*** (7.700)
Constant	54.157*** (35.266)	45.585*** (59.948)	54.095*** (35.303)	45.418*** (59.749)
Industry	Yes	Yes	Yes	Yes
Year	Yes	Yes	Yes	Yes
Observations	7991	19375	7991	19375
R^2	0.423	0.425	0.425	0.425
R^2_a	0.417	0.423	0.418	0.422
F	63.71	150.21	64.17	150.02
P	0.087		0.0149	

对两组解释变量的系数差异进行 bdiff 检验，得到 P 值分别为 0.087、0.0149，说明系数在两组之间存在显著差异。根据表 6 - 38 的

结果可知，在两职合一样本组中，GB_Dum 的系数为 0.534，t 值为 8.802，在 1% 的水平上显著，GB_Ratio 的系数也在 1% 的水平上正向显著；在两职分离样本组内，GB_Dum、GB_Ratio 的系数表现为在 1% 的水平上显著为正，回归结果支持了假设 1。从董事会国际化系数来看，两职合一组中 GB_Dum 和 GB_Ratio 的估计系数均大于两职分离组中董事会国际化变量的系数，说明与两职分离相比，两职合一的权力结构下董事会国际化对企业价值的促进作用更强。

在主回归的基础上进一步对调节变量进行分组回归，即在不同权力结构中，股权集中度对董事会国际化与企业价值关系的抑制效应是否发生变化，回归结果如表 6-39 所示。

表 6-39　　　　　　基于两职合一的调节效应分组回归结果

变量	(1)		(2)	
	两职合一	两职分离	两职合一	两职分离
GB_Dum	1.089 *** (7.457)	0.617 *** (6.806)		
GB_Dum × Top_1	−0.017 *** (−4.151)	−0.007 ** (−2.809)		
GB_Ratio			6.565 *** (8.103)	3.874 *** (7.154)
GB_Ratio × Top_1			−0.094 *** (−4.091)	−0.047 *** (−3.432)
Top_1	0.004 ** (2.737)	0.002 * (2.495)	0.004 ** (2.712)	0.002 * (2.506)
Size	−17.652 *** (−35.390)	−14.491 *** (−56.843)	−17.656 *** (−35.458)	−14.437 *** (−56.657)
Growth	0.740 *** (12.882)	0.328 *** (10.888)	0.736 *** (12.831)	0.327 *** (10.840)
ROE	2.554 *** (13.729)	2.212 *** (22.410)	2.559 *** (13.774)	2.210 *** (22.386)

变量	(1)		(2)	
	两职合一	两职分离	两职合一	两职分离
LEV	-0.621 *** (-4.969)	-0.540 *** (-8.254)	-0.588 *** (-4.710)	-0.546 *** (-8.345)
CFO	3.186 *** (10.172)	1.897 *** (11.183)	3.196 *** (10.221)	1.893 *** (11.153)
Board	-0.017 (-0.962)	0.025 *** (3.336)	-0.013 (-0.746)	0.026 *** (3.491)
INDIR	0.783 (1.785)	1.704 *** (7.572)	0.844 (1.927)	1.694 *** (7.527)
QFII	0.179 *** (4.158)	0.136 *** (5.333)	0.172 *** (3.998)	0.133 *** (5.217)
Cross	0.314 * (2.323)	0.093 (1.958)	0.306 * (2.271)	0.090 (1.888)
Big4	1.198 *** (11.089)	0.355 *** (7.851)	1.167 *** (10.808)	0.353 *** (7.798)
Constant	54.453 *** (35.410)	45.711 *** (59.927)	54.403 *** (35.446)	45.540 *** (59.729)
Industry	Yes	Yes	Yes	Yes
Year	Yes	Yes	Yes	Yes
Observations	7991	19375	7991	19375
R^2	0.425	0.426	0.426	0.425
R^2_a	0.418	0.423	0.420	0.423
F	62.68	147.30	63.14	147.18
P	0.033		0.079	

243

在对表 6 - 39 分组回归结果进行分析前，分别对两组数据的交互项系数进行 bdiff 检验，结果显示组间系数差异在 10% 的水平上显著。根据回归结果可以看出，两职分离公司中股权集中度和董事会国际化交乘项 GB_Dum × Top_1 的系数为在 5% 的水平上负向显著（-0.007，t = -2.809），两职合一组中 GB_Dum × Top_1 的系数在 1% 的水平上负相关（−0.017，T = −4.151），表明股权集中度对董事会国际化 GB_Dum 与企业价值 Tobin Q 的关系的抑制作用在两职合一的企业中更加显著，管理层权力的集中增强了这种负向调节效应。同样地，从组（2）的回归结果可知，交乘项 GB_Ratio × Top_1 的系数在两组中均表现为在 1% 的水平上显著负相关（t = −4.091，t = −3.432）。但从系数上看，两职合一样本组中交互项的系数更大（−0.094，−0.047），说明不同领导权结构对股权集中度的调节作用的影响是不对称的，且相比于两职分离的企业，在两职合一的企业中股权集中度的抑制作用更强，这可能是因为两职合一时，CEO 的权力较大且相对自由，很可能为了获取隐性薪酬而与大股东合谋，抑制了外籍董事监督和咨询等职能的充分发挥。

6.2.5 结论、政策启示与局限性

1. 研究结论

本节从董事会的国际化特征入手，以 2012～2021 年沪深两市 A 股公司为样本对象，研究董事会国际化对企业价值的影响，以及股权集中度的调节作用，分别进一步探讨了不同产权性质和公司权力结构特征对调节效应的影响，主要得到以下结论。

（1）董事会国际化可以显著提升企业价值，且随着董事会国际化程度的加深，企业价值也会增加。伴随着我国公司治理国际化和经济贸易全球化进程的推进，吸引了众多国际化高水平的专家学者、公司高管加入中国企业，可以为企业发展带来丰富多元的资源和前端化、专业性的治理经验，提供强有力的内部监督，从多维度促进了企业价值的提升，并且这种价值提升效应会随董事会国际化程度的加深而增强。

（2）公司股权集中度过高不利于董事会国际化对企业价值的提升。董事会国际化带来的价值增值主要源于外籍董事监督、咨询以及资源获取能力的发挥，随着股权集中程度增加，大股东监督和控制公司的动机与能力变强，外籍董事可能被边缘化，无法通过行使职能产生价值贡献。

（3）产权性质对董事会国际化的价值创造效应和股权集中度的调节作用存在异质性影响。在非国有企业中，董事会国际化对企业价值具有更显著的积极影响；国有性质在一定程度上弱化了股权集中度的抑制

性调节作用。

（4）相比于两职分离的权力结构，在董事长和总经理两职合一的公司中，董事会国际化对企业价值的影响更强，股权集中度对董事会国际化价值创造效应的抑制作用也更为显著。

2. 政策启示

针对上述研究，本节提出以下建议。

（1）丰富董事会结构的多元性。根据本节研究结论，引入国际化董事参与经营管理是增加企业价值的有效途径。我国上市公司董事会国际化的程度较低，尚且不足 15%，合理利用外籍董事有助于强化公司竞争能力。所以企业可以根据自身实际，制定积极的海外董事引进政策，增加企业价值，实现强力发展。

（2）健全权力制衡机制。股权高度集中可能造成"一股独大"的后果，大股东对公司过强的控制容易诱发利益侵占行为，损害小股东和公司整体的利益。而适度分散股权，可以在多个大股东之间形成权力制衡、内部约束，避免出现某个大股东操纵董事会的现象，公司应重视股权结构优化；权利较大的管理者很可能会进行权力寻租损害公司权益，应该积极建立更合理的管理层绩效评价指标体系，慎重安排两职合一，平衡总经理权力。

（3）完善外籍人才的引进政策。在经济贸易、智力资本及信息资源全球化的时代，中国企业要坚持"引进来、走出去"的发展模式，通过积极引进高质量国际化人才，学习先进技术和理念，为中国经济市场注入创新活力。因此，应该通过政策加强外籍人才的引进，营造开放包容的宏观大环境。

（4）相关部门应完善制度体系，加强外部监管。"一股独大"的现象容易导致内部监督的失灵，影响董事会国际化积极作用的发挥。由于内部机制的发挥是以外部环境为基础，因此需要完善法制体系，加强投资者保护，强化外部监督机制，以抑制大股东的掏空行为。国家有关部门应加快落实完善法律体系建设，提供健康良好的市场环境，形成强有力的外部监督体系。

3. 分析的局限性

本节研究了董事会国际化与企业价值的关系，以及股权集中度决定两者关系的机制。受笔者自身能力和其他客观因素的限制，本节研究尚存在一些不足。在此进行简单陈述，并提出了一些展望。

（1）本节仅研究了董事会国际化对企业价值总体上存在促进作用，并未细化探讨具体作用因素和机制，比如融资决策、研发投入、海外并购绩效等，未来可对董事会国际化影响企业价值的具体路径做进一步研究。

（2）本节没有考虑外籍董事所在国家或地区与中国在经济、文化、治理环境等方面差异对企业价值的可能影响，并且未进一步探讨外籍董事自身特征差异（如性别、年龄、专业背景等）对企业价值的具体影响，这些都是影响外籍董事发挥价值创造效应的重要因素。

（3）董事会发挥作用受公司内外部治理环境的影响，董事会国际化在什么样的环境能够更好地发挥其优势？本节仅探讨了内部因素对外籍董事价值发挥的影响，后续可以研究市场化进程、媒体监督等外部因素对董事会国际化价值创造的影响机制。

第7章 研究结论

企业要实现长期稳定的发展，必须得到长期稳定的金融支持，融资约束问题是阻碍企业价值提升的关键因素。考虑到融资约束的存在所引发的诸多不良经济后果，讨论如何破解融资约束给企业带来的种种限制便极具理论意义与实践意义。为此，本书以融资约束对企业价值的影响作为切入点，以融资约束的直接破解机制和间接破解机制作为延伸研究路径，分别研究它们的企业价值提升效应和渠道机制，并在研究中试图全面考虑这些要素间的交互影响，以此创新性地形成一系列依托于融资约束的企业价值提升效应和过程研究，研究发现以下三方面。

第一，由于信息不对称和委托代理成本的存在，加之我国资本市场发展尚不完善，企业融资渠道受限，我国上市公司企业价值普遍会受到融资约束的负向影响。而董事会国际化能够有效缓解融资约束对企业价值的负面影响。原因在于外籍董事可以拓宽企业的融资渠道，利用自身优势把握市场投融资机会，提高利用效率，尤其在当下企业国际化背景下，外籍董事可以充分发挥其在国际市场上的认知优势以缓解融资约束对企业价值的负面影响。此外，通过对不同产权性质和不同生命周期的企业开展异质性分析，结果表明，相较于国有控股上市公司，非国有控股上市公司的企业价值受融资约束的影响更大，反应更敏感；且处于不同生命周期的企业，其企业价值受融资约束的影响程度并不相同，衰退期上市公司所受融资约束影响最大，成长期次之，成熟期最小，特别地，对于成熟期和衰退期的企业而言，董事会国际化能缓解融资约束对企业价值的负面影响。

第二，股权质押作为企业融资约束的直接破解机制，研究发现，控股股东股权质押并不利于企业价值的提升，且质押比例越高，企业价值下降幅度越大。同时，高管薪酬水平越高，控股股东股权质押对企业价值的负面影响越大，也即高管薪酬水平会加大控股股东股权质押对企业价值的负面影响。此外，本书研究还发现，相较于国有企业，非国有企业高管薪酬对控股股东股权质押与企业价值关系的调节作用更加显著。在上述研究结论的基础上，本书进一步采用案例研究法，以生物医药行业为例，分析发现股权质押会影响企业自由现金流量且会给企业带来较大风险，企业风险的增加会提高企业的资本成本，最终对价值产生负面影响。本书创新性地引入股权质押风险系数，运用 AHP——模糊综合评价法对该系数进行识别和量化，构建了一个股权质押下生物医药企业价值评估模型，并以上海莱士作为案例企业，检验发现该模型具有较强的适用性。

第三，对于企业融资约束的间接破解机制，本书分别探讨了高管薪酬差距和董事会国际化对企业价值的影响。一方面，对于高管薪酬差距对企业价值的影响，本书从高管团队内部薪酬差距、高管—普通员工薪酬差距和高管行业薪酬差距三个层面展开分析。研究发现，高管团队内部薪酬差距与企业价值的影响呈显著正相关关系，且与央企相比，地方国有企业的上述关系更为显著，高管团队内部的薪酬差距激励效果更加明显；而高管—普通员工薪酬差距与企业价值呈"U"型关系，分组研究发现，只有地方国有企业存在"U"型关系，央企并不存在上述关系；对于高管行业薪酬差距对企业价值的影响，研究发现，两者呈显著的正相关关系，且地方国有企业高管薪酬越高于行业薪酬水平，就越能激发高管工作的积极性，进而提高企业价值。此外，本书研究发现，2015 年我国正式推行的"限薪"政策并未从实质上改变我国国有企业高管薪酬差距对企业价值的影响。另一方面，对于董事会国际化对企业价值的影响，研究发现，董事会国际化可以显著提升企业价值，且随着董事会国际化程度的加深，企业价值也会增加。但公司股权集中度过高反而不利于董事会国际化对企业价值提升作用的发挥。企业产权性质的异质性分析表明，在非国有企业中，董事会国际化对企业价值具有更显著的积极影响，国有性质在一定程度上弱化了股权集中度的抑制性调节作用。而相比于两职分离的权力结构，在董事长和总经理两职合一的公司中，董事会国际化对企业价值的影响更强，股权集中度对董事会国际化价值创造效应的抑制作用也更显著。

参 考 文 献

[1] 艾大力，王斌. 论大股东股权质押与上市公司财务：影响机理与市场反应 [J]. 北京工商大学学报（社会科学版），2012，27（4）：72 – 76.

[2] 白丽丽. 基于 FCFF 模型的生物医药类上市公司企业价值评估研究 [D]. 兰州：兰州交通大学，2014.

[3] 卜华，杨宇晴，张银杰. 控股股东股权质押、股权集中度与股价崩盘风险 [J]. 会计之友，2020（8）：87 – 94.

[4] 步丹璐，白晓丹. 员工薪酬、薪酬差距和员工离职 [J]. 中国经济问题，2013（1）：100 – 108.

[5] 步丹璐，王晓艳. 政府补助、软约束与薪酬差距 [J]. 南开管理评论，2014，17（2）：23 – 33.

[6] 步丹璐，张晨宇，林腾. 晋升预期降低了国有企业薪酬差距吗？[J]. 会计研究，2017（1）：82 – 88.

[7] 蔡芸，陈淑玉，任成. 高管—员工薪酬差距对企业绩效的影响——基于沪深 A 股上市公司的面板门限回归分析 [J]. 北京工商大学学报（社会科学版），2019，34（2）：52 – 62.

[8] 仓勇涛，储一昀，范振宇. 多元化经营复杂度、股权绝对集中与资源运营效益 [J]. 会计研究，2020（6）：24 – 35.

[9] 曹春方，林雁. 异地独董、履职职能与公司过度投资 [J]. 南开管理评论，2017，20（1）：16 – 29.

[10] 曹丰，李珂. 控股股东股权质押与上市公司审计意见购买 [J]. 审计研究，2019（2）：108 – 118.

[11] 曹华林，刘星星，李军锋. 高管薪酬差距与企业绩效——基于企业生命周期视角 [J]. 财会通讯，2017（29）：26 – 29.

[12] 曹志鹏，张明娟. 控股股东股权质押、市场化水平与公司风

险承担 [J]. 南京审计大学学报, 2021, 18 (2): 50 – 58.

[13] 陈丹, 王珊珊, 刘畅. 控股股东股权质押对企业价值的影响研究——基于研发投入视角 [J]. 工业技术经济, 2020, 39 (9): 130 – 135.

[14] 陈冬华, 梁上坤, 蒋德权. 不同市场化进程下高管激励契约的成本与选择: 货币薪酬与在职消费 [J]. 会计研究, 2010 (11): 56 – 64.

[15] 陈国. 企业价值评估中成本法的技术路线探讨 [J]. 中国资产评估, 2017 (6): 39 – 42.

[16] 陈佳. 民营上市公司大股东股权质押的盈余管理动机研究 [D]. 湘潭: 湘潭大学, 2015.

[17] 陈婧, 方军雄. 高铁开通、经理人市场竞争与高管薪酬激励 [J]. 财贸经济, 2020, 41 (12): 132 – 146.

[18] 陈拓. 社会效益视角下的影视文化企业价值评估研究 [D]. 杭州: 浙江财经大学, 2019.

[19] 陈文浩, 刘春江, 陈晓懿. 管制放松背景下的利率变动与公司资本结构动态调整——基于制造业的经验分析 [J]. 财经研究, 2012, 38 (12): 63 – 73.

[20] 陈晓红, 林莎. 企业治理结构和自愿性信息披露关系的实证研究——基于中小上市公司的经验分析 [J]. 经济与管理研究, 2009 (5): 109 – 116.

[21] 陈泽艺, 李常青, 成佳璟. 股权质押与审计意见购买 [J]. 南方金融, 2021 (3): 38 – 51.

[22] 程李梅, 孙凯伦. 高管薪酬水平、薪酬差距对绩效的影响——以文化行业上市公司为例 [J]. 经济研究导刊, 2019 (7): 68 – 73.

[23] 程新生, 宋文洋, 程菲. 高管员工薪酬差距、董事长成熟度与创造性产出研究 [J]. 南京大学学报 (哲学·人文科学·社会科学版), 2012, 49 (4): 47 – 59.

[24] 储溢泉, 刘飞. 控股股东股权质押提高了上市公司的信用风险吗? [J]. 上海金融, 2020 (11): 31 – 41.

[25] 崔亚坤. 生命周期视角下生物医药企业价值评估方法研究 [D]. 包头: 内蒙古科技大学, 2021.

[26] 崔也光, 姜晓文, 齐英. 现金流不确定性、研发投入与企业

价值 [J]. 数理统计与管理, 2019, 38 (3): 495 – 505.

[27] 代彬, 彭程, 刘星. 管理层能力、权力与企业避税行为 [J]. 财贸经济, 2016 (4): 43 – 57.

[28] 党宏欣. 控股股东股权质押、掏空与公司财务困境 [J]. 财会通讯, 2022 (3): 61 – 64.

[29] 邓新明, 熊会兵, 李剑峰, 等. 政治关联、国际化战略与企业价值——来自中国民营上市公司面板数据的分析 [J]. 南开管理评论, 2014, 17 (1): 26 – 43.

[30] 邓垚垚. 商业模式视角下互联网保险企业价值评估研究 [D]. 青岛: 青岛科技大学, 2020.

[31] 丁永淦, 沈晓峰, 许世群. 企业价值驱动因素与价值创造模式 [J]. 财会通讯, 2015 (32): 52 – 53.

[32] 董骏. 融资约束下现金流波动与企业价值的相关性分析 [J]. 国际商务财会, 2015 (1): 21 – 23.

[33] 董丽萍, 张军. 管理层薪酬激励与盈余管理关系: 基于大股东治理视角 [J]. 中国流通经济, 2018, 32 (12): 73 – 86.

[34] 杜兴强, 谭雪. 董事会国际化与审计师选择: 来自中国资本市场的经验证据 [J]. 审计研究, 2016 (3): 98 – 104.

[35] 杜兴强, 谭雪. 国际化董事会、分析师关注与现金股利分配 [J]. 金融研究, 2017 (8): 192 – 206.

[36] 杜兴强, 熊浩. 外籍董事对上市公司违规行为的抑制效应研究 [J]. 厦门大学学报 (哲学社会科学版), 2018 (1): 65 – 77.

[37] 杜兴强, 殷敬伟, 张颖, 等. 国际化董事会与企业环境绩效 [J]. 会计研究, 2021 (10): 84 – 96.

[38] 杜勇, 孙帆, 邓旭. 共同机构所有权与企业盈余管理 [J]. 中国工业经济, 2021 (6): 155 – 173.

[39] 方杰, 杨超颖, 方重. 上市公司股权质押的风险探析 [J]. 清华金融评论, 2016 (12): 77 – 81.

[40] 方军雄. 高管权力与企业薪酬变动的非对称性 [J]. 经济研究, 2011, 46 (4): 107 – 120.

[41] 方军雄. 我国上市公司高管的薪酬存在粘性吗? [J]. 经济研究, 2009, 44 (3): 110 – 124.

[42] 方峻. 生物制药企业价值评估方法研究 [J]. 企业经济, 2005 (3)：168 - 169.

[43] 冯梦雅. 控股股东股权质押对公司价值的影响——以九鼎投资为例 [J]. 中国集体经济, 2019 (14)：90 - 91.

[44] 高洁. 自由现金流量在企业价值评估中的应用研究 [D]. 西安：西安理工大学, 2008.

[45] 高兰芬. 董监事股权质押之代理问题对会计资讯与公司绩效之影响 [D]. 台南：台湾成功大学, 2002.

[46] 高燕燕, 毕云霞. 控股股东股权质押、媒体关注度与企业价值 [J]. 财会月刊, 2021 (6)：26 - 34.

[47] 耿成轩, 曾刚. 政府补贴、融资约束与战略性新兴产业融资效率——基于双边随机边界模型的实证研究 [J]. 管理现代化, 2019, 39 (4)：5 - 8.

[48] 龚俊琼. 我国上市公司大股东股权质押的动机及后果 [J]. 当代经济, 2015 (20)：12 - 13.

[49] 龚英姿. 股权质押贷款若干问题探析 [J]. 城市金融论坛, 1997 (11)：51 - 54.

[50] 顾雷雷, 郭建鸾, 王鸿宇. 企业社会责任、融资约束与企业金融化 [J]. 金融研究, 2020 (2)：109 - 127.

[51] 顾雷雷, 李建军, 彭俞超. 内外融资条件、融资约束与企业绩效——来自京津冀地区企业调查的新证据 [J]. 经济理论与经济管理, 2018 (7)：88 - 99.

[52] 官本仁. 股权质押的特征、优势与风险防范 [J]. 亚太经济, 2003 (5)：93 - 94.

[53] 管云松, 戴大双. 高技术企业价值评估中的实物期权方法研究 [J]. 科技进步与对策, 2004 (10)：48 - 50.

[54] 郭牧炫, 魏诗博. 融资约束、再融资能力与现金分红 [J]. 当代财经, 2011 (8)：119 - 128.

[55] 郭强, 伍青. 蒙特卡罗模拟在收益法评估中的应用 [J]. 中国资产评估, 2005 (11)：33 - 37.

[56] 韩剑, 严兵. 中国企业为什么缺乏创造性破坏——基于融资约束的解释 [J]. 南开管理评论, 2013, 16 (4)：124 - 132.

[57] 韩亚峰，李新安，杨蔚薇．政府补贴与企业全要素生产率——甄选效应和激励效应 [J]．南开经济研究，2022（2）：120 – 137.

[58] 郝项超，梁琪．最终控制人股权质押损害公司价值么？[J]．会计研究，2009（7）：57 – 63.

[59] 何斌，刘雯．经济政策不确定性、股权质押与股价崩盘风险 [J]．南方金融，2019（1）：40 – 48.

[60] 何强，陈松．创新发展、董事创新偏好与研发投入——基于中国制造业上市公司的经验证据 [J]．产业经济研究，2013（6）：99 – 110.

[61] 贺茂豹，黄晓波．高管薪酬与企业绩效——基于深交所制造业上市公司的经验证据 [J]．现代商贸工业，2018，39（24）：93 – 95.

[62] 贺炎林，张瀛文，莫建明．不同区域治理环境下股权集中度对公司业绩的影响 [J]．金融研究，2014（12）：148 – 163.

[63] 侯婧，朱莲美．控股股东股权质押与公司非效率投资行为 [J]．财会月刊，2018（18）：81 – 89.

[64] 胡柳艳，邢花．医药制造企业高管薪酬激励、研发投入与企业绩效之间的关系研究 [J]．商业会计，2020（19）：75 – 77.

[65] 胡晓明．基于市场法的比率乘数估值模型与应用研究 [J]．中国资产评估，2013（6）：22 – 25.

[66] 胡雪艳，台玉红．内部控制与企业价值相关性研究——基于沪深上市公司 [J]．财务与金融，2014（6）：69 – 73.

[67] 胡逸凡．中小企业板块中小企业价值的影响因素 [J]．金融经济，2018（22）：167 – 168.

[68] 胡援成．企业资本结构与效益及效率关系的实证研究 [J]．管理世界，2002（10）：146 – 147.

[69] 胡泽民，刘杰，莫秋云．股权集中度、代理成本与企业绩效 [J]．财会月刊，2018（2）：25 – 31.

[70] 黄宏斌，翟淑萍，陈静楠．企业生命周期、融资方式与融资约束——基于投资者情绪调节效应的研究 [J]．金融研究，2016（7）：96 – 112.

[71] 黄磊，王化成，裘益政．Tobin Q 反映了企业价值吗——基于市场投机性的视角 [J]．南开管理评论，2009，12（1）：90 – 95.

［72］霍晓萍，李华伟，邱赛．股权结构、高管薪酬差距与企业绩效［J］．会计之友，2019（18）：25－31．

［73］贾丽平，贺之瑶，石浩明．融资约束假说下投资效率异常与货币政策选择［J］．经济社会体制比较，2017（3）：95－104．

［74］江伟，胡玉明，曾业勤．融资约束与企业成本粘性——基于我国工业企业的经验证据［J］．金融研究，2015（10）：133－147．

［75］姜付秀，黄继承．经理激励、负债与企业价值［J］．经济研究，2011，46（5）：46－60．

［76］姜军，江轩宇，伊志宏．企业创新效率研究——来自股权质押的影响［J］．金融研究，2020（2）：128－146．

［77］蒋雪凤．高管与员工薪酬差距对企业绩效的影响［J］．铜陵学院学报，2018，17（5）：30－35．

［78］蒋泽芳，陈祖英．高管薪酬、股权集中度与企业绩效［J］．财会通讯，2019（18）：64－68．

［79］靳昊，林必越，钟玉萍．控股股东股权质押与债务融资成本的关系研究［J］．黑河学院学报，2020，11（6）：57－61．

［80］鞠晓生，卢荻，虞义华．融资约束、营运资本管理与企业创新可持续性［J］．经济研究，2013，48（1）：4－16．

［81］柯艳蓉，李玉敏．控股股东股权质押、投资效率与公司期权价值［J］．经济管理，2019，41（12）：123－139．

［82］孔东民，林之阳．企业社会责任、公司价值和基金业绩［J］．华中科技大学学报（社会科学版），2018，32（3）：62－72．

［83］兰松敏，戴建华．高管薪酬与公司绩效——基于传媒行业上市公司的实证［J］．财会通讯，2015（14）：37－39．

［84］雷光勇，张英，刘茉．投资者认知、审计质量与公司价值［J］．审计与经济研究，2015，30（1）：17－25．

［85］黎文靖，胡玉明．国企内部薪酬差距激励了谁？［J］．经济研究，2012，47（12）：125－136．

［86］李秉成，粟烨．动态货币政策、投资水平与企业价值波动［J］．财经论丛，2016（8）：67－75．

［87］李常青，李宇坤，李茂良．控股股东股权质押与企业创新投入［J］．金融研究，2018（7）：143－157．

[88] 李常青，幸伟，李茂良．控股股东股权质押与现金持有水平："掏空"还是"规避控制权转移风险"[J]．财贸经济，2018，39（4）：82－98．

[89] 李朝晖．我国企业价值评估中应用市场法的可行性探讨 [J]．价值工程，2012，31（20）：136－137．

[90] 李春霞．金融发展、投资效率与公司业绩 [J]．经济科学，2014（4）：80－92．

[91] 李丹蒙，夏立军．股权性质、制度环境与上市公司 R&D 强度 [J]．财经研究，2008（4）：93－104．

[92] 李洪涛．上市公司大股东股权质押对公司价值的影响——以华映科技为例 [J]．财会通讯，2017（5）：64－68．

[93] 李卿云，王行，吴晓晖．董事会国际化、地区廉洁程度与研发投资 [J]．管理科学，2018，31（5）：131－146．

[94] 李姝，翟士运，孙兰兰，等．大股东融资方式影响了企业创新吗？——基于股权质押的视角 [J]．管理评论，2020，32（10）：120－134．

[95] 李四海，陈旋．企业家专业背景与研发投入及其绩效研究——来自中国高新技术上市公司的经验证据 [J]．科学学研究，2014，32（10）：1498－1508．

[96] 李小忠．数字经济发展与企业价值提升——基于生命周期理论的视角 [J]．经济问题，2021（3）：116－121．

[97] 李晓东，张珂瑜，王进朝．大股东股权质押、内部控制与盈余管理 [J]．会计之友，2020（24）：75－83．

[98] 李学峰，张舰．基金公司治理结构是否影响基金绩效 [J]．证券市场导报，2008（2）：54－60．

[99] 李益娟，张英丽．大股东控制、股权质押与企业价值 [J]．财会月刊，2020（14）：15－22．

[100] 李永伟，李若山．上市公司股权质押下的"隧道挖掘"——明星电力资金黑洞案例分析 [J]．财务与会计，2007（2）：39－42．

[101] 李宇坤，任海云，祝丹枫．数字金融、股权质押与企业创新投入 [J]．科研管理，2021，42（8）：102－110．

［102］李云鹤，李湛，唐松莲．企业生命周期、公司治理与公司资本配置效率［J］．南开管理评论，2011，14（3）：110－121.

［103］李云鹤．公司治理与企业异质研发创新——基于创业板战略性新兴产业上市公司的实证研究［J］．证券市场导报，2014（12）：26－31.

［104］李增福，郑友环，连玉君．股权再融资、盈余管理与上市公司业绩滑坡——基于应计项目操控与真实活动操控方式下的研究［J］．中国管理科学，2011，19（2）：49－56.

［105］李正．企业社会责任与企业价值的相关性研究——来自沪市上市公司的经验证据［J］．中国工业经济，2006（2）：77－83.

［106］李竹梅，邵艳荣，和红伟，等．制度环境、高管薪酬外部公平与企业绩效［J］．会计之友，2017（8）：104－107.

［107］连玉君，程建．投资—现金流敏感性：融资约束还是代理成本？［J］．财经研究，2007（2）：37－46.

［108］连玉君，廖俊平．如何检验分组回归后的组间系数差异？［J］．郑州航空工业管理学院学报，2017，35（6）：97－109.

［109］连玉君，彭方平，苏治．融资约束与流动性管理行为［J］．金融研究，2010（10）：158－171.

［110］廖凯敏，陈焰华，丁宏娇，等．控股股东股权质押对现金股利分配倾向的影响研究［J］．中国管理信息化，2014，17（16）：116－118.

［111］廖珂，崔宸瑜，谢德仁．控股股东股权质押与上市公司股利政策选择［J］．金融研究，2018（4）：172－189.

［112］廖珂，谢德仁，张新一．控股股东股权质押与上市公司并购——基于市值管理的视角［J］．会计研究，2020（10）：97－111.

［113］廖小菲，谭杰．绿色供应链管理、供应链集中度与企业价值［J］．吉林工商学院学报，2021，37（6）：48－54.

［114］林浚清，黄祖辉，孙永祥．高管团队内薪酬差距、公司绩效和治理结构［J］．经济研究，2003（4）：31－40.

［115］凌暄，王志涛．成长机会门槛下股权质押与企业价值研究［J］．财会通讯，2020（21）：77－81.

［116］刘春，孙亮．薪酬差距与企业绩效：来自国企上市公司的经

验证据 [J]. 南开管理评论, 2010, 13 (2): 30 - 39.

[117] 刘春旭, 丁鹏. 高管内部薪酬差距、高管与员工薪酬差距与公司绩效的关系 [J]. 中国石油大学学报 (社会科学版), 2018, 34 (5): 22 - 26.

[118] 刘聪. 负债经营对公司价值的影响 [J]. 市场研究, 2018 (8): 38 - 41.

[119] 刘国亮, 王加胜. 上市公司股权结构、激励制度及绩效的实证研究 [J]. 经济理论与经济管理, 2000 (5): 40 - 45.

[120] 刘佳. 煤炭上市公司资本结构对企业价值影响的实证研究 [D]. 太原: 太原理工大学, 2016.

[121] 刘莉, 杨宏睿. 数字金融、融资约束与中小企业科技创新——基于新三板数据的实证研究 [J]. 华东经济管理, 2022, 36 (5): 15 - 23.

[122] 刘莉亚, 何彦林, 王照飞, 等. 融资约束会影响中国企业对外直接投资吗?——基于微观视角的理论和实证分析 [J]. 金融研究, 2015 (8): 124 - 140.

[123] 刘孟晖, 张多多. 国际化董事会与企业价值 [J]. 财会通讯, 2020 (21): 82 - 86.

[124] 刘瑞阳, 王玉婕, 韩默如. 股权结构对企业财务绩效的影响——以水上运输业上市公司为例 [J]. 中国水运, 2022 (3): 11 - 14.

[125] 刘胜强, 林志军, 孙芳城, 等. 融资约束、代理成本对企业R&D投资的影响——基于我国上市公司的经验证据 [J]. 会计研究, 2015 (11): 62 - 68.

[126] 刘淑莲. 企业价值评估与价值创造战略研究——两种价值模式与六大驱动因素 [J]. 会计研究, 2004 (9): 67 - 71.

[127] 刘素荣, 刘玉洁. 融资约束对企业成长的影响——基于创业板科技型企业数据 [J]. 工业技术经济, 2015, 34 (4): 13 - 19.

[128] 刘玮, 王晓武, 谢荣富, 等. 影响宿迁纺织服装企业价值的财务因素探究 [J]. 中国证券期货, 2012 (11): 127 - 128.

[129] 刘谊, 章新蓉, 沈静琦. 融资约束、政府补贴与技术创新——基于高新技术企业生命周期视角 [J]. 财会通讯, 2019 (9): 97 - 102.

[130] 刘永丽，王凯莉. 高管薪酬结构、团队稳定性与企业绩效研究 [J]. 财会月刊，2018 (16)：35 - 44.

[131] 龙文滨，宋献中. 社会责任投入增进价值创造的路径与时点研究——一个理论分析 [J]. 会计研究，2013 (12)：60 - 64.

[132] 卢太平，张东旭. 融资需求、融资约束与盈余管理 [J]. 会计研究，2014 (1)：35 - 41.

[133] 陆翠丽. 薪酬差距与企业绩效分析——基于产权性质的视角 [J]. 中国市场，2016 (33)：177 - 179.

[134] 陆庆平. 以企业价值最大化为导向的企业绩效评价体系——基于利益相关者理论 [J]. 会计研究，2006 (3)：56 - 62.

[135] 陆玉梅，王春梅. R&D 投入对上市公司经营绩效的影响研究——以制造业、信息技术业为例 [J]. 科技管理研究，2011，31 (5)：122 - 127.

[136] 陆正飞，施瑜. 从财务评价体系看上市公司价值决定——"双高"企业与传统企业的比较 [J]. 会计研究，2002 (5)：18 - 23.

[137] 吕劲松. 关于中小企业融资难、融资贵问题的思考 [J]. 金融研究，2015 (11)：115 - 123.

[138] 吕敏康. 财政政策、经营异质性与企业价值 [J]. 中南财经政法大学学报，2017 (1)：94 - 105.

[139] 罗党论，黄琼宇. 民营企业的政治关系与企业价值 [J]. 管理科学，2008，21 (6)：21 - 28.

[140] 罗宏，曾永良，宛玲羽. 薪酬攀比、盈余管理与高管薪酬操纵 [J]. 南开管理评论，2016，19 (2)：19 - 31.

[141] 罗婷，朱青，李丹. 解析 R&D 投入和公司价值之间的关系 [J]. 金融研究，2009 (6)：100 - 110.

[142] 罗玉群. 高管薪酬激励对企业绩效的门槛效应研究 [J]. 当代会计，2020 (12)：19 - 21.

[143] 马晨，张俊瑞. 管理层持股、领导权结构与财务重述 [J]. 南开管理评论，2012，15 (2)：143 - 150.

[144] 马东山，韩亮亮，张胜强. 政府审计央企治理效应研究：基于企业价值的视角 [J]. 华东经济管理，2019，33 (9)：61 - 70.

[145] 马红，王元月. 融资约束、政府补贴和公司成长性——基于

我国战略性新兴产业的实证研究 [J]. 中国管理科学，2015，23（S1）：630-636.

[146] 马晶梅，赵雨薇，王成东，等. 融资约束、研发操纵与企业创新决策 [J]. 科研管理，2020，41（12）：171-183.

[147] 马晶梅，赵雨薇，肖艳红，等. 制度迎合视域下融资约束与企业创新决策 [J]. 中国科技论坛，2022（3）：101-108.

[148] 马俊捷. 实物期权法在生物医药企业价值评估中的应用研究——以安科生物为例 [J]. 上海商业，2022（2）：183-185.

[149] 马宁，姬新龙. 风险投资声誉、智力资本与企业价值 [J]. 科研管理，2019，40（9）：96-107.

[150] 梅冬州，杨龙见，高崧耀. 融资约束、企业异质性与增值税减税的政策效果 [J]. 中国工业经济，2022（5）：24-42.

[151] 孟威. 并购视角下医药企业价值评估 [D]. 昆明：云南大学，2017.

[152] 闵志慧，何艳敏. 控股股东股权质押对中小股东利益侵占的影响分析——以三圣股份为例 [J]. 财务管理研究，2019（3）：39-45.

[153] 牛晓健，李茂. 高管薪酬与公司业绩的关系研究——基于中国上市公司 2010—2017 年样本的实证分析 [J]. 贵州省党校学报，2019（4）：37-47.

[154] 潘红波，杨海霞. 竞争者融资约束对企业并购行为的影响研究 [J]. 中国工业经济，2022（7）：159-177.

[155] 潘晶，沈林涛. 市场法在企业价值评估中应用的研究 [J]. 中国资产评估，2008（7）：8-11.

[156] 潘玉香，孟晓咪，赵梦琳. 文化创意企业融资约束对投资效率影响的研究 [J]. 中国软科学，2016（8）：127-136.

[157] 戚聿东，张任之. 金融资产配置对企业价值影响的实证研究 [J]. 财贸经济，2018，39（5）：38-52.

[158] 祁怀锦，邹燕. 高管薪酬外部公平性对代理人行为激励效应的实证研究 [J]. 会计研究，2014（3）：26-32.

[159] 乔鹏程，徐祥兵. 管理层海外经历、短视主义与企业创新：有调节的中介效应 [J]. 科技进步与对策，2022，39（19）：78-87.

[160] 曲亮, 任国良. 高管薪酬激励、股权激励与企业价值相关性的实证检验 [J]. 当代经济科学, 2010, 32 (5): 73-79.

[161] 任莉莉, 张瑞君. 控股股东股权质押、审计延迟与审计定价——基于我国沪深两市 A 股市场 2006-2016 年数据的分析 [J]. 商业研究, 2018 (5): 124-132.

[162] 邵春燕, 王配配. 融资约束下终极控制股东对企业价值的影响——基于中国制造业上市公司数据的实证分析 [J]. 金融经济学研究, 2015, 30 (3): 95-106.

[163] 邵君利. 企业社会责任活动对企业价值的影响——根据中国化学制品行业上市公司的经验证据 [J]. 审计与经济研究, 2009, 24 (1): 75-80.

[164] 沈萍, 景瑞. 股权质押相关研究综述与展望 [J]. 财会月刊, 2020 (3): 16-23.

[165] 沈艺峰, 李培功. 政府限薪令与国有企业高管薪酬、业绩和运气关系的研究 [J]. 中国工业经济, 2010 (11): 130-139.

[166] 石榴红, 张时淼, 冯照桢. 基于面板数据的上市公司薪酬差距与公司绩效关系研究 [J]. 当代经济科学, 2013, 35 (4): 64-73.

[167] 宋晓华, 蒋潇, 韩晶晶, 等. 企业碳信息披露的价值效应研究——基于公共压力的调节作用 [J]. 会计研究, 2019 (12): 78-84.

[168] 宋叶微, 郭志广, 何林霖. 基于模糊理论下的互联网初创企业价值评估研究 [J]. 中国资产评估, 2019 (9): 41-45.

[169] 孙洁, 李峰, 张兴刚. 数字技术投资公告对企业市场价值的影响——基于事件研究视角 [J]. 经济与管理研究, 2020, 41 (11): 130-144.

[170] 孙俊成, 叶陈刚, 唐剑. 高管—职工薪酬差距、管理层权力与企业绩效 [J]. 财会通讯, 2019 (12): 10-13.

[171] 孙笑, 沈旺. 基于财务信息的企业价值评价系统研究 [J]. 情报科学, 2013, 31 (6): 111-114.

[172] 孙艳霞. 基于不同视角的企业价值创造研究综述 [J]. 南开经济研究, 2012 (1): 145-153.

[173] 孙艳阳. 行政审批改革与企业价值——基于行政审批中心设立的 "准自然实验" [J]. 山西财经大学学报, 2019, 41 (7): 14-30.

[174] 谭兴民，宋增基，杨天赋. 中国上市银行股权结构与经营绩效的实证分析 [J]. 金融研究，2010 (11)：144 - 154.

[175] 谭雪，杜兴强. 国际化董事会、审计师行业专长与税收规避 [J]. 山西财经大学学报，2015, 37 (11)：113 - 124.

[176] 谭雪. 国际化董事会的经济后果研究 [D]. 厦门：厦门大学，2017.

[177] 谭燕，吴静. 股权质押具有治理效用吗？——来自中国上市公司的经验证据 [J]. 会计研究，2013 (2)：45 - 53.

[178] 唐洋，郭静洁. 政府控制、高管薪酬与盈余管理 [J]. 哈尔滨商业大学学报（社会科学版），2012 (2)：100 - 105.

[179] 唐勇军，马文超，夏丽. 环境信息披露质量、内控"水平"与企业价值——来自重污染行业上市公司的经验证据 [J]. 会计研究，2021 (7)：69 - 84.

[180] 滕晓梅，祝婧然，周倩倩. 房地产企业最终控制人股权质押对上市公司价值的侵占效应 [J]. 财会月刊，2016 (32)：21 - 24.

[181] 佟岩，陈莎莎. 生命周期视角下的股权制衡与企业价值 [J]. 南开管理评论，2010, 13 (1)：108 - 115.

[182] 万小勇，顾乃康. 现金持有、融资约束与企业价值——基于门槛回归模型的实证检验 [J]. 商业经济与管理，2011 (2)：71 - 77.

[183] 汪冬梅，张志红，高飞. 新三板企业价值评估研究案例分析——以明德生物为例 [J]. 中国资产评估，2018 (1)：50 - 56.

[184] 汪军. 控股股东股权质押、内部控制质量与债务融资成本 [J]. 广西质量监督导报，2019 (1)：130 - 148.

[185] 汪利锬，谭云清. 财政补贴、研发投入与企业价值 [J]. 会计与经济研究，2016, 30 (4)：68 - 80.

[186] 王岸. 创业板上市公司股权结构与公司业绩关系研究 [D]. 重庆：重庆大学，2016.

[187] 王北星，金淑华，周佰成. 国有企业公司治理、业绩与高管报酬的关系研究 [J]. 税务与经济，2007 (1)：45 - 48.

[188] 王斌，蔡安辉，冯洋. 大股东股权质押、控制权转移风险与公司业绩 [J]. 系统工程理论与实践，2013, 33 (7)：1762 - 1773.

[189] 王斌，宋春霞. 大股东股权质押、股权性质与盈余管理方式

[J].华东经济管理,2015,29(8):118-128.

[190] 王福英,赵卫卫,龙飞扬.生物制药企业价值评估方法选择分析 [J].现代商业,2014(8):197.

[191] 王富兰.自由现金流量折现法完善探讨 [J].财会通讯,2013(14):67-68.

[192] 王宏涛,曹文成,王一鸣,等.分析师预测与企业创新绩效——基于中国上市公司的经验证据 [J].南京审计大学学报,2022,19(4):61-70.

[193] 王华,黄之骏.经营者股权激励、董事会组成与企业价值——基于内生性视角的经验分析 [J].管理世界,2006(9):101-116.

[194] 王化成,王欣,高升好.控股股东股权质押会增加企业权益资本成本吗——基于中国上市公司的经验证据 [J].经济理论与经济管理,2019(11):14-31.

[195] 王京,罗福凯.环境不确定性、技术投资选择与企业价值 [J].经济管理,2017,39(5):158-176.

[196] 王晶晶.基于社会责任视角的S石油公司企业价值评估 [D].沈阳:沈阳农业大学,2019.

[197] 王靖懿,夏常源,傅代国.放松卖空管制、控股股东股权质押与审计费用 [J].审计研究,2019(3):84-92.

[198] 王克敏,杨国超,刘静,等.IPO资源争夺、政府补助与公司业绩研究 [J].管理世界,2015(9):147-157.

[199] 王其生,张娇东.试论股权质押的设立 [J].法制与经济(下旬),2010(6):56-57.

[200] 王茜.融资约束、研发投入与高新技术企业绩效 [D].北京:北方工业大学,2021.

[201] 王倩.基于B-S模型的专利权价值评估 [J].中国资产评估,2020(1):32-38.

[202] 王晓巍,陈慧.基于利益相关者的企业社会责任与企业价值关系研究 [J].管理科学,2011,24(6):29-37.

[203] 王新红,白倩.控股股东股权质押对民营企业高管薪酬的影响检验 [J].财会月刊,2020(20):139-145.

[204] 王新红,曹帆.控股股东股权质押是否增加企业的财务风

险？——来自民营企业的经验证据［J］. 南京审计大学学报，2021，18（3）：42－50.

　　［205］王雄元，欧阳才越，史震阳. 股权质押、控制权转移风险与税收规避［J］. 经济研究，2018，53（1）：138－152.

　　［206］王亚星，叶玲，杨立. 交叉上市、信息环境与经济后果——来自A股、H股市场的经验证据［J］. 证券市场导报，2012（12）：35－41.

　　［207］王燕妮，郭瑞. 政府补助、R&D会计政策选择与企业价值［J］. 科研管理，2020，41（5）：60－68.

　　［208］王曾，符国群，黄丹阳，等. 国有企业CEO"政治晋升"与"在职消费"关系研究［J］. 管理世界，2014（5）：157－171.

　　［209］王志芳. 基于改进的B－S期权定价模型的创业板医药企业价值评估研究［D］. 南昌：江西财经大学，2018.

　　［210］魏芳，耿修林. 高管薪酬差距的阴暗面——基于企业违规行为的研究［J］. 经济管理，2018，40（3）：57－73.

　　［211］魏刚. 高级管理层激励与上市公司经营绩效［J］. 经济研究，2000（3）：32－39.

　　［212］魏文雪. 高管激励与企业价值关系的实证研究［J］. 西安工业大学学报，2017，37（1）：49－54.

　　［213］魏志华，曾爱民，李博. 金融生态环境与企业融资约束——基于中国上市公司的实证研究［J］. 会计研究，2014（5）：73－80.

　　［214］温素彬，方苑. 企业社会责任与财务绩效关系的实证研究——利益相关者视角的面板数据分析［J］. 中国工业经济，2008（10）：150－160.

　　［215］文雯，陈胤默，黄雨婷. 控股股东股权质押对企业创新的影响研究［J］. 管理学报，2018，15（7）：998－1008.

　　［216］吴红军，吴世农. 股权制衡、大股东掏空与企业价值［J］. 经济管理，2009，31（3）：44－52.

　　［217］吴吉芳. 中小企业股权质押融资风险及防范［J］. 经济，2009（6）：48－50.

　　［218］吴景泰，杨丽霞. 会计稳健性、融资约束与企业价值［J］. 财会通讯，2018（15）：11－14.

[219] 吴静. 控股股东股权质押等于"掏空"吗？——基于中国上市公司股权质押公告的实证分析 [J]. 经济论坛, 2016 (8): 65 - 70.

[220] 吴联生, 白云霞. 公司价值、资产收购与控制权转移方式 [J]. 管理世界, 2004 (9): 123 - 130.

[221] 吴先聪, 罗鸿秀, 张健. 控股股东股权质押、审计质量与债务融资成本 [J]. 审计研究, 2020 (6): 86 - 96.

[222] 吴育辉, 吴世农. 企业高管自利行为及其影响因素研究——基于我国上市公司股权激励草案的证据 [J]. 管理世界, 2010 (5): 141 - 149.

[223] 武咸云, 陈艳, 李秀兰, 等. 战略性新兴产业研发投入、政府补助与企业价值 [J]. 科研管理, 2017, 38 (9): 30 - 34.

[224] 武志勇, 马永红. 融资约束、创新投入与国际化经营企业价值研究 [J]. 科技进步与对策, 2019, 36 (9): 102 - 109.

[225] 夏宁, 董艳. 高管薪酬、员工薪酬与公司的成长性——基于中国中小上市公司的经验数据 [J]. 会计研究, 2014 (9): 89 - 95.

[226] 夏婷, 闻岳春, 袁鹏. 大股东股权质押影响公司价值的路径分析 [J]. 山西财经大学学报, 2018, 40 (8): 93 - 108.

[227] 夏英俊, 胡志勇, 宋泽芳, 等. 上市公司价值创造力影响因素分析 [J]. 统计与决策, 2020, 36 (17): 181 - 184.

[228] 向群. 控股股东股权质押的风险分析——基于债权银行视角的一项研究 [J]. 华东经济管理, 2007 (12): 140 - 142.

[229] 向仙虹, 孙慧. 基于不同实际控制人类型下家族企业股权结构对企业价值的影响 [J]. 企业经济, 2017, 36 (4): 85 - 90.

[230] 肖婷婷. 国外国有企业高管薪酬 [M]. 北京: 社会科学文献出版社, 2015.

[231] 谢德仁, 廖珂, 郑登津. 控股股东股权质押与开发支出会计政策隐性选择 [J]. 会计研究, 2017 (3): 30 - 38.

[232] 谢德仁, 廖珂. 控股股东股权质押与上市公司真实盈余管理 [J]. 会计研究, 2018 (8): 21 - 27.

[233] 谢德仁, 郑登津, 崔宸瑜. 控股股东股权质押是潜在的"地雷"吗？——基于股价崩盘风险视角的研究 [J]. 管理世界, 2016

（5）：128 – 140.

[234] 谢诗芬，彭玉龙. EVA与剩余收益估价：联系与思考 [J]. 财经论丛（浙江财经学院学报），2004（4）：48 – 52.

[235] 辛琳，张萌. 企业吸收能力、资本结构与企业价值——以长江经济带战略性新兴产业上市公司为例 [J]. 会计研究，2018（9）：47 – 55.

[236] 徐会超，潘临，张熙萌. 大股东股权质押与审计师选择——来自中国上市公司的经验证据 [J]. 中国软科学，2019（8）：135 – 143.

[237] 徐莉萍，关月琴，辛宇. 控股股东股权质押与并购业绩承诺——基于市值管理视角的经验证据 [J]. 中国工业经济，2021（1）：136 – 154.

[238] 徐寿福，贺学会，陈晶萍. 股权质押与大股东双重择时动机 [J]. 财经研究，2016，42（6）：74 – 86.

[239] 徐向艺，王俊韡，巩震. 高管人员报酬激励与公司治理绩效研究——一项基于深、沪A股上市公司的实证分析 [J]. 中国工业经济，2007（2）：94 – 100.

[240] 徐远彬，卢福财. 互联网对制造企业价值创造的影响研究——基于价值创造环节的视角 [J]. 当代财经，2021（1）：3 – 13.

[241] 徐珍珍. 融资约束、研发投入和我国制造业企业价值 [J]. 经营与管理，2023（2）：36 – 41.

[242] 许安娜. 股权集中度与企业绩效的相关性研究 [J]. 商业会计，2021（18）：74 – 77.

[243] 许丹. 高管薪酬激励是否发挥了既定效用——基于盈余管理权衡视角的经验证据 [J]. 现代财经（天津财经大学学报），2016，36（3）：73 – 89.

[244] 严玉康. 管理层薪酬激励与上市公司盈余管理 [J]. 财会通讯（理财版），2008（4）：38 – 39.

[245] 阎天怀. 论股权质押 [J]. 中国法学，1999（1）：66 – 75.

[246] 杨德勇，曹永霞. 中国上市银行股权结构与绩效的实证研究 [J]. 金融研究，2007（5）：87 – 97.

[247] 杨海燕，韦德洪，孙健. 机构投资者持股能提高上市公司会

计信息质量吗？——兼论不同类型机构投资者的差异 [J]. 会计研究，2012 (9)：16 – 23.

[248] 杨蕾，卢锐. 独立董事与高管薪酬——基于中国证券市场的经验证据 [J]. 当代财经，2009 (5)：110 – 115.

[249] 杨鸣京，程小可，钟凯. 股权质押对企业创新的影响研究——基于货币政策不确定性调节效应的分析 [J]. 财经研究，2019，45 (2)：139 – 152.

[250] 杨文君，何捷，陆正飞. 家族企业股权制衡度与企业价值的门槛效应分析 [J]. 会计研究，2016 (11)：38 – 45.

[251] 杨小幸，王秀芬. 薪酬差距的影响因素及经济后果研究：综述及展望 [J]. 管理会计研究，2019，2 (4)：16 – 23.

[252] 杨兴哲，周翔翼. 股票流动性如何影响企业社会责任？——来自中国 A 股上市企业的证据 [J]. 经济学报，2022，9 (2)：103 – 145.

[253] 叶陈刚，吴永民，杨晶. 上市公司董事会治理、股权集中度与财务绩效 [J]. 商学研究，2020，27 (5)：14 – 26.

[254] 叶建芳，陈潇. 我国高管持股对企业价值的影响研究——一项来自高科技行业上市公司的证据 [J]. 财经问题研究，2008 (3)：101 – 108.

266

[255] 于文领，张力派，王静静. 股权集中度、股权制衡度与融资约束——来自 2013—2017 年中国房地产业 102 家上市公司的经验证据 [J]. 河北经贸大学学报，2020，41 (3)：46 – 54.

[256] 余明桂，王空. 地方政府债务融资、挤出效应与企业劳动雇佣 [J]. 经济研究，2022，57 (2)：58 – 72.

[257] 余明桂. 中国上市公司控股股东的代理问题研究 [D]. 武汉：华中科技大学，2004.

[258] 曾颖，叶康涛. 股权结构代理成本与外部审计需求 [J]. 会计研究，2005 (10)：63 – 70.

[259] 翟华云，刘易斯. 数字金融发展、融资约束与企业绿色创新关系研究 [J]. 科技进步与对策，2021，38 (17)：116 – 124.

[260] 翟胜宝，许浩然，刘耀淞，等. 控股股东股权质押与审计师风险应对 [J]. 管理世界，2017 (10)：51 – 65.

[261] 翟淑萍，毕晓方，李欣. 薪酬差距激励了高新技术企业创新

吗？[J]. 科学决策, 2017 (6)：1 - 28.

[262] 张琛, 王锦, 刘想. 外籍董事、组织合法性与企业可持续成长 [J]. 当代财经, 2018 (7)：79 - 89.

[263] 张鼎祖. 对市场法评估企业价值的思考 [J]. 财会月刊, 2006 (2)：5 - 7.

[264] 张功富, 宋献中. 我国上市公司投资：过度还是不足？——基于沪深工业类上市公司非效率投资的实证度量 [J]. 会计研究, 2009 (5)：69 - 77.

[265] 张金麟, 赵勍. 中国上市公司高管薪酬与公司业绩相关性实证研究 [J]. 经济问题探索, 2010 (6)：81 - 87.

[266] 张娟, 李虎, 王兵. 审计师选择、信号传递和资本结构优化调整——基于中国上市公司的实证分析 [J]. 审计与经济研究, 2010, 25 (5)：33 - 39.

[267] 张俊瑞, 余思佳, 程子健. 大股东股权质押会影响审计师决策吗？——基于审计费用与审计意见的证据 [J]. 审计研究, 2017 (3)：65 - 73.

[268] 张力派, 莫一帆, 夏西强, 等. 财务投资均衡视角下融资约束、投资效率与企业绩效互动关系——来自 2012—2018 年沪深 A 股面板数据 [J]. 技术经济, 2020, 39 (12)：51 - 60.

[269] 张立民, 李琰. 持续经营审计意见、公司治理和企业价值——基于财务困境公司的经验证据 [J]. 审计与经济研究, 2017, 32 (2)：13 - 23.

[270] 张丽平, 杨兴全, 陈旭东. 管理者权力、内部薪酬差距与公司价值 [J]. 经济与管理研究, 2013 (5)：5 - 17.

[271] 张龙平, 潘临, 欧阳才越, 等. 控股股东股权质押是否影响审计师定价策略？——来自中国上市公司的经验证据 [J]. 审计与经济研究, 2016, 31 (6)：35 - 45.

[272] 张人骥, 刘浩, 胡晓斌. 充分利用会计信息的企业价值评估模型——RIR 模型的建立与应用 [J]. 财经研究, 2002 (7)：68 - 74.

[273] 张蕊, 管考磊. 高管薪酬差距会诱发侵占型职务犯罪吗？——来自中国上市公司的经验证据 [J]. 会计研究, 2016 (9)：47 - 54.

［274］张瑞琛，杨思鉴，宋敏丽，等．税收优惠对高新技术企业融资约束的影响研究［J］．税务研究，2022（6）：102－110.

［275］张瑞君，徐鑫，王超恩．大股东股权质押与企业创新［J］．审计与经济研究，2017，32（4）：63－73.

［276］张润宇，余明阳．社会资本视角下债务异质性与债务融资成本关系研究［J］．上海管理科学，2017，39（6）：11－18.

［277］张陶勇，陈焰华．股权质押、资金投向与公司绩效——基于我国上市公司控股股东股权质押的经验数据［J］．南京审计学院学报，2014，11（6）：63－70.

［278］张晓昊．关于企业价值的若干理论问题研究［J］．科技进步与对策，2002（6）：93－94.

［279］张璇，刘贝贝，汪婷，等．信贷寻租、融资约束与企业创新［J］．经济研究，2017，52（5）：161－174.

［280］张雪梅，陈娇娇．控股股东股权质押与分类转移盈余管理［J］．证券市场导报，2018（8）：29－38.

［281］张亚晴，支春红．控股股东股权质押动机及风险研究——以暴风集团为例［J］．财务与金融，2020（5）：7－13.

［282］张原，宋丙沙．控股股东股权质押、公司治理与财务风险［J］．财会月刊，2020（20）：152－160.

［283］张正堂，李欣．高层管理团队核心成员薪酬差距与企业绩效的关系［J］．经济管理，2007（2）：16－25.

［284］张正堂．企业内部薪酬差距对组织未来绩效影响的实证研究［J］．会计研究，2008（9）：81－87.

［285］张正堂，陶学禹．国外企业经营者报酬理论研究的新进展［J］．管理科学学报，2002（6）：83－90.

［286］张志宏，朱晓琳．产权性质、高管外部薪酬差距与企业风险承担［J］．中南财经政法大学学报，2018（3）：14－22.

［287］章潇萌，刘相波．融资约束、人工智能与经济增长［J］．财经研究，2022，48（8）：63－77.

［288］赵超，韦明．EVA在企业价值评估中的应用及问题探讨［J］．当代经济，2013（14）：120－121.

［289］赵国宇．大股东控股、报酬契约与合谋掏空——来自民营上

市公司的经验证据 [J]. 外国经济与管理, 2017, 39 (7): 105 - 117.

[290] 赵浩亮, 黄苏华. 金融发展、大股东股权质押与企业研发投入——基于创业板上市公司的经验证据 [J]. 财会通讯, 2017 (17): 37 - 40.

[291] 赵健梅, 刘晨倩, 邢颖, 等. 薪酬差距、市场化进程与公司业绩 [J]. 经济问题, 2017 (5): 104 - 109.

[292] 赵乐, 王琨. 薪酬管制、高管激励与公司业绩 [J]. 投资研究, 2019, 38 (12): 133 - 148.

[293] 赵瑞瑞, 张玉明, 刘嘉惠. 金融科技与企业投资行为研究——基于融资约束的影响机制 [J]. 管理评论, 2021, 33 (11): 312 - 323.

[294] 赵瑞雪. 终极控制人股权质押行为对公司业绩的影响研究——基于创业板民营企业的经验数据 [J]. 经济研究导刊, 2017 (19): 54 - 56.

[295] 赵天月. 大股东股权质押行为与上市公司经营绩效的联系——基于对乐视网的案例分析 [J]. 现代营销 (下旬刊), 2017 (6): 156.

[296] 赵昕, 高楠, 丁黎黎. 外汇衍生工具使用与企业价值——基于 A 股上市公司的实证研究 [J]. 金融论坛, 2019, 24 (10): 48 - 59.

[297] 赵昕毅, 刘春学. 在线教育企业价值评估研究——以新东方在线为例 [J]. 中国资产评估, 2020 (12): 28 - 32.

[298] 赵颖. 中国上市公司高管薪酬的同群效应分析 [J]. 中国工业经济, 2016 (2): 114 - 129.

[299] 赵振洋, 张渼. 科创板生物医药企业价值评估研究——基于修正的 FCFF 估值模型 [J]. 中国资产评估, 2019 (11): 8 - 16.

[300] 郑国坚, 林东杰, 林斌. 大股东股权质押、占款与企业价值 [J]. 管理科学学报, 2014, 17 (9): 72 - 87.

[301] 郑国坚, 林东杰, 张飞达. 大股东财务困境、掏空与公司治理的有效性——来自大股东财务数据的证据 [J]. 管理世界, 2013 (5): 157 - 168.

[302] 郑淏. 社会责任与公司价值 [D]. 天津: 南开大学, 2016.

[303] 郑舒宁. 上市公司控股股东股权质押与频繁资产并购的行为后果——以誉衡药业为例 [J]. 商讯, 2020 (25): 13 - 14.

[304] 周佰成，王北星. 中国上市公司治理、绩效与高管薪酬相关性研究 [J]. 数理统计与管理，2007 (4): 669 – 675.

[305] 周兵，徐辉，任政亮. 企业社会责任、自由现金流与企业价值——基于中介效应的实证研究 [J]. 华东经济管理，2016, 30 (2): 129 – 135.

[306] 周锦培. CEO 金融背景对企业经营绩效影响研究——基于倾向得分匹配法（PSM）和 Logit 模型 [J]. 财经理论与实践，2020, 41 (4): 70 – 77.

[307] 周开国，应千伟，钟畅. 媒体监督能够起到外部治理的作用吗？——来自中国上市公司违规的证据 [J]. 金融研究，2016 (6): 193 – 206.

[308] 周开国，周铭山. 交叉上市能降低信息不对称吗？——基于AH 股的实证分析 [J]. 证券市场导报，2014 (12): 51 – 59.

[309] 周权雄，朱卫平. 国企锦标赛激励效应与制约因素研究 [J]. 经济学（季刊），2010, 9 (2): 571 – 596.

[310] 周仁俊，杨战兵，李礼. 管理层激励与企业经营业绩的相关性——国有与非国有控股上市公司的比较 [J]. 会计研究，2010 (12): 69 – 75.

[311] 周瑜胜. 大股东风格、股权集中度、股权制衡与公司价值——中国上市公司 2003 年—2011 年度非平衡面板数据的实证 [J]. 石家庄经济学院学报，2013, 36 (4): 60 – 65.

[312] 朱俊荣，常京萍. 董事会国际化与内部控制缺陷 [J]. 财会通讯，2018 (9): 74 – 78.

[313] 朱磊，孙成，王春燕，等. 大股东股权质押对企业创新投资的影响分析——基于创业板上市公司的经验证据 [J]. 证券市场导报，2019 (2): 26 – 34.

[314] 朱磊，唐子琰，王春燕，等. 国企混改对企业价值的影响研究——以中金珠宝为例 [J]. 中国资产评估，2021 (11): 73 – 80.

[315] 朱文莉，陈鑫鑫，阚立娜. 股权质押如何影响上市公司价值 [J]. 财会月刊，2020 (2): 48 – 55.

[316] 朱艳丽，孙英楠，向欣宇. "重盈利" 还是 "重成长"？——资本结构与企业价值的相关性研究 [J]. 中国经济问题，

2019（6）：104 – 118.

［317］朱志红，刘琦雯，薛大维. 董事会特征视角下油气企业研发投入对财务竞争力影响的实证研究［J］. 华北水利水电大学学报（社会科学版），2020，36（3）：6 – 13.

［318］左庆乐. 企业价值内涵的界定［J］. 经济师，2004（3）：167 – 168.

［319］AGGARWAL R K, SAMWICK A A. The Other Side of the Trade – Off: The Impact of Risk on Executive Compensation［J］. Journal of Political Economy, 1999, 107（1）: 65 – 105.

［320］AGGARWAL R, ZONG S. The Cash Flow-Investment Relationship: International Evidence of Limited Access to External Finance［J］. Journal of Multinational Financial Management, 2006, 16（1）: 89 – 104.

［321］AHMED A, MONEM R M. , DELANEY D, NG C. Gender Diversity in Corporate Boards and Continuous Disclosure: Evidence from Australia［J］. Journal of Contemporary Accounting & Economics, 2017, 13（2）: 89 – 107.

［322］AKERLOF G. The Market for "Lemons": Quality Uncertainty and The Market Mechanism［J］. Uncertainty in Economics, 1978, 84（3）: 235, 237 – 251.

［323］AL – NASSER ABDALLAH A, ABDALLAH W, SAAD M. Institutional Characteristics, Investment Sensitivity to Cash Flow and Tobin's Q: Evidence from the Middle East and North Africa Region［J］. International Finance, 2020, 23（2）: 324 – 339.

［324］ALHARES A. Corporate Governance Mechanisms and R&D Intensity in OECD Courtiers［J］. Corporate Governance: The International Journal of Business in Society, 2020, 20（5）: 863 – 885.

［325］ALMEIDA H, CAMPELLO M, WEISBACH M S. The Cash Flow Sensitivity of Cash［J］. The Journal of Finance, 2004, 59（4）: 1777 – 1804.

［326］ALTAF N, SHAH F A. Ownership Concentration and Firm Performance in Indian Firms: Does Investor Protection Quality Matter?［J］. Journal of Indian Business Research, 2018, 10（1）: 33 – 52.

［327］ALTAF N. Economic Value Added or Earnings: What Explains Market Value in Indian Firms? ［J］. Future Business Journal, 2016, 2 (2): 152 – 166.

［328］ANDERSON R, PULEO M. Insider Share – Pledging and Firm Risk ［R］. Temple University Working Paper. 2015.

［329］ANDJELKOVIC A, BOYLE G, MCNOE W. Public Disclosure of Executive Compensation: Do Shareholders Need to Know? ［J］. Pacific – Basin Finance Journal, 2002, 10 (1): 97 – 117.

［330］A. A. ZAID M, WANG M, ADIB M, et al. Boardroom Nationality and Gender Diversity: Implications for Corporate Sustainability Performance ［J］. Journal of Cleaner Production, 2020, 251: 119652.

［331］BAKER G P, HALL B J, et al. CEO Incentives and Firm Size ［J］. Journal of Labor Economics, 2004, 22 (4): 767 – 798.

［332］BANERJEE A. Real Option Valuation of a Pharmaceutical Company ［J］. Vikalpa, 2003, 28 (2): 61 – 73.

［333］BARRIOS J M, BIANCHI P A, ISIDRO H, et al. Boards of a Feather: Homophily in Foreign Director Appointments Around the World ［J］. Journal of Accounting Research, 2022, 60 (4): 1293 – 1335.

［334］BERLE A A, MEANS G C. The Modern Corporation and Private Property ［M］. New York: Macmillan, 1932.

［335］BERNANKE B S, GERTLER M. Inside the Black Box: The credit Channel of Monetary Policy Transmission ［J］. Journal of Economic Perspectives, 1995, 9 (4): 27 – 48.

［336］BIERMAN H, WEST R. The Acquisition of Common Stock by the Corporate Issuer ［J］. The Journal of Finance, 1966, 21 (4): 687 – 696.

［337］BLOUIN J L, FICH E M, RICE E M, et al. Corporate Tax Cuts, Merger Activity, and Shareholder Wealth ［J］. Journal of Accounting and Economics, 2021, 71 (1): 101315.

［338］BOOLTINK L W, SAKA – HELMHOUT A. The Effects of R&D Intensity and Internationalization on the Performance of Non-High-Tech SMEs ［J］. International Small Business Journal, 2017, 36 (1): 81 – 103.

［339］BRICKLEY J A, COLES J L, JARRELL G. Leadership Structure: Separating the CEO and Chairman of the Board ［J］. Journal of Corporate Finance, 1997, 3 (3): 189 –220.

［340］BROWN J R, MARTINSSON G, PETERSEN B C. Do Financing Constraints Matter for R&D? ［J］. European Economic Review, 2012, 56 (8): 1512 –1529.

［341］BUSHMAN R M, SMITH A J. Financial Accounting Information and Corporate Governance ［J］. Journal of Accounting and Economics, 2001, 32 (1): 237 –333.

［342］CAMPELLO M, GIAMBONA E, GRAHAM J R, et al. Liquidity Management and Corporate Investment During a Financial Crisis ［J］. The Review of Financial Studies, 2011, 24 (6): 1944 –1979.

［343］CARPENTER M A, SANDERS W G. Top Management Team Compensation: the Missing Link between CEO Pay and Firm Performance? ［J］. Strategic Management Journal, 2002, 23 (4): 367 –375.

［344］CHAN K, CHEN H, HU S, et al. Share Pledges and Margin Call Pressure ［J］. Journal of Corporate Finance, 2018, 52: 96 –117.

［345］CHEN Y, HU S. The Controlling Shareholder's Personal Leverage and Firm Performance ［J］. Applied Economics, 2007, 39 (8): 1059 –1075.

［346］CHOI H M, SUL W, Sang K M. Foreign Board Membership and Firm Value in Korea ［J］. Management Decision, 2012, 50 (2): 207 –233.

［347］CHUNG K H, WRIGHT P, KEDIA B. Corporate Governance and Market Valuation of Capital and R&D Investments ［J］. Review of Financial Economics, 2003, 12 (2): 161 –172.

［348］CONNELLY B L, HAYNES K T, TIHANYI L, et al. Minding the Gap: Antecedents and Consequences of Top Management-to – Worker Pay Dispersion ［J］. Journal of Management, 2013, 42 (4): 862 –885.

［349］CORE J E, GUAY W R, VERRECCHIA R E. Price versus Non – Price Performance Measures in Optimal CEO Compensation Contracts ［J］. The Accounting Review, 2003, 78 (4): 957 –981.

273

［350］COUGHLAN A T, SCHMIDT R M. Executive Compensation, Management Turnover, and Firm Performance: An Empirical Investigation ［J］. Journal of Accounting and Economics, 1985, 7（1 - 3）: 43 - 66.

［351］COWHERD D M, LEVINE D I. Product Quality and Pay Equity Between Lower - Level Employees and Top Management: An Investigation of Distributive Justice Theory ［J］. Administrative Science Quarterly, 1992, 37（2）: 302 - 320.

［352］DARMADI S. Board Diversity and Firm Performance: The Indonesian Evidence ［J］. Corporate Ownership and Control Journal, 2011, 8.

［353］DEVEREUX M, SCHIANTARELLI F. Investment, Finacial Factors and Cash Flow: Evidence From UK Panel Data ［J］. National Bureau of Economic Research Working Paper Series, 1989, No. 3116.

［354］DICKINSON V. Cash Flow Patterns as a Proxy for Firm Life Cycle ［J］. The Accounting Review, 2011, 86（6）: 1969 - 1994.

［355］DONALDSON L, DAVIS J H. Stewardship Theory or Agency Theory: CEO Governance and Shareholder Returns ［J］. Australian Journal of Management, 1991, 16（1）: 49 - 64.

［356］DOU Y, MASULIS R W, ZEIN J. Shareholder Wealth Consequences of Insider Pledging of Company Stock as Collateral for Personal Loans ［J］. The Review of Financial Studies, 2019, 32（12）: 4810 - 4854.

［357］DOWNES P E, CHOI D. Employee Reactions to Pay Dispersion: A Typology of Existing Research ［J］. Human Resource Management Review, 2014, 24（1）: 53 - 66.

［358］Dreinreich G A D. Annual Survey of Economic Theory: The Theory of Depreciation ［J］. Econometrica, 1938, 6（3）: 219 - 241.

［359］EDWARDS A, SCHWAB C, SHEVLIN T. Financial Constraints and Cash Tax Savings ［J］. The Accounting Review, 2016, 91（3）: 859 - 881.

［360］EDWARDS E O, EDWARDS E O, BELL P W. The Theory and Measurement of Business Income ［M］. Univ of California Press, 1961.

［361］ENGELBERG J, GAO P, PARSONS C A. The Price of a CEO's Rolodex ［J］. The Review of Financial Studies, 2013, 26（1）: 79 - 114.

［362］ESTÉLYI K S, NISAR T M. Diverse Boards: Why do Firms get Foreign Nationals on Their Boards? ［J］. Journal of Corporate Finance, 2016, 39: 174 – 192.

［363］FALATO A, LI D, MILBOURN T. Which Skills Matter in the Market for CEOs? Evidence from Pay for CEO Credentials ［J］. Management Science, 2015, 61 (12): 2845 – 2869.

［364］FAZZARI S M, HUBBARD R G, PETERSEN B C, et al. Financing Constraints and Corporate Investment ［J］. Brookings Papers on Economic Activity, 1988, 1988 (1): 141 – 206.

［365］FRIEDMAN E, JOHNSON S, MITTON T. Propping and Tunneling ［J］. Journal of Comparative Economics, 2003, 31 (4): 732 – 750.

［366］GARCIA – MECA E, GARCIA – SANCHEZ IM, MARTINEZ – FERRERO J. Board Diversity and Its Effects on Bank Performance: An International Analysis ［J］. Journal of Banking & Finance, 2015, 53: 202 – 214.

［367］GAYLE G, MILLER R A. Has Moral Hazard Become a More Important Factor in Managerial Compensation? ［J］. American Economic Review, 2009, 99 (5): 1740 – 1769.

［368］GIANNETTI M, LIAO G, YU X. The Brain Gain of Corporate Boards: Evidence from China ［J］. The Journal of Finance, 2015, 70 (4): 1629 – 1682.

［369］GILLIES J, DICKINSON M. The Governance of Transnational Firms: Some Preliminary Hypotheses ［J］. Corporate Governance: An International Review, 1999, 7 (3): 237 – 247.

［370］HADLOCK C J, PIERCE J R. New Evidence on Measuring Financial Constraints: Moving Beyond the KZ Index ［J］. The Review of Financial Studies, 2010, 23 (5): 1909 – 1940.

［371］HEALY P M. The Effect of Bonus Schemes on Accounting Decisions ［J］. Journal of Accounting and Economics, 1985, 7 (1): 85 – 107.

［372］HEIJLTJES M, OLIE R, GLUNK U. Internationalization of Top Management Teams in Europe ［J］. European Management Journal, 2003, 21 (1): 89 – 97.

[373] HENDERSON A D, FREDRICKSON J W. Top Management Team Coordination Needs and the CEO Pay Gap: A Competitive Test of Economic and Behavioral Views [J]. The Academy of Management Journal, 2001, 44 (1): 96 – 117.

[374] HILLMAN A J, CANNELLA A A, PAETZOLD R L. The Resource Dependence Role of Corporate Directors: Strategic Adaptation of Board Composition in Response to Environmental Change [J]. Journal of Management Studies, 2000, 37 (2): 235 – 256.

[375] HOBERG G, MAKSIMOVIC V. Redefining Financial Constraints: A Text – Based Analysis [J]. The Review of Financial Studies, 2015, 28 (5): 1312 – 1352.

[376] HOPE O, THOMAS W B. Managerial Empire Building and Firm Disclosure [J]. Journal of Accounting Research, 2008, 46 (3): 591 – 626.

[377] HUANG Y I, PAGANO M, PANIZZA U. Local Crowding – Out in China [J]. The Journal of Finance, 2020, 75 (6): 2855 – 2898.

[378] HUANG Z, XUE Q. Re-Examination of the Effect of Ownership Structure on Financial Reporting: Evidence from Share Pledges in China [J]. China Journal of Accounting Research, 2016, 9 (2): 137 – 152.

[379] IBRAHIM YAGLI, BURCUSIMSEK. Meta – Analytic Review of the Relation Between Board Globalization and Firm Performance [J]. Financial Studies, 2017, 21 (2): 31 – 55.

[380] ILIEV P, ROTH L. Learning from Directors' foreign Board Experiences [J]. Journal of Corporate Finance, 2018, 51: 1 – 19.

[381] JAHANSHAHI A A, NAWASER K. Is Real Options Reasoning a Cause or Consequence of Dynamic Capability? [J]. Strategic Change, 2018, 27 (4): 395 – 402.

[382] JENSEN M C, MECKLING W H. Theory of the Firm: Managerial Behavior, Agency Costs and Ownership Structure [J]. Journal of Financial Economics, 1976, 3 (4): 305 – 360.

[383] JIANG G, LEE C M C, YUE H. Tunneling Through Intercorporate Loans: The China experience [J]. Journal of Financial Economics,

2010, 98 (1): 1 –20.

[384] JORDAN J, LOWE J, TAYLOR P. Strategy and Financial Policy in UK Small Firms [J]. Journal of Business Finance & Accounting, 1998, 25 (1 –2): 1 –27.

[385] JOUBER H. Is the Effect of Board Diversity on CSR Diverse? New insights from One-Tier vs Two-Tier Corporate Board Models [J]. Corporate Governance: The International Journal of Business in Society, 2021, 21 (1): 23 –61.

[386] KAO L, CHIOU J, CHEN A. The Agency Problems, Firm Performance and Monitoring Mechanisms: The Evidence from Collateralised Shares in Taiwan [J]. Corporate Governance: An International Review, 2004, 12 (3): 389 –402.

[387] KAPLAN S N, ZINGALES L. Do Investment – Cash Flow Sensitivities Provide Useful Measures of Financing Constraints? [J]. The Quarterly Journal of Economics, 1997, 112 (1): 169 –215.

[388] KAPOPOULOS P, LAZARETOU S. Corporate Ownership Structure and Firm Performance: Evidence from Greek Firms [J]. Corporate Governance: An International Review, 2007, 15 (2): 144 –158.

[389] KINNEY W R. Research Opportunities in Internal Control Quality and Quality Assurance [J]. Audting: A Journal of Practice & Theory, 2000, 19 (s –1): 83 –90.

[390] La PORTA R, FLORENCIO L, SHLEIFER A. Corporate Ownership around the World [J]. The Journal of Finance, 1999, 54 (2): 471 –517.

[391] LAKHAL F. Ownership Structure and Voluntary Earnings Disclosures: The Case of French – Listed Firms [J]. Corporate Ownership and Control, 2007, 5.

[392] LAW K K F, MILLS L F. Taxes and Financial Constraints: Evidence from Linguistic Cues [J]. Journal of Accounting Research, 2015, 53 (4): 777 –819.

[393] LEONARD J S. Executive Pay and Firm Performance [J]. Industrial and Labor Relations Review, 1990, 43 (3): 13S –29S.

［394］ LEVIN B, MALKA R. The Formation of Adjectival Passives ［J］. Linguistic Inquiry, 1986, 17 (4): 623 – 661.

［395］ LIANG Q, XU P, JIRAPORN P. Board Characteristics and Chinese Bank Performance ［J］. Journal of Banking & Finance, 2013, 37 (8): 2953 – 2968.

［396］ LIAO T, RICE J. Innovation Investments, Market Engagement and Financial Performance: A Study among Australian Manufacturing SMEs ［J］. Research Policy, 2010, 39 (1): 117 – 125.

［397］ LIU Q, TIAN G. Controlling Shareholder, Expropriations and Firm's Leverage Decision: Evidence from Chinese Non-Tradable Share Reform ［J］. Journal of Corporate Finance, 2012, 18 (4): 782 – 803.

［398］ MAINB G M, O'REILLY C A, WADE J. Top Executive Pay: Tournament or Teamwork? ［J］. Journal of Labor Economics, 1993, 11 (4): 606 – 628.

［399］ MASEDA A, ITURRALDE T, APARICIO G, et al. Family Board Ownership, Generational Involvement and Performance in Family SMEs ［J］. European Journal of Management and Business Economics, 2019, 28 (3): 285 – 300.

［400］ MASULIS R W, WANG C, XIE F. Globalizing the Boardroom—The Effects of Foreign Directors on Corporate Governance and Firm Performance ［J］. Journal of Accounting and Economics, 2012, 53 (3): 527 – 554.

［401］ MATSUNAGA S R, PARK C W. The Effect of Missing a Quarterly Earnings Benchmark on the CEO's Annual Bonus ［J］. The Accounting Review, 2001, 76 (3): 313 – 332.

［402］ MCCONNELL J J, SERVAES H. Additional Evidence on Equity Ownership and Corporate Value ［J］. Journal of Financial Economics, 1990, 27 (2): 595 – 612.

［403］ MCGUIRE J W, CHIU J S Y, ELBING A O. Executive Incomes, Sales and Profits ［J］. The American Economic Review, 1962, 52 (4): 753 – 761.

［404］ MICHAELS A, GRÜNING M. The Impact of Corporate Identity on Corporate Social Responsibility Disclosure ［J］. International Journal of

Corporate Social Responsibility, 2018, 3 (1): 3.

[405] MILETKOV M, POULSEN A, WINTOKI M B. Foreign Independent Directors and the Quality of Legal Institutions [J]. Journal of International Business Studies, 2017, 48 (2): 267 –292.

[406] MILGROM P, ROBERTS J. Economics, Organization and Management [M]. Englewood Cliffs: Prentice Hall, 2000.

[407] MILKOVICH G T, NEWMAN J M. Compensation [M]. Nova Iorque: McGraw – Hill/Irwin, 1996.

[408] MISHRA R K. Diversity and Board Effectiveness: A Case of India [J]. Journal of Modern Accounting and Auditing, 2016, 12 (3): 165 –177.

[409] MODIGLIANI F, MILLER M H. The Cost of Capital, Corporation Finance and the Theory of Investment [J]. The American Economic Review, 1958, 48 (3): 261 –297.

[410] MORCK R, SHLEIFER A, VISHNY R W. Management Ownership and Market Valuation: An Empirical Analysis [J]. Journal of Financial Economics, 1988 (20): 293 –315.

[411] MURPHY K J. Corporate Performance and Managerial Remuneration: An Empirical Analysis [J]. Journal of Accounting and Economics, 1985, 7 (1): 11 –42.

[412] MUSSO P, SCHIAVO S. The Impact of Financial Constraints on Firm Survival and Growth [J]. Journal of Evolutionary Economics, 2008, 18 (2): 135 –149.

[413] MYERS S C. Determinants of Corporate Borrowing [J]. Journal of Financial Economics, 1977, 5 (2): 147 –175.

[414] NAM J, LIU X, LIOLIOU E, et al. Do Board Directors Affect the Export Propensity and Export Performance of Korean Firms? A Resource Dependence Perspective [J]. International Business Review, 2018, 27 (1): 269 –280.

[415] NGUYEN T, LOCKE S, REDDY K. Ownership Concentration and Corporate Performance from a Dynamic Perspective: Does National Governance Quality Matter? [J]. International Review of Financial Analysis, 2015, 41: 148 –161.

［416］ NICHOLSON G, NEWTON C, MCGREGOR – LOWNDES M. The Nonprofit Board as a Team: Pilot Results and Initial Insights ［J］. Nonprofit Management and Leadership, 2012, 22 (4): 461 –481.

［417］ OXELHEIM L, RANDØY T. The Impact of Foreign Board Membership on Firm Value ［J］. Journal of Banking & Finance, 2003, 27 (12): 2369 –2392.

［418］ PADDOCK J L, SIEGEL D R, SMITH J L. Option Valuation of Claims on Real Assets: The Case of Offshore Petroleum Leases ［J］. The Quarterly Journal of Economics, 1988, 103 (3): 479 –508.

［419］ PENG F, LI L. Technology Imports, R&D Investment and Technical Efficiency of Chinese High – Tech Industry ［M］. Berlin, Heidelberg: Springer, 2013.

［420］ PERRINI F, ROSSI G, ROVETTA B. Does Ownership Structure Affect Performance? Evidence from the Italian Market ［J］. Corporate Governance: An International Review, 2008, 16 (4): 312 –325.

［421］ PFEFFER J, LANGTON N. The Effect of Wage Dispersion on Satisfaction, Productivity, and Working Collaboratively: Evidence from College and University Faculty ［J］. Administrative Science Quarterly, 1993, 38 (3): 382 –407.

［422］ PISEDTASALASAI A, GUNASEKARAGE A. Causal and Dynamic Relationships among Stock Returns, Return Volatility and Trading Volume: Evidence from Emerging Markets in South – East Asia ［J］. Asia – Pacific Financial Markets, 2007, 14 (4): 277 –297.

［423］ PLUMLEE M, BROWN D, HAYES R M, et al. Voluntary Environmental Disclosure Quality and Firm Value: Further Evidence ［J］. Journal of Accounting and Public Policy, 2015, 34 (4): 336 –361.

［424］ PRICE J M, SUN W. Doing Good and Doing Bad: The Impact of Corporate Social Responsibility and Irresponsibility on Firm Performance ［J］. Journal of Business Research, 2017 (80): 82 –97.

［425］ RAHMAN M M, HOWLADER M S. The Impact of Research and Development Expenditure on Firm Performance and Firm Value: Evidence from a South Asian Emerging Economy ［J］. Journal of Applied Accounting Research, 2022, 23 (4): 825 – 845.

[426] RANGAN S, ASIJA A, MARISETTY V. Do Insiders Who Pledge Their Shares Manipulate Reported Earnings? [Z]. 2016.

[427] RANI N, YADAV S S, TRIPATHY N. Capital Structure Dynamics of Indian Corporates [J]. Journal of Advances in Management Research, 2020, 17 (2): 212 – 225.

[428] REESE W A, WEISBACH M S. Protection of Minority Shareholder Interests, Cross-Listings in the United States, and Subsequent Equity Offerings [J]. Journal of Financial Economics, 2002, 66 (1): 65 – 104.

[429] ROSEN S. Prizes and Incentives in Elimination Tournaments [J]. The American Economic Review, 1986, 76 (4): 701 – 715.

[430] ROSS S A. The Arbitrage Theory of Capital Asset Pricing [J]. Journal of Economic Theory, 1976, 13 (3): 341 – 360.

[431] SAKAI H. Did Financing Constraints Cause Investment Stagnation in Japan after the 1990s? [J]. Journal of Corporate Finance, 2020, 64: 101673.

[432] SHEHADEH E, ALY D, YOUSEF I. The Impact of Boardroom Internationalisation on Online Disclosures of S&P 500 [J]. Journal of Financial Reporting and Accounting, 2021, 19 (4): 596 – 614.

[433] SINGH M, DAVIDSON W N. Agency Costs, Ownership Structure and Corporate Governance Mechanisms [J]. Journal of Banking & Finance, 2003, 27 (5): 793 – 816.

[434] SINGH P. Does Pledging of Shares by Controlling Shareholders Always Destroy Firm Value? [J]. SSRN Electronic Journal, 2017.

[435] STAPLES C L. Board Globalisation in the World's Largest TNCs 1993 – 2005 [J]. Corporate Governance: An International Review, 2007, 15 (2): 311 – 321.

[436] STAPLES C L. Cross – Border Acquisitions and Board Globalization in the World's Largest TNCS, 1995 – 2005 [J]. The Sociological Quarterly, 2008, 49 (1): 31 – 51.

[437] STIGLITZ J E, WEISS A. Credit Rationing in Markets with Imperfect Information [J]. The American Economic Review, 1981, 71 (3): 393 – 410.

［438］STIGLITZ J E. Symposium on Organizations and Economics ［J］. Journal of Economic Perspectives, 1991, 5 （2）: 15 - 24.

［439］SUMMERS L. Taxation and Corporate Investment: A q - Theory Approach ［J］. Brookings Papers on Economic Activity, 1981, 12 （1）: 67 - 140.

［440］TOBIN J. A General Equilibrium Approach To Monetary Theory ［J］. Journal of Money, Credit and Banking, 1969, 1 （1）: 15 - 29.

［441］TRIGEORGIS L. Anticipated Competitive Entry and Early Pre-emptive Investment in Deferrable Projects ［J］. Journal of Economics and Business, 1991, 43 （2）: 143 - 156.

［442］TRIPATHY A, UZMA S H. Does Debt Heterogeneity Impact Firm Value? Evidence from an Emerging Context ［J］. South Asian Journal of Business Studies, 2022, 11 （4）: 471 - 488.

［443］Van VEEN K, ELBERTSEN J. Governance Regimes and Nationality Diversity in Corporate Boards: A Comparative Study of Germany, the Netherlands and the United Kingdom ［J］. Corporate Governance: An International Review, 2008, 16 （5）: 386 - 399.

［444］Van VEEN K, SAHIB P R, AANGEENBRUG E. Where Do International Board Members Come From? Country - Level Antecedents of International Board Member Selection in European boards ［J］. International Business Review, 2014, 23 （2）: 407 - 417.

［445］WAHEED A, MALIK Q A. Board Characteristics, Ownership Concentration and Firms' Performance ［J］. South Asian Journal of Business Studies, 2019, 8 （2）: 146 - 165.

［446］WANG Y, CHOU R K. The Impact of Share Pledging Regulations on Stock Trading and Firm Valuation ［J］. Journal of Banking & Finance, 2018 （89）: 1 - 13.

［447］WHITED T M, WU G. Financial Constraints Risk ［J］. The Review of Financial Studies, 2006, 19 （2）: 531 - 559.

［448］WINTER - EBMER R, ZWEIMULLER J. Firm - Size Wage Differentials in Switzerland: Evidence from Job - Changers ［J］. American Economic Review, 1999, 89 （2）: 89 - 93.

[449] YERMACK D. Higher Market Valuation of Companies with a Small Board of Directors [J]. Journal of Financial Economics, 1996, 40 (2): 185 – 211.

[450] YOUSSEF S. Business Strategies in a Transition Economy: The Case of Egypt [J]. International Academy of Business and Economics, 2003.

[451] ZHANG Y, RAJAGOPALAN N. Once an Outsider, Always an Outsider? CEO Origin, Strategic Change, and Firm Performance [J]. Strategic Management Journal, 2010, 31 (3): 334 – 346.

[452] ÖHMAN P, YAZDANFAR D. Short-and Long-Term Debt Determinants in Swedish SMEs [J]. Review of Accounting and Finance, 2017, 16 (1): 106 – 124.

附　录

附录A　上海莱士股权质押风险评价指标的
重要性调查问卷

尊敬的专家

您好：

非常感谢您抽出宝贵的时间帮我填写这份调查问卷，本问卷针对"上海莱士股权质押风险评价指标的重要性"进行调查，这将极大地帮助我研究的进行。本问卷不涉及任何商业机密，请您放心作答。

请各位专家按照表 A.1 内指标的重要程度对两项指标相互进行比较，并将结果填在相应位置，也可只填在矩阵对角线的空白侧。

表 A.1　　　　　　　　　判断矩阵标度定义

标度	含义
1	X_i 元素和 X_j 元素的影响相同
3	X_i 元素比 X_j 元素的影响稍强
5	X_i 元素比 X_j 元素的影响强
7	X_i 元素比 X_j 元素的影响明显强
9	X_i 元素比 X_j 元素的影响绝对强
2，4，6，8	X_i 元素比 X_j 元素的重要程度在上述两个相邻重要性等级之间
1，1/2，……，1/9	X_i 元素比 X_j 元素的重要程度是 X_{ij} 的倒数

表 A.1 为指标之间重要性的标度对照表，请您对照上表，在下列矩阵中填入您的判断（见表 A.2 ~ 表 A.6）。

表 A. 2　　　　　　　　　　　　　　　指标层矩阵

指标层指标	股价崩盘风险	财务风险	道德风险	控制权转移风险
股价崩盘风险	1			
财务风险	—	1		
道德风险	—	—	1	
控制权转移风险	—	—	—	1

表 A. 3　　　　　　　　　　　因素层矩阵——股价崩盘风险

因素层指标	经济不确定性	会计信息质量	投资者情绪
经济政策不确定性	1		
股权质押信息披露质量	—	1	
投资者情绪	—	—	1

表 A. 4　　　　　　　　　　　因素层矩阵——财务风险

因素层指标	投资偏好	信息传递	信用政策
投资偏好	1		
信息传递	—	1	
信用政策	—	—	1

表 A. 5　　　　　　　　　　　因素层矩阵——道德风险

因素层指标	借款人的道德品质	集中的股权结构	股权质押动机
质押人的道德品质	1		
权责不对等	—	1	
公司前景不确定性	—	—	1

表 A. 6　　　　　　　　　　　因素层矩阵——控制权转移风险

因素层指标	关联交易	真实盈余管理	税收规避
企业经营状况	1		
研发创新	—	1	
股权结构	—	—	1

附录 B 股权质押风险评价指标的
评级标准调查问卷

尊敬的专家

您好：

非常感谢您抽出宝贵的时间帮我填写这份调查问卷，本问卷是对上海莱士"股权质押风险评估指标评级标准"进行调查，这将对我的学术研究有很大帮助。本问卷不涉及任何商业机密，请您放心作答。

表 B.1 股权质押风险评估指标评级标准调查

目标层	指标层	因素层	很高风险	较高风险	一般风险	较低风险	很低风险
股权质押风险	股价崩盘风险	经济政策不确定性					
		股权质押信息披露质量					
		投资者情绪					
	财务风险	投资偏好					
		信息传递					
		信用政策					
	道德风险	质押人的道德品质					
		权责不对等					
		公司前景不确定性					
	控制权转移风险	企业经营状况					
		研发创新					
		股权结构					

附录 C　专家打分汇总情况以及指标权重计算结果

表 C.1　　　　　　　　　　　　指标层矩阵

指标层指标	股价崩盘风险	财务风险	道德风险	控制权转移风险
股价崩盘风险	1	1	3	1/3
财务风险	1	1	4	1/3
道德风险	1/3	1/4	1	1/4
控制权转移风险	3	3	4	1

表 C.2　　　　　　　因素层矩阵——股价崩盘风险

因素层指标	经济不确定性	会计信息质量	投资者情绪
经济政策不确定性	1	1/3	1/3
股权质押信息披露质量	3	1	1/2
投资者情绪	3	2	1

表 C.3　　　　　　　　因素层矩阵——财务风险

因素层指标	投资偏好	信息传递	信用政策
投资偏好	1	2	5
信息传递	1/2	1	3
信用政策	1/5	1/3	1

表 C.4　　　　　　　　因素层矩阵——道德风险

因素层指标	质押人的道德品质	集中的股权结构	股权质押动机
质押人的道德品质	1	1/4	1/6
权责不对等	4	1	1/2
公司前景的不确定性	6	2	1

表 C.5 因素层矩阵——控制权转移风险

因素层指标	关联交易	真实盈余管理	税收规避
企业经营状况	1	1/7	1/2
研发创新	7	1	2
股权结构	2	1/2	1

表 C.6 股权质押风险评估指标评级标准调查

目标层	指标层	因素层	很高风险	较高风险	一般风险	较低风险	很低风险
股权质押风险	股价崩盘风险	经济政策不确定性	3	4	10	6	7
		股权质押信息披露质量	5	6	12	4	3
		投资者情绪	7	6	5	4	8
	财务风险	投资偏好	6	7	8	4	5
		信息传递	4	8	4	9	5
		信用政策	5	5	6	10	4
	道德风险	质押人的道德品质	7	8	5	5	4
		权责不对等	7	8	9	5	1
		公司前景不确定性	5	7	9	4	5
	控制权转移风险	企业经营状况	5	10	7	5	3
		研发创新	4	10	8	5	3
		股权结构	6	7	8	5	4